Ullstein

A. E. Johann

Die Erde – wie ich sie noch sah

Ullstein

ein Ullstein Buch
Nr. 22905
im Verlag Ullstein GmbH,
Frankfurt/M – Berlin

Ungekürzte Ausgabe

Umschlagentwurf:
Theodor Bayer-Eynck
Foto: Pete Seaward – Tony Stone
Alle Rechte vorbehalten
Taschenbuchausgabe mit Genehmigung
von Langen Müller in der F. A. Herbig
Verlagsbuchhandlung GmbH, München
© 1990 by Langen Müller in der
F. A. Herbig Verlagsbuchhandlung
GmbH, München
Printed in Germany 1992
Druck und Verarbeitung:
Ebner Ulm
ISBN 3 548 22905 0

Januar 1993
Gedruckt auf Papier mit
chlorfrei gebleichtem
Zellstoff

Die Deutsche Bibliothek –
CIP-Einheitsaufnahme

Johann, A. E.:
Die Erde – wie ich sie noch sah/
A. E. Johann. – Ungekürzte Ausg. –
Frankfurt/M; Berlin: Ullstein, 1993
(Ullstein-Buch; Nr. 22905)
ISBN 3-548-22905-0
NE: GT

Inhalt

*Ein Vorwort, das man nicht unbedingt
zu lesen braucht*

Wir wissen es mit Sicherheit erst seit einer kurzen Sekunde – am Alter der Erde gemessen –, daß wir Menschen
auf einem vergleichsweise winzigen Raumschifflein,
ohne je innezuhalten, durch die ungeheuren Weiten des
Weltalls unterwegs sind. Und wir können es auch trotz
aller Künste der Riesenteleskope und Großrechner nicht
bestimmen, wohin die Reise geht – wenn sie überhaupt
irgendwohin geht. Denn die Erde dreht sich ja nicht nur
um sich selber, sie wandert unablässig um die Sonne,
empfängt von ihr Licht und Wärme, ohne die es kein
Leben auf ihrer Oberfläche gäbe. Die Sonne zieht dahin im
System unserer Milchstraße – und diese wiederum fegt
mit ungeheurer Geschwindigkeit gleich abertausend anderen weit und weiter entfernten Milchstraßen durch den
unvorstellbar leeren, tödlich kalten Raum, in welchem die
schnellste aller denkbaren Erscheinungen, das Licht, Milliarden von Jahren braucht, ehe es den Beobachter auf der
Erde erreicht – womit dann wiederum, was wir unter
»Zeit« verstehen, in ein beklemmend unsicheres Zwie-
licht gerückt wird. Was für verschlungene Kurven und
Schleifen die Bahn unserer Erde in diesem Wirbel ver-
schiedenster Bewegungen wirklich beschreibt, läßt sich
nicht einmal erahnen.
Aber das kümmert uns kindlich unbefangene Wesen, uns
Menschen, überhaupt nicht. Wir halten es für selbstverständlich, daß wir auf der »festgegründeten Erde« stehen

und agieren können und daß morgen die Sonne ebenso aufgehen wird, wie sie heute und gestern aufgegangen ist. Nur selten und nur wenigen kommt es zu Bewußtsein, daß wir in den unabsehbaren Räumen des Alls sicherlich einen äußerst unwahrscheinlichen Ausnahmefall darstellen, denn – wenigstens bisher – ist nicht einmal zu vermuten gewesen, daß sich irgendwo in unserer Milchstraße oder außerhalb von ihr vernunftbegabte Lebewesen entwickelt haben, mit denen wir in Verbindung treten könnten oder deren Existenz wir zum mindesten für wahrscheinlich halten dürfen.

Man kann nur mit dem Kopf schütteln: Ausgerechnet auf diesem kleinen, lichtlosen Materieklümpchen Erde sollen Wesen entstanden sein, die imstande sind, die Frage aller Fragen zu stellen, die außer uns Menschen kein anderes auf Erden lebendes Geschöpf – soweit wir wissen – zu stellen unternimmt, die Urfrage nämlich: Wer sind wir? Warum gibt es uns überhaupt – nicht nur uns selbst, sondern auch noch die ungeheure Welt dazu mit unzählbaren Formen des Lebens (auf unserem Planeten) und erst recht unzählbaren Prägungen des Stofflichen vom Allerkleinsten im Bereich der Atome und – noch kleiner – der Teilchen, aus denen die Atome bestehen, bis hin zu den undenkbar gewaltigen Ausmaßen der Sternenwelten mit ihrer kaum noch übersehbaren Artenfülle von Himmelskörpern und Sternenhaufen – über Zeiten und Räume hinweg, verglichen mit denen ein Menschenleben, ja die ganze Menschengeschichte viel weniger bedeutet, als das Leben einer Eintagsfliege verglichen mit einem Menschenleben.

Warum sind es gerade wir hier auf unserem, im Vergleich zu anderen Himmelskörpern höchst kümmerlichen Sonnentrabanten, die solche Zweifel, die unsere Existenz in Frage stellen, überhaupt zu denken vermögen, die das erstaunliche Wissen anzuhäufen vermochten, das solcher

Fragerei vorausgegangen sein mußte und vorausgegangen ist?

Es gibt keine »wissenschaftlich genügende« Antwort auf diese Grundfrage menschlichen Nachdenkens, es sei denn, wir überschreiten die seltsam fließende Grenze, die das Wissen vom Glauben trennt, und begeben uns in die zwielichtigen Bereiche der Philosophie – oder genauer: der Religion –, wovor, wie mir scheint, die große Mehrzahl der heutigen Kinder abendländischen Geistes zurückschreckt. Und die aus vergangenen Jahrhunderten in die Gegenwart hineinragenden Institutionen und Vorstellungen vermögen diese Entwicklung nicht aufzuhalten.

Was aber sicherlich übrig bleiben wird, wenn einmal das Korsett der Glaubensvorstellungen abgestreift ist, ist das Staunen, die Ehrfurcht, die Demut vor dem ungeheuren, abertausendfältigen Formen- und Kräftespiel in der körperlichen wie geistigen Welt um uns her, von dem wir selbst mit all unserem politischen, wirtschaftlichen und »kulturellen« Gegaukel auch ein Teilchen darstellen, ein winziges. Ob nun die Welt mit einem »Urknall« vor Milliarden Jahren begann – und vorher war, schwer vorstellbar, nichts! –, ob sie, in welcher Form auch immer, schon vor dem Urknall da war, wahrhaft »von Ewigkeit zu Ewigkeit« und in Ewigkeit sein wird, ob wirklich allumfassende Gesetze in ihr regieren (da sie ja auch mit einer begrenzten Anzahl von Stoffen auszukommen scheint), oder ob sie ein einziges »Chaos« darstellt (das dann vielleicht doch wieder gewissen Gesetzen »statistischer Wahrscheinlichkeit« gehorcht) –, wir stehen nach fünftausend Jahren überlieferten Nachdenkens vor einem letzten hohen Tor, das wohl für immer geschlossen bleiben wird.

Gleichwohl kann uns ein bescheidener Stolz erfüllen, der Stolz darauf, daß wir kurzlebigen, gebrechlichen, trotzdem sehr zänkischen Kleinlebewesen bis zu diesem allerletzten, dunkel glänzenden Tor haben vordringen können.

Und solches geschah uns auf diesem, unter Milliarden anderer Himmelskörper völlig belanglos scheinenden Planeten, einem Trabanten der Sonne – und plötzlich – so geht es mir und sicherlich noch vielen anderen Menschen – wird man von einer eigentümlich zwingenden Sympathie, ja Liebe zu diesem Kugelschifflein Erde ergriffen, auf dem wir verhältnismäßig warm und sicher durch die gähnenden Unendlichkeiten des Weltenraums reisen, ohne uns Gedanken darüber zu machen, daß wir uns damit in einem höchst unwahrscheinlichen, in einem kaum je errechenbaren Ausnahmezustand befinden – denn alle uns bisher bekannt gewordenen Himmelskörper sind entweder viel zu heiß, wie zum Beispiel die Sonne, oder viel zu kalt, wie etwa die anderen Planeten, werden von giftigen Gasen umspült oder haben überhaupt keine Atmosphäre, als daß Leben im irdischen Sinne, schon gar nicht Leben als ein geistiger Zustand, auf ihnen vorstellbar wäre.

Diese kleine, aber ganz besondere Erde, als deren Passagiere wir durch die Sternenräume schweben, fliegen, sausen – sie ist uns als Heimat gegeben. Aus ihr heraus sind wir entstanden, und in sie hinein vergehen wir wieder, wenn unsere lächerlich kurze Lebensspanne entweder gewaltsam ein Ende findet, durch Krieg, Krankheit oder Katastrophen, oder wenn unsere Lebensuhr von selbst zum Stillstand kommt, wenn sie »abgelaufen« ist, wenn das »biblische Alter« erreicht ist.

Dieser erstaunliche kleine Planet, der uns als Heimat und Spielwiese, als Nährboden und Obdach anvertraut ist, besser: dem wir anvertraut sind (von wem und warum, das wissen wir nicht, können es höchstens »glauben«) – er befriedigt nicht nur, wenn wir's verständig anfangen, unsere leiblichen Bedürfnisse, gewährt uns damit Kraft und Zeit, über alles Materielle weit hinauszudenken, sondern offenbart sich uns auch darüber hinaus in unvergleichlicher, zuweilen atemberaubender Schönheit.

Unter allem, was »da kreucht und fleucht«, ist es nur uns Menschen gegeben, Schönheit zu empfinden. Weder ein Schimpanse noch ein Büffel oder Elefant spüren etwas von der hinreißenden Großartigkeit eines Sonnenuntergangs hinter den Vulkanbergen des Riesenkrater-Hochlands in Ostafrika, und selbst dem »edelsten« Rassepferd ist es vollkommen gleichgültig, ob seine ihm für sein Alter als »Gnadenbrot« zugedachte Wiese zwischen prangenden Bergen oder zwischen Brandmauern eingebettet liegt.

Wir aber, wir Menschen, werden wie von einem Blitz der Bewunderung, des Entzückens getroffen, wenn wir der Pracht des Hochgebirges, der Gewalt der Meeresbrandung, des grünen Schweigens und Duftens finnischer oder kanadischer Wälder inne werden. Besonders uns Menschen der westlichen, weißen Welt bewegt das Verlangen, die vielen verschiedenen Gesichter der Erde allesamt kennenzulernen, in sie hineinzuschauen und uns von ihren je einzigartigen Wundern bezaubern zu lassen. Seit in unseren Tagen die technischen Mittel bereitstehen, auf der klein gewordenen Erde überallhin – oder beinahe überallhin – zu reisen, seit der Wohlstand in den industrialisierten Ländern auf nie zuvor erlebte Weise anwuchs, werden die Menschen des Westens von dem Wunsche aufgestört, selbst noch ihre Antipoden in Neuseeland zu besuchen oder die geheimnisvolle Osterinsel zu erkunden – mit einem Wort: der Erde in ihre vielen berückenden oder auch bestürzenden Gesichter zu schauen, die Wüste zu erleben oder die großen Ströme, die Regenwälder oder die sich hoch übereinander staffelnden Reisterrassen der Ifugaos im Norden von Luzon oder der Javanen am Mt. Soembing und Slamet. Denn der Mensch ist als das einzige Lebewesen auf der Erde anzusehen, der ihr Gesicht hier und da vielfach umgeformt und damit – zuweilen! – neue Wunder geschaffen hat.

Allerdings – und damit ist die Erde, sind wir Menschen, die auf und von der Erde leben, an einer entscheidenden, vielleicht verhängnisvollen Wende angelangt – allerdings ist in den letzten hundert Jahren die Zahl der Menschen, die von dieser Erde leben wollen, so explosionsartig angestiegen, daß wir uns heute in allem Ernst fragen müssen, ob es nicht schon *zu viele* Menschen gibt, ob die Erde die schnell wachsenden Milliardenscharen von Menschen, die alle essen, trinken und hausen wollen, überhaupt noch zu tragen vermag.

Und die Sorge geht um und gewinnt von Jahr zu Jahr deutlicher Gestalt, daß die vielfältig schönen Gesichter der Erde von dem sich überall vorfressenden Menschen-Überfluß, gleichsam wie von einem sich bösartig ausbreitenden Hautausschlag, zerstört oder zumindest übel entstellt werden. Es gehört zu den Kennzeichen unserer Zeit, daß sie sich in allem Ernst Sorge um die »Umwelt« zu machen hat und macht. Und die »Umwelt«, das sind sie eben, die wunderbaren, seit alters strahlenden – und nun gefährdeten – Gesichter der Erde.

Mich hat von Jugend an ein nie ganz zu unterdrückendes Gefühl großer Unruhe angetrieben, immer wieder von neuem die gewohnten, durchaus leidlichen, ja angenehmen Verhältnisse daheim im Stich zu lassen und zu erkunden, wie die Erde anderswo ausschaut. In sechs Jahrzehnten ewigen Unterwegsseins, das selbst während des großen Krieges nicht unterbrochen zu werden brauchte, habe ich nach und nach, ohne es eigentlich bewußt geplant zu haben, das vielgestaltige Bild der Erde in mich aufgenommen, ohne Rücksicht auf die dafür verwendete Zeit und auch – man mag es glauben oder nicht – ohne Rücksicht auf die vielfach hohen Kosten. Stets fand ich oder fand sich irgendein »Dreh«, genügend Geld bereit zu haben, um zum Beispiel die vielen starken Autos zu kaufen, mit denen ich viele Zehntausende, dann Hunderttausende und alles in allem schließlich Millionen von Kilometern zurücklegte, um auch noch entlegenste, aber vielleicht sehr märchenhafte Winkel Afrikas, Australiens oder Südamerikas in mein stets staunenswilliges Gemüt einzuheimsen.

Mir half dabei vor allem, daß ich – »wes' das Herz voll ist, des' läuft der Mund über« – von Anfang an das Bedürfnis hatte, von den landschaftlichen Wundern, überraschenden menschlichen Begegnungen, den unvermeidlich und reichlich sich ergebenden Zwischenfällen, Pannen, das heißt den sogenannten »Abenteuern«, auch anderen Leuten zu berichten, die erfahrenen Eindrücke und meine Reaktionen darauf in Worte zu fassen, mit anderen Worten: Bücher zu schreiben, in denen die verschiedenen Gesichter der Erde enthüllt und – soweit es mir gelang – in ihrer Einzigartigkeit zum Leuchten gebracht wurden. Ich fand für diese Bücher gute und verständnisvolle Verleger und über den Buchhandel zahllose Leser, die mit jedem Buch, das sie kauften, ein Scherflein zu den Kosten der nächsten großen Reise beitrugen.

Vielleicht, so sage ich mir manchmal sehr betrübt, boten diese letzten fünfzig, sechzig Jahre die einzige noch verbleibende Gelegenheit, der Erde in ihre vielen schönen, erhabenen, auch furchterregenden Gesichter zu blicken, ehe sie noch besudelt oder gar für immer gestört, ja zerstört sind.

Mit so harter Gewaltsamkeit, einer in manchen Fällen geradezu ruchlosen Dummheit, hat der Mensch in die ihn ja tragende Erdnatur eingegriffen, hat ihre uralt eingespielten Abläufe unterbrochen, hat ihre vielleicht schon seit Ewigkeiten in sich selber ruhende Schönheit gekränkt, daß der nachdenkliche Teil der Menschheit (leider eine geringe Minorität) längst das Fürchten gelernt hat – und sich nun bemüht, mit immer schrillerem Stimmaufwand nicht nur Hinz und Kunz, sondern vor allem die verantwortlichen Lenker der politischen Geschicke der Völker auf die bedrohlich wachsenden Gefahren aufmerksam zu machen.

Die Erde, auf deren Oberfläche die wimmelnden Menschlein durch die wegweiserlosen Räume des Weltalls segeln, ist nur ein sehr kleines und enges Fahrzeug – dieser Tatbestand ist allmählich ins allgemeine Bewußtsein aufgenommen worden. Wir begreifen, daß niemand dies kleine und im Grunde sehr empfindliche und gebrechliche Boot zum Schwanken und womöglich aus dem Gleichgewicht bringen darf, wenn wir nicht alle gefährdet sein oder gar umkommen wollen. Die Erde darf nicht verunstaltet werden, nicht nur, weil wir uns damit selber den Henkerstrick um den Hals legen, sondern, mehr noch, weil wir als die einzig vernunftbegabten Kinder dieser Erde die Pflicht haben, das Antlitz der Erde in seiner vollen Würde und Schönheit zu erhalten. Diese Pflicht ist mit uns gegeben und bedarf keiner Ableitung von woanders her.

Da ich die Erde noch zu einer Zeit erlebt und lieben gelernt habe, in der sie sich dem willigen Beobachter aus dem Abendland noch so gut wie ungekränkt darbot – von einigen Ausnahmen abgesehen –, will ich sie auf den nachfolgenden Seiten zu beschreiben versuchen – auch, um ein wenig die Mahnung zu bekräftigen, daß wir nicht riskieren dürfen, sie zu verderben oder auch nur zu beschädigen.

Ich bin jetzt alt und mag nun nach einem langen Leben auf Reisen nicht mehr weiter unterwegs sein. Um so mehr finde ich Zeit und habe Lust, unserer »Mutter GÄA« – wie die alten Griechen sagten –, unserer Erdenmutter in ihr wunderbar schönes und herrliches Antlitz zu blicken – und es zu preisen!

1. Kapitel

Das Meer

In einer Zeit, in der sich noch nicht (wie jetzt zu Beginn der neunziger Jahre des Jahrhunderts) die Flugzeuge gegenseitig die Himmelsrouten, die Landezeiten und Plätze streitig machten, bin ich mehrfach – meist als einziger Passagier – mit den großen, schnellen Hochsee-Frachtern, die heute die Weltmeere queren, nach Ostasien gefahren und wieder zurück. Es handelte sich dabei stets um Schiffe einer altangesehenen Hamburger Reederei, die seit Segelschiffszeiten den Handel und Warenaustausch mit dem großen China gepflegt hat und die deshalb auch dem kommunistischen China Mao Tse-tungs selbst in der Periode seiner mißtrauischen Abgeschlossenheit unentbehrlich geblieben war. Wenn ich auf einem dieser Schiffe der Form nach anheuerte, also zur Besatzung gehörte, so konnte ich mich, ohne groß behindert oder beargwöhnt zu werden, in den Häfen längs der chinesischen Küste von Dairen bis hinunter nach Kanton umsehen, um einen unverfälschten Eindruck von den Verhältnissen im damals sehr rabiat kommunistischen »Reich der Mitte« zu gewinnen – was dann auch einigermaßen gelang.

Der politische Hader im Nahen Osten brachte es in jenen Jahren mit sich, daß der Suez-Kanal, durch den man sonst nach dem Fernen Osten zu reisen pflegte, gesperrt war und für die Schiffahrt ausfiel. Der Verkehr nach Ostasien von Europa war also auf die Route der »Windjammer«, der alten Segelschiffe, angewiesen.

Gewiß war ich daran interessiert, das neue China Maos

aus der Nähe zu erleben, nachdem ich in der Zeit der endlosen chinesischen Wirren vor dem Zweiten Weltkrieg länger als ein Jahr im »Reich der Mitte« unterwegs gewesen war, von Ost nach West bis an die Grenzen Tibets, von Süden nach Norden bis weit in die Mandschurei hinein.

Was mich aber – im geheimen – viel stärker noch verlockte, war die Aussicht, im Verlauf einer einzigen langen Reise gleich alle drei Weltmeere zu befahren: den Atlantischen Ozean von Europa bis hinunter zur Südspitze Afrikas, dem Kap der Guten Hoffnung, in klarer Nord-Süd-Richtung, dann in mächtiger Diagonale quer über den Indischen Ozean mit allgemeinem Kurs Nordost zur Malakka-Straße und nach Singapore; von dort aus weiter nordnordostwärts in die oftmals tückischen Weiten der Süd- und dann der Ost-China-See; schließlich hinauf in die Hwang Hai, die Yellow Sea, das Gelbe Meer, lauter Randmeere des größten der Ozeane, des Pazifischen, bis dann mit der Liaotung-Halbinsel und dem großen Hafen Dairen unweit der nordkoreanischen Grenze das Ende und der Wendepunkt der langen Reise erreicht war.

Dort lag man unter Umständen tage-, ja wochenlang auf offener Reede weit vor dem Hafeneingang fest – nicht nur in Dairen, sondern auch in anderen chinesischen Häfen weiter im Süden bis nach Kanton/Hongkong und sogar bis Kiungshan auf Hainan hinunter – und es ließ sich nicht eindeutig absehen, wann das gute Schiff endlich wieder mit gefüllten Laderäumen die Heimreise nach Hamburg antreten würde. Und der Kapitän mitsamt der Mannschaft – und mit mir, dem »Supercargo« mit Seemannsbuch, der kein Seemann war, sondern ein verkleideter Passagier – durften sich in Geduld üben, während ein schon sehr kalter und harter November-Wind aus den Weiten der Mandschurei herniederpfiff und das vor

Anker liegende Schiff auf den wirklich gelblichen Wellen des Gelben Meeres sachte dümpeln ließ, so daß man nirgends ruhig stehen oder liegen konnte.

Gewiß, auf diesen China-Reisen, von denen nur eine durch den Suez-Kanal führte, hatte ich den Stillen Ozean, den Pazifik, nur in seinem äußersten Westbereich befahren, in der bösen Südchina-See allerdings einen Orkan erlebt, der sich gewaschen hatte und den Kapitän des guten und noch fast neuen, höchst seetüchtigen Schiffes aus Hamburg gezwungen hatte, für fast zwei volle Tage »beigedreht« zu fahren, das heißt unabhängig von seinem eigentlichen Kurs halbquer zur Windrichtung mit gedämpfter Maschinenkraft, um die fürchterlich wilden Seen besser »ausreiten« zu können.

Denn das Mare Pacifico, das Friedliche Meer, wie es schon von seinem frühesten Bezwinger, dem Kapitän Magalhães (1480–1521), einem Portugiesen in spanischen Diensten, genannt worden war, spricht nach meiner Erfahrung seinem freundlichen Namen Hohn. Ich hatte es vor den China-Reisen von Sydney in Australien über Wellington und Auckland auf Neuseeland, weiter über Honolulu auf Oahu in den Hawaiischen Inseln nach Vancouver, British Columbia in Canada, überquert – das dauerte damals je nach der Länge der Aufenthalte in den Häfen vier bis sechs Wochen – und war drastisch darüber aufgeklärt worden, daß der gute Magalhães seinerzeit ein sehr günstiges Wetter erwischt haben mußte. Denn das gute Schiff der Canadian Pacific, dem ich mich damals anvertraut hatte, wurde zu Beginn und gegen Ende der langen Reise vom »Stillen« Ozean so übel gebeutelt, daß den Passagieren Hören und Sehen verging, das heißt, die meisten lagen in ihren Kojen, hatten das Seitenbrett hochgestellt und sahen zu, daß sie nicht aus dem Bett gewuchtet wurden, wenn das Schiff wieder einmal mit mächtigem Schlenker aus der Balance taumelte.

Aber zurück zum Atlantik! Von England nach Canada, genauer: von Liverpool nach Halifax in Neu-Schottland beim ersten, nach Montréal in der Provinz Québec beim zweiten Mal, hatte ich den Nord-Atlantik schon vor dem Kriege zweimal überquert, hin, und nach je einem Jahr, beziehungsweise sechs Monaten wieder zurück, stets in den zuverlässigen Schiffen der Canadian Pacific, mit der mich schon damals eine Art von romantisch angehauchter Sympathie verband.

Beim ersten Mal waren die Frühjahrsstürme gerade erst vergangen und das Meer hatte sich noch längst nicht beruhigt nach der Tagundnachtgleiche. Acht Männer hausten zusammen mit mir in enger Kabine im Zwischendeck des 6000 Tonnen messenden CPR (Canadian Pacific Railroad)-Dampfers »Dunvegan«, je zwei Betten übereinander und nur ein einziges rundes Bullauge nach draußen auf die graue unfreundliche See, das man nie öffnen konnte. Denn jedes Mal, wenn das Schiff mit nerventötender Regelmäßigkeit nach Backbord hinüberschwankte, was es während der ganzen Reise von Liverpool nach Halifax nicht lassen konnte, spülte die See grüngläsern am dicken Glas der Luke draußen vorbei. Die Luft in unserer Acht-Mann-Kabine im tiefen Bauch des Schiffes entsprach dieser Abgeschlossenheit von der bekanntermaßen unvergleichlich frischen Salzluft der hohen See. Wenn man die genießen wollte, mußte man nach oben an Deck steigen, wo die Zwischendecks-Passagiere sich bei und auf den verschlossenen Ladeluken aufhalten durften – und aufhielten, trotz Regen und Gischt mit gewöhnlich viel lauthalsigem Hallo und Jux. Darin zeichneten sich besonders die reichlich vertretenen Ukrainer und Iren aus, während die größte Gruppe, die Deutschen, mit verlegenen oder bekümmerten Gesichtern dem Spektakel auf den breiten Ladeluken des Schiffes meist nur zuschaute.

Ich hielt mich, wie es meiner preußischen Natur entsprach, aus dem bei leidlichem Wetter sehr lauten Trubel heraus. Mich ärgerte es besonders, daß die Passagiere der ersten und zweiten Klasse von dem um ein und zwei »Etagen« höher liegenden Haupt- und Promenadendeck auf das bunte und manchmal auch ein bißchen wüste Treiben der Zwischendeckler auf den Ladeluken erheitert herabsahen, als betrachteten sie schlecht dressierte Tiere in einer Menagerie. Mir wurde so unverkennbar deutlich gemacht, daß ich meine bisherige bürgerliche Welt verlassen hatte und nichts weiter war als ein armseliger Auswanderer ohne Geld oder »Beziehungen« und mit vollkommen ungewisser Zukunft.

Ich verfügte mich dann, wenn das Wetter es irgend erlaubte, ganz nach hinten auf schmalem Gang am Ruderhaus mit der ab und zu schnaufenden Rudermaschine des Schiffes vorbei ans äußerste Heck des Schiffes, wo ich über den von den Schrauben hochgestrudelten Wallungen der See gewöhnlich ganz allein blieb.

Dort vergaß ich zuweilen die Zeit vollkommen, lehnte im Windschatten des Ruderhauses über der Reling und schaute dem Kielwasser des Schiffes hinterher, das als eine silbern gesprenkelte Schleppe dem Dampfer unablässig folgte, um gegen den Horizont hin von der ebenso ungebärdig wie sonderbar gleichmütig wallenden See aufgesogen zu werden. Von der drei- oder fünftausend Meter messenden Wassertiefe unter mir trennte mich nur die eiserne Planke, auf der ich stand, und die wenig mehr als daumenstarke Stange der Reling. Vor mir, grau ins Unendliche bis an den fernen Horizont, windig leer, von eilig wandernden Wolkenheeren überflogen, dehnte sich die See und ließ den eisernen Kahn namens »Dunvegan«, der sich ihr ausgeliefert hatte, ununterbrochen taumeln, sachte zwar und ziemlich sanft, denn der letzte Sturm war schon seit drei Tagen verblasen; es wehte nur noch eine »steife Brise«.

Ich entsinne mich jener seltsamen Viertelstunden vor mehr als sechzig Jahren genau, als hätten sie sich erst gestern ereignet, jener unbestimmt sich dehnenden Augenblicke über dem äußersten Heck und Schraubenrauschen der unentwegt westwärts über den Ozean wiegenden »Dunvegan«, 6000 Bruttoregistertonnen, C. P. R., Heimathafen Liverpool. Wie eine Offenbarung dröhnte es mir durchs Hirn: das Meer, das Meer – die Tiefe voll salzigen Wassers, kaum je erkundet – und nicht erkundbar für lebende Menschen wegen des ungeheuren Drucks der kilometerhoch über dem Meeresboden getürmten Wasser.

Die Unermeßlichkeit der grauschwarzen Wasserfläche, ruhelos überwallt, silbern gesprenkelt vom Schaum der Wogenkämme, sie drang auf mich ein an meinem einsam kalten Standplatz im Lee des Ruderhauses wie eine ungeheure Bedrohung und ließ mich für viele herzbeklemmende Minuten erstarren. Was ich theoretisch längst wußte, was mich nie beunruhigt hatte, stand plötzlich vor mir auf in überwältigender Wirklichkeit: Weit mehr als zwei Drittel dieser meine Erdheimat sind nicht Land, fest gegründet, mich selbst und mein Haus zu tragen, sondern Meer; Meer, das viele Lebewesen beherbergen mag, aber dem Erdenkind Mensch im Grunde ewig fremd bleiben muß.

Und ich empfand mit beinahe schmerzhafter Eindringlichkeit die Vermessenheit des Menschengeschlechts: Zwar hatten die Menschen Jahrtausende gebraucht, ihre Furcht vor den zeichen- und wegelosen Wassern zu überwinden. Aber dann haben es der Sage nach die Argonauten als erste gewagt, die Küsten hinter sich zu lassen – im Schwarzen Meer, wenn die uralte Überlieferung stimmt – und in die offene See hinauszusteuern. Im äußersten Nordatlantik, den meine damalige wackere »Dunvegan« mit zehn Seemeilen in der Stunde gleichmütig durchfurchte, fuhren die Wikinger – furchtlose Seefahrer wahr-

lich! – in ihren offenen schlanken Drachenbooten westwärts von den norwegischen Fjorden hinaus in eins der
grimmigsten Meere, den Nordatlantik, entdeckten Island
und siedelten sich dort an, fuhren weiter nach Westen,
fanden Grönland, das »Grüne Land« (das dann vor fünfhundert Jahren sein Grün verlor und mehr und mehr
vereiste), um schließlich sogar – wie wir erst seit wenigen
Jahren wissen – den letzten Sprung zu wagen, sich dem
West-Grönland-Strom anzuvertrauen, über die Davies-
Straße und die Labrador-See zu setzen und – lange vor
Kolumbus! – Nordamerika zu »entdecken«, sich sogar im
äußersten Norden des heutigen Neufundland bei L'Anse
aux Meadows, der »Bucht bei den Wiesen«, niederzulas-
sen, ein wikingisches Dörfchen einzurichten und wahrscheinlich sogar von diesem ersten Stützpunkt aus weiter
in den dunkel von Westen her lockenden nordamerikanischen Kontinent vorzustoßen. Vielleicht sind allererste
und allerkühnste Nordmänner sogar bis zu den Großen
Binnenseen im tiefsten Inneren des Erdteils gelangt – was
sich aber bisher nur vermuten läßt; wirklich eindeutige
Zeugnisse wurden vorläufig noch nicht gefunden. Vielleicht sind es dann die Eskimos gewesen, die den blond-
haarigen, blauäugigen Eindringlingen aus Westgrönland
die weitere Besiedlung von Neufundland verwehrten,
vielleicht die Micmac-Indianer, die Neufundland als ihre
angestammte Heimat betrachteten – wir wissen es nicht.
Mit Sicherheit wissen wir bis heute nur, daß die Nordmänner auf dem Nordzipfel von Neufundland vor tausend Jahren oder mehr gesiedelt haben. Die Reste ihrer
Siedelplätze, ihrer Wohnungen, Schmiedestätten, Vor-
ratsschuppen sind heute bei L'Anse aux Meadows (unweit des Städtchens St. Anthony) auf Neufundland zu
besichtigen.
Unter mir zweitausend oder mehr Meter Wassertiefe, vor
mir noch viele hundert Meilen leerer, unruhiger See, über

mir ein Himmel voller rastlos nach Osten wandernder grauer Wolken, die kein Ende zu nehmen schienen, in immer neuen drängenden Herden aus Westen heran- wogten, um im Osten wieder hinter den Horizont zu tauchen.

Wir kurzlebigen Menschen haben es gewagt, in den Jahr- hunderten danach ständig weiter auszugreifen, uns das flüssige, den ganzen Erdball umspülende Element dienst- bar zu machen – obgleich die hohe See immer wieder hier und da zurückschlägt, die vorwitzigen Menschen ver- schlingt, selbst große Schiffe »mit Mann und Maus« ver- schwinden läßt.

Seit jener Viertelstunde meiner allererster Reise über den Nordatlantik, als wir noch annähernd zwei Tage von der Einfahrt in die Belle-Isle-Straße zwischen Labrador und Neufundland entfernt waren und damit wieder unter Land kamen, habe ich, wenn auch nur im hintersten Hin- tergrund meines Bewußtseins, ein leises Grauen vor der wahrhaft keine Grenze kennenden Weite des Weltmeers nie ganz zu überwinden vermocht.

Ich habe nie vergessen können, daß »Wasser keine Balken hat«. Die Luft, der man sich heute vorwiegend anvertraut, hat erst recht keine, das ist nicht zu bestreiten. Aber wenn man den »Luftweg benutzt« mit Hilfe einer verläßlichen Gesellschaft, etwa der Lufthansa, der Singapore Airlines oder der KLM, dann ist man schon nach wenigen Stunden der unbehaglichen Fliegerei am Ziel, was zu Schiff viel- leicht ebenso viele Tage oder gar Wochen gedauert hätte!

Ich war bis zu seinem allzu frühen Tode mit einem vorzüg- lichen Bremer Kapitän (Patent für Große Fahrt) befreun- det, auf dessen schnellem, großem Spezialfrachter ich mehrfach weite Reisen gemacht habe. Er war ein eifriger Bücherleser, fand Gefallen an den Produkten aus meinem Kugelschreiber, und da ich gewöhnlich der einzige Passagier auf seinem Boot war, entwickelte sich zwischen uns eine engere Beziehung, die auch erhalten blieb, als ich der veränderten Umstände halber in die Flugzeuge umsteigen mußte.

Ich hatte Käpt'n Klasen jahrelang nicht mehr gesehen, traf ihn dann aber überraschend eines Abends in Bremerhaven wieder.

»Ich bin schon seit einem Jahr im Ruhestand, Johann, und habe mir bei Bexhövede ein Häuschen gebaut, habe jetzt viel Zeit. Wenn Sie Lust haben und keine weiteren Verpflichtungen, könnten wir einen Grog oder ein Glas Wein bei mir trinken.«

»Nichts, was ich lieber täte, Käpt'n Klasen! Abgemacht!«

Zwei Stunden später saßen wir in einer gemütlichen, stillen Kneipe hinter einer schützenden Trennwand, tranken den der Jahreszeit und dem schlechten Wetter angemessenen Grog – und nicht Wein – und erzählten uns, was wir in der Zeit erlebt hatten, in welcher wir einander abhanden geraten gewesen waren. Klasen erschien mir, verglichen mit früher, viel gelöster und geneigter, sich auszusprechen – und es war ja auch nicht wenig, was wir inzwischen erlebt hatten. Und da kam es dann im Verlauf eines unversehens in die Tiefe unserer Gemüter sinkenden Gesprächs heraus, dies Geständnis des alten Kapitäns, wenn auch erst nach dem dritten Glas eines sehr steifen Grogs:

»Wir kennen uns ja lange genug, Johann, und Sie haben ausführlich erlebt, wie es auf Schiffen zugeht. Und jetzt wohn' ich in Bexhövede, wo man kein Wasser mehr sieht. Gott sei Dank, sag' ich nur, das letzte Jahr auf See, das war schrecklich, und ich muß mir immer noch Mühe geben, es zu vergessen. Mein Leben lang, wissen Sie, bin ich von schlimmeren Katastrophen verschont geblieben, habe kein Schiff verloren, nicht mal eins kaputt gefahren. Im letzten Jahr vor meiner Pensionierung mußte ich fortgesetzt denken: Das kann ja wohl nicht gutgehen, jetzt kommt noch was, jetzt passiert dir und dem Schiff doch noch irgendwas Schreckliches. Denn wenn ich eine Lehre mitbekommen habe in meinen beinahe fünfzig Jahren auf See, dann ist es diese: Man kann ihr nicht trauen, der hohen See! Gerade, wenn man glaubt, alles ist in bester Ordnung, dann passiert was, womit kein Mensch rechnen konnte, und man ist seinen guten Namen los und womöglich Schiff, Ladung und Mannschaft dazu. Es ist dann schon am besten, man säuft gleich selber mit ab und erspart sich den Ärger mit der Seeamts-Verhandlung. Der See kann man niemals trauen und mag sie einem noch so schöne Augen machen. Nein, mein Lieber, in Bexhövede ist der Boden zuverlässig fest, wohin ich auch trete, und ich kann beruhigt schlafen gehen!«

Er hockte ein wenig zusammengesunken neben mir an der Schmalseite des kahlen hölzernen Tisches, hielt sein Glas, das schon wieder leer war, mit beiden Händen umklammert, als müßte er sich daran festhalten. Auf seinem guten Mannsgesicht lag eine bittere Spannung. Wahrscheinlich hatte er mehr verraten, als sich hinterher vertreten ließ; aber ich kam ja nicht aus seiner Welt der »Fahrensleute« und war nicht »von der Waterkant«, würde auch einige Stunden später wieder abgefahren sein, vielleicht endgültig. Er hatte sich endlich einmal aussprechen können ohne Rücksicht auf Konvention und Tradition. Wenn es nicht so aus seinem tiefsten Grunde gekommen wäre, hätte man es peinlich empfinden können. Davon war ich weit entfernt. Ich fragte nach einer Weile des Schweigens:

»Na und, Käpt'n Klasen, ist Ihnen noch was passiert in Ihrem letzten Jahr auf See?«

Es war, als wenn er erwachte. Er wandte mir sein Gesicht zu, schob das Grogglas fort. Auf seinen Zügen hatte sich ein Ausdruck listigen Triumphs breitgemacht; er lächelte sogar, lächelte mich an mit herabgezogenen Mundwinkeln:

»Nichts, gar nichts! Ging alles nach Schema F, wie geschmiert sozusagen. Habe kein ruhigeres Jahr gehabt als das letzte. Aber das kann ich Ihnen sagen, Johann, ich kenne die See; mir macht sie nichts mehr vor. Gerade weil ich vor meinem letzten Jahr auf der Brücke die Hosen voll hatte, wollte sie mir unter die Nase reiben, daß sie auch anders könnte, immer auch anders! So kam ich letzten Endes davon, ohne Federn zu lassen. Und mein Bett in Bexhövede steht jede Nacht fest auf vier Beinen und wakkelt höchstens ein bißchen, wenn meine Frau sich umdreht!«

Ja, so ist das mit der Hohen See. Wasser hat keine Balken. Der alte Kapitän Klasen hat sich sicherlich gut ausgekannt, was das erdumspannende Weltmeer anbelangt.

Und trotzdem: Wo Gefahr ist, ist immer auch Verlockung – was vielleicht insbesondere für die Verteter der westlichen, weißen Welt Gültigkeit hat. Ich war damals insgeheim sehr einverstanden damit, daß der Suez-Kanal geschlossen war und daß man von Hamburg nach Ostasien um ganz Afrika herum und den Indischen Ozean wieder hinauffahren mußte. So konnte ich auf einer anderen Fahrt das Weltmeer in all seinen verschiedenen Schattierungen kennenlernen, eine nach der anderen, schön ordentlich aufgereiht – und dann dasselbe noch einmal in umgedrehter Reihenfolge.

Auf der Nordsee empfing uns graues, unfreundliches Wetter, nachdem wir das Feuerschiff »Elbe eins« passiert hatten. (Dieses Wahrzeichen vor der Elbmündung ist inzwischen durch automatisch arbeitende, ferngesteuerte Seezeichen ersetzt worden. Wiederum ist ein Stückchen früherer Seefahrts-Romantik, ein heute schon nostalgisch verklärtes, ins Museum abgewandert).

Das gute, stolze Schiff – diesmal eine »Klaus Knudsen« – schaukelte sich langsam für die lange Reise ein. Der Bootsmann und der Zweite Offizier hatten noch alle Hände voll zu tun, mit den Männern der Nachmittagswache das Schiff auf das zu erwartende grobe Wetter vorzubereiten, alles dicht und fest zu machen, was sich vielleicht würde losarbeiten können, und schließlich mit Fluten von salzigem Wasser allen Dreck, der sich während der Ladezeit im Hafen an Deck und sonstwo angesammelt hatte, wieder ins geduldige Meer zu spülen.

Aber man spürte es schiffsüber von der hohen Brücke bis in die Tiefe der nach Schmieröl und Heißdampf duftenden Maschinenräume: Jedermann, vom Kapitän bis zu dem noch nicht ganz ausgewachsenen Helfer des Kochs in der vor lauter Stahl und Messing blitzenden Küche, war froh, daß man endlich die Unruhe des Hafens und der Liegezeit hinter sich hatte, daß die unordentliche Welt des Festlands im Kielwasser des Schiffes versank und die gleichmütigen Tage einer langen, langen Reise angebrochen waren. Nichts weiter mehr war gültig und wirklich, als die streng umgrenzte Welt eines allem Pomp und allem Trubel abholden Hochsee-Frachters, mit Singapore als seinem ersten, noch einige tausend Meilen entferntem Ziel.

Je weiter wir aus dem Trichter der Elbmündung in die offene Nordsee vordrangen, desto häßlicher ließ sich das Wetter an. Ein harter, für April noch sehr kalter Wind aus Westen warf eine kurzatmige, kabbelige See auf, die dem vorzüglichen, voll beladenen und deshalb ziemlich tief im Wasser liegenden Seeschiff nicht viel ausmachte, es aber doch zuweilen wie verärgert bocken ließ. Ein wunderbares Wetter zum Seekrankwerden, was manche Touristen schon während der nur wenige Stunden dauernden Fahrt nach Helgoland zu ihrem Leidwesen sauer erlebt haben. Auch mir war nicht ganz wohl, und einigen Mitgliedern der Besatzung ging es wesentlich schlechter, wie ich ihrer ins Grünliche spielenden Gesichtsfarbe anmerkte. Ich selbst bin – wie es manchen Menschen ohne ihr Verdienst geschenkt ist – gegen die See- oder Luftkrankheit von Natur gefeit, habe sie nie ernsthaft kennengelernt. Andererseits habe ich mehrfach Seeleute, Schiffsoffiziere, erlebt, die bei jeder neuen Ausfahrt seekrank wurden, wenn das Wetter danach war, die sich erst nach mehreren Tagen wieder »einschaukelten«.

Ich hatte mir vorgenommen, auf dieser durch keinen Zwischenhafen unterbrochenen Reise zum »Cape of Good Hope« hinunter und dann in großer SW/NO-Diagonale über den Indischen Ozean auf die Nordspitze von Sumatra hinüber die großen, sich rings um den Erdball schlingenden Wind- und Wetter-Zonen oder besser »Gürtel« bewußt zu erspüren und auf mich wirken zu lassen. Das ist mir damals und wiederum später ganz gut gelungen, und übte auf mich jenen unvergleichlichen Zauber aus, mit dem die Hohe See jeden Menschen umgarnt, der sich ihrer hundertfältigen Erscheinung mit offenen Sinnen hingibt.

Denn dies ist das Merkwürdige an der Einwirkung der Hohen See auf das menschliche Gemüt: So sehr sie uns, zumindest im geheimen, mit ihrer Unberechenbarkeit, ihrer oft an Heimtücke grenzenden wilden Verschlagenheit zu schaffen macht, so wie sie nie der Angst erlaubt, sich gänzlich zur Ruhe zu legen, so sehr vermag sie auch ein wahres Füllhorn unvergeßlicher Schönheit, sanftesten Friedens, frischester Lebensfreude, kann sie Glanz, Hoheit und Pracht über den Menschen ausschütten, der sich ihr willig hingibt – wozu man von der Übermacht der Eindrücke oft geradezu gezwungen wird, obwohl man vielleicht mit ganz anderen Dingen beschäftigt war.

Als wir erst aus dem Ärmelkanal hinaus in den offenen Atlantik eingetreten waren und die hohen Wälle und Küsten Englands uns aus ihrem Schutz entlassen hatten, empfing uns die unsere Nordhalbkugel ebenso wie die Südhalbkugel umspülende Westwind-Drift mit beinahe schon Sturm zu nennender Heftigkeit. Aber hier im offenen Atlantik gewann die See Raum und Zeit, den Wogengang viel weiter ausschwingen zu lassen, als dies in der Nordsee möglich ist. Nordsee – Mordsee, sagte man früher – und daran hat sich auch heute noch nicht viel geändert. Ein paar schreckliche Katastrophen in den letzten Jahren haben es bewiesen. Der offene Ozean ist den Schiffen im allgemeinen günstiger gesonnen als die engen Rand- oder Mittelmeere.

Das Schiff wiegte sich nun viel gleichmäßiger im langhin schwingenden Seegang; man merkte es der »Klaus Knudsen« an, daß sie sich jetzt erst richtig in ihrem Element fühlte. Und wenn die Spritzer der Gischt von den durchfurchten Wellen über sie hinwegausten, oder wenn der Bug zuweilen Wasser übernahm, das dann gurgelnd durch die Speigatten wieder abfloß, dann schien das dem guten Schiff nur Spaß zu machen; es schüttelte sich nicht einmal, sondern folgte seinem vorgegebenen Kurs unbeirrt, mit unverdrossener Selbstverständlichkeit.

»Passen Sie auf«, sagte der Kapitän beim Abendessen (es war Klasen zu Beginn unserer engen Bekanntschaft), »passen Sie auf, Johann, um diese Jahreszeit kann man beinahe Gift darauf nehmen: Wenn wir erst die Biskaya hinter uns haben und am spanischen Kap Finisterre vorbei sind, schleichen wir uns aus der Westwindzone hinaus; jeden Tag wird dann das Wetter besser; der kalte Regen bleibt hinter uns, es wird wärmer, und selbst ein alter, abgebrühter Fahrensmann wie ich kriegt wieder Freude an der christlichen Seefahrt.«

Natürlich hatte er nichts Falsches vorausgesagt, der Käpt'n Klasen; er kannte sich auf den Meeren genauso gut aus wie eine Landratte im Spazierpark ihrer Heimatstadt.

Es klarte auf in den Tagen darauf. Der stürmische Wind aus West – Stärke vier bis fünf, meinte Klasen, in Böen sechs oder darüber – wurde milder, fühlte sich nicht mehr so angreiferisch an auf der Haut, drehte von West fast auf Nord und schließlich, als wir erst längs der Küste Nordarfrikas südwärts zogen, deutlich auf Nordost, folgte also mehr oder weniger unserem Schiff – und von Seekrankheit war längst an Bord nirgendwo mehr die Rede:

Wir waren sachte in den Gürtel der Nordost-Tradewinds, des NO-Passats, eingetreten und würden etwa dreihundert Meilen südlich von Gran Canaria den Wendekreis des Krebses queren und damit in die Tropen vordringen.

Wie wohl man sich fühlte in der wunderbaren Zone der Tradewinds, die wir mit einem Wort aus dem Niederländischen Passate nennen! Die Engländer sprechen von den »Trades«, den »Handelswinden«. Denn wenn in vergangener Zeit die Segelschiffe erst einmal die Tradewind-Zonen auf den Ozeanen erreicht hatten, konnten sie sich darauf verlassen, daß gute, stetige Winde aus allgemein Nordost nördlich, aus Südost südlich des Äquators ihnen die Segel füllen und sie zuverlässig über die Ozeane blasen würden. Im einzelnen war das nicht immer ganz so einfach, aber im großen und ganzen stimmte es stets.

Weiße Wolken segeln über einen tiefblauen Himmel. Der Wind, der von Afrika, aus den Weiten der größten Wüste der Erde, herüberspült, fächelt kräftig über und durch das Schiff, das nun im sanfteren Seegang des Passats kein Wasser mehr übernimmt, so daß ein nichtstuerischer Passagier auf dem langen Ladedeck durchaus trockenen Fußes seinen täglichen Spaziergang absolvieren kann.

Längst ist jedermann an Bord in bester Stimmung – »mann« in der Tat, kein weibliches Wesen weit und breit, nur blanke, leere See, Delphine um den Bug, die stundenlang spielerisch mit dem Schiff um die Wette das flüssige Element durchgleiten; ab und zu verfliegt sich ein »flie-

gender Fisch« aufs Vordeck bei der Ankerwinde, und der
Koch, der sich dort gerade vom Mittagessen-Kochen erholt, fängt das verirrte Fischlein mit Flossenflügeln vorsichtig wieder ein und läßt es über die Reling in sein
heimatliches Element zurückflattern; und ganz hoch oben
über der Brücke, auf dem obersten, dem Peildeck, sehe ich
den herrlich jungenhaften Mutzenheller, den Dritten Offizier der »Klaus Knudsen«, über die Reling lehnen mit
nacktem Oberkörper, lediglich mit einer knallroten Bade-
hose bekleidet. Er läßt sich ausgiebig von der warmen
Sonne bescheinen und dem schönen Wind aus Afrika
umbranden.

»Von dieser Reise komme ich braun wie ein Neger zurück;
das hab' ich mir vorgenommen«, erklärte er mir, als ich
ihn darauf aufmerksam machen wollte, daß allzu viel Tropensonne gefährlich wäre und zugleich der saugende
Wind dem Körper zuviel Wärme entzöge. »Ach was, ich
hab' den Winter satt, war auf Urlaub bei meinen Eltern in
Oberstdorf – nichts als Schnee überall, scheußlich! Nein,
dies hier ist mein Wetter: Sonne, Wärme und Wind.
Meine Seligkeit ist der Passat und nicht die blöde Ski-erei
in den Bergen, bei der man sich immer irgendwann die
Knochen bricht. Bestimmt braun wie ein Neger am ganzen Körper komme ich diesmal zurück, das habe ich mir
geschworen, und ich sage Ihnen eines voraus, Herr Johann, ich hole mir weder einen Schnupfen noch einen
Sonnenbrand dabei. Wetten?«

Wir haben nicht gewettet. Ich hätte verloren, denn Anton
Mutzenheller aus Oberstdorf in den Allgäuer Alpen behielt recht, blieb gesund durch Kalt und Heiß, bis wir
wieder in Hamburg festmachten.

Ich habe auf den vielen deutschen Schiffen, auf denen
ich seinerzeit gottweißwohin gefahren bin, merkwürdig
viele Süddeutsche getroffen, keineswegs immer nur Ab-
kömmlinge der nord- oder ostseenahen Bereiche deut-

schen Landes; und sie alle waren – soweit ich das beurteilen konnte – erstklassige Seeleute geworden. Kapitän Klasen, der hinter den Elbdeichen geboren und groß geworden war, erklärte mir das so: »Die haben romantische Vorstellungen von Sturm und Wogengang und weiten Reisen über die Meere da unten in Stuttgart oder Lörrach und kommen dann in den Norden an die Küste und ahnen nicht, wie überaus romantisch es ist, bei eisigem Wind und Graupelwetter morgens um drei auf der Brücke zu stehen und sich die Augen in der heulenden Finsternis auszugucken; schwarz und dick und nichts zu sehen, gar nichts, nur ab und zu Gischt und ein Brecher über die Back, und man klammert sich sozusagen an das einzige Lämpchen im Kompaßgehäuse. Ich sag' Ihnen, Johann, und Sie können mir glauben: So dämlich, freiwillig zur See zu gehen, das kann sich nur jemand leisten, der zum Beispiel in Karlsruhe zur Welt gekommen ist. Wir von der Waterkant gehen nur zur See, weil dem Vater und Großvater trotz langen Nachdenkens auch nichts Besseres eingefallen ist. Wenn die Hessen oder die Schwaben sich unbedingt den Bauch mit Salzluft füllen wollen – sollen sie doch! Kann von uns einer mehr hinterm Deich bleiben! Und gegen den Mutzenheller ist ja nichts einzuwenden; dem gebe ich eine erstklassige Beurteilung mit auf seinen weiteren Seemanns-Lebensweg!«

Soweit damals Kapitän Klasen, ein bißchen griesgrämig und mißtrauisch wie immer, aber im Grunde ehrlich, gerecht und wohlwollend – ein Typ, wie ich ihn unter Kapitänen auf der salzigen See häufig angetroffen habe, ein »old salt«, wie die Engländer sagen, ein »alter Salz«, ein alter Seebär, gesalzen von der salzigen See.

Und dann eines frühen Morgens, ich merke es sofort beim Aufwachen: Das Schiff gleitet völlig ruhig dahin, bewegt sich nicht mehr – und wenn nicht das kaum hörbare, dumpfe Pochen der mächtigen Schweröl-Motoren wäre aus dem Maschinenraum, könnte man denken, das Schiff stände still. Aber davon kann keine Rede sein; ich vernehme nun auch, daß die Bugwelle leise rauscht, aber ganz gleichmäßig. Dies ist neu, und ich bin in wenigen Minuten an Deck – und bin überwältigt wie von einem Wunder:

Die Sonne ist gerade aufgegangen. Ich trete ins Freie mit dem Blick nach Westen. Daß es das gibt! Ich hätte es nie geglaubt, wenn es sich nicht in blendendem Glanz meinen Augen darböte: eine makellos polierte Metallfläche, Stahl oder Silber; kein Vergleich will passen.

Keine leiseste Kräuselung trübt den Spiegel der See. Der Horizont, unendlich fern verschwimmt er in sanftester Abstufung der Farben vom fast schwarzen Veilchenton des Meeres in das strahlende und immer tiefere Blau des Himmels; Meer und Himmel »vermählen sich« in der äußersten Ferne, wie man es früher – als man vor feierlichen Ausdrücken noch keine Angst hatte – genannt haben würde.

Das Meer ruht in sich selbst, vollkommen bewegungslos, ein unermeßlicher, ganz vollkommener Spiegel, der es mir unmöglich macht, gegen die Sonne nach Osten zu schauen. Dort gleißt die See in schier unerträglicher Helligkeit, mit einem überstarken Licht, das in die Augen zu schneiden scheint. Aber mir genügt es, nach Westen zu blicken. Ich labe mich mit einem unvergeßlichen Wohlgefühl an der leuchtenden, stillen Weite, die nie und nirgends sonst auf Erden so leuchtend und so still das Gemüt beglückt, einem unvergleichlich einfachen Bild: über mir das leuchtend makellose Blau des Himmels und unter mir – wenn ich an die Reling meines hochgelegenen Decks trete – das blanke, silbern überhauchte Umbra, das Schattenschwarz des ruhenden Meeres.

Ja, sie ruhte damals, die sonst ewig unruhige See, ein

ungeheurer gläserner Körper, scheinbar fest, wie aus einem wunderbar blank geschliffenen Metall geformt. In der unsichtbar über dem erzenen Wasser lastenden Luft mußte es sehr heiß sein, denn in ihr lief offenbar auch nicht der geringste Hauch eines Windes um. Doch spürte ich die Hitze nicht, denn das Schiff zog, unbehindert wie noch an keinem Tag seit der Ausreise, seine Bahn duch das flüssige Element, das seiner Flüssigkeit vollkommen entsagt zu haben schien, und dieser gleichmäßig strömende Fahrwind schenkte der Haut Kühlung.

Ich blickte von der Reling aus nach hinten. Wie das Gefieder am Schaft eines riesigen Pfeils wanderte die vom Bug aufgeworfene Welle schnurgerade dem Schiffe nach, verlor sich, stets unbestimmter werdend, erst in der äußersten Ferne, verging erst in den Horizont.

In meinem Hirn (das es nicht fertig bringt, sich an einer Schönheit oder einem Wunder, dessen die Augen ansichtig werden, einfach nur zu erfreuen) fiel eine Klappe: Doldrums!

Hatte ich sie doch leibhaftig vor mir: Wir waren auf unserer Nord-Süd-Reise in die Doldrums eingedrungen – wie sie im Englischen kurz und bündig genannt werden, den rund um die Erde sich schlingenden »Kalmengürtel«, den der »äquatorialen Windstillen« – und die Laune des Wetters präsentierte mir den im Sommer mehr nördlich, im Winter (unserer Halbkugel) mehr südlich des Äquators anzutreffenden »Gürtel der Windstillen« in musterhafter Vollkommenheit.

Vom Kapitän und vom »Chief«, dem obersten Herrn im Maschinenraum, angefangen bis zum halbgaren Küchenjungen und dem total überzähligen Passagier, der seinem Seemannsbuch nach unter »Supercargo« mitsegelte, genossen alle die wie aus schwerem Gold gegossenen Tage der Doldrums mit Hingabe; nur das weiche Pochen der Schiffsmotoren verriet, daß wir auch jetzt noch auf Wanderschaft waren – und natürlich das silbern strudelnde, achteraus dem Schiffe folgende Kielwasser und der in vollendeter Symmetrie vom Bug aufgeworfene Wellen-pfeil.

In den Kabinen und sonstigen Wohnräumen des Schiffes war es allerdings nur dort auszuhalten, wo der Fahrwind ständig frische Luft hineindrückte und so Kühlung vor-täuschte. Wo das nicht der Fall war, lastete die heiße, feuchte Luft wie Blei und machte das Leben schwer und schwitzig.

In der nächsten Nacht kreuzten wir den Äquator. Ich war, weil ich das alles genau kennenlernen wollte, zur »Hun-dewache« (von Mitternacht bis vier Uhr morgens) mit dem Ersten, einem netten, breitschultrigen Mann aus Au-rich, auf die Brücke gestiegen, hielt mich aber steuerbords im Brückennock, schwebte dort wie auf einem hohen Altan über der dunkel ruhenden See – und hatte den ganzen Mitt-Atlantik für mich allein. Der Erste hatte im Kartenhaus zu tun, hatte Eintragungen zu machen ins Logbuch und wohl auch einige Berechnungen anzustel-len. Und um alles in der Welt nicht wollte ich ihn bei seinen nautischen Pflichten stören und mit dummen Fra-gen belästigen. Ich fragte sowieso schon zuviel; es gab so vieles, was ich richtig begreifen wollte.

Unversehens und leise – er erschreckte mich beinahe in meinem durch die milde Nacht dahinschwebenden Brük-ken-Nock – kam der Erste über den schmalen Gang vom Kommando-Raum her zu mir ans Ende der die ganze Breite des Schiffes querenden Brücke hinausgeschritten – ich empfand seine tiefe Stimme als beinahe überlaut in der von abertausend Sternen in der Höhe und auf dem Was-serspiegel durchglitzerten Nacht:

»Ich wollte es Ihnen nicht vorenthalten, Herr Johann. Ich nehme an, Sie haben den Stoß verspürt: Wir haben soeben den Äquator gekreuzt und befinden uns nun auf der Südhalbkugel. Hoffentlich hat Sie der Bums nicht erschreckt. Ein paar Stunden werden wir diese wunderbare Stille und Wärme noch genießen können. Bestimmt aber in der zweiten Tageshälfte werden wir wieder den Passat zu spüren bekommen, sachte zuerst und dann immer stärker, diesmal aber aus Südost.«

Ich gab bereitwillig zu, daß mich der »Bums«, als wir über den Äquator stolperten, allerdings beunruhigt hätte, aber da ich ihn, den Ersten, auf der Brücke wüßte, hätte ich mich ebenso schnell wieder beruhigt.

»Vielen Dank für Ihr so unbegrenztes Vertrauen, Herr Johann. Das Schiff schafft es im allgemeinen ohne Beschädigung. Ich wollte es Ihnen nur mitgeteilt haben, muß noch einiges erledigen und überlasse Sie weiter Ihren Meditationen!«

Schon war er wieder im Kommandostand des Schiffes verschwunden, wo der Rudergänger, der die erste Wache hatte, leicht erhöht hinter dem messingblitzenden Rad stand und das milde ausgeleuchtete Kompaßgehäuse vor dem Rad im Auge behielt. Eigentlich brauchte er da gar nicht mehr zu stehen, denn das Schiff wurde automatisch auf Kurs gehalten. Aber auf See wie in der Luft muß man durchaus sicher gehen, und ein Rudergänger, der trotz »Voll-Automatik« Kompaß, Kurs und Ruderlage im Auge behält, bildet das beste Doppelsystem der Sicherheit.

Die um die Erde greifenden Wind- und Wettergürtel wiederholten sich in den folgenden Tagen der Reise in nun umgekehrter Reihenfolge. Die Doldrums entließen uns aus ihrer verzauberten, zuweilen wie verhext, sogar unheimlich anmutenden Stille. In Segelschiffszeiten waren sie mit Recht gefürchtet. Die Schiffe lagen mit schlaff hängenden Leinwänden manchmal tage-, ja wochenlang still und kamen in der regungslos gleißenden See nicht weiter. Die fürchterlich schwüle Hitze lähmte Offiziere wie Mannschaften oder brachte die Spannung, die sich unter der Besatzung langsam hochgeschaukelt hatte, im bösesten Falle zu blutiger Explosion. Das Trinkwasser wurde stinkig und ungenießbar, und im Salzfleisch des Proviants machten sich die Maden mit widerlicher Geschäftigkeit bemerkbar.

Nun, von all dem und anderen Abscheulichkeiten war auf unserem schmucken, hochmodernen Stückgut-Frachter mit besonders leistungsfähigem Ladegeschirr nichts mehr zu spüren, und die Doldrums ließen sich ebenso wie die verläßlichen Passate angenehm genießen, wenn auch auf ganz andere Weise.

Wir hatten, weit außer Sicht des afrikanischen Festlands, schon etwa von Kap Roxo in Senegal her, deutlich Kurs nach Südosten genommen, genauer Südsüdost, und strebten über das Guinea- und Angola-Becken hinweg auf geradestem Wege der Südspitze Afrikas entgegen. Ehe wir noch das Gute-Hoffnungs-Kap und Kap Agulhas (die eigentliche Südspitze Afrikas) umrunden konnten, gerieten wir, noch vor den Küsten Südwestafrikas, aus dem seltsam träge gewordenen SO-Passat beinahe ohne Übergang, das heißt in wenigen Stunden in den Gürtel der »Roaring Forties«, der berüchtigten »Brüllenden Vierziger«, die uns von Westen her mit wilder Wut und Wucht an Steuerbord in die Flanke fielen.

Die »Roaring Forties« – auch dieser Ausdruck stammt noch aus der Zeit der Segelschiffe. Gemeint ist die Gegend etwa zwischen dem vierzigsten und fünfzigsten Breitengrad auf der Südhalbkugel. Ein Blick auf die Karte läßt schnell erkennen, daß man sich in diesen Breiten – in einem mächtigen Zirkel um die Eis- und Landmasse des antarktischen Kontinents – rings um den Erdball bewegen kann, ohne auf festes Land zu stoßen. Die auch hier im tiefen Süden ebenso wie auf der Nordhalbkugel die Erde umspülende Westwind-Drift kann sich also zu voller Gewalt entfalten, wird auf ihrer weiten Reise nirgendwo gehemmt, »gebremst«. Unablässig blasen in diesen Breiten stürmische bis orkanstarke Winde von West nach Ost. Lediglich Südamerika reicht mit seiner Südspitze über den vierzigsten, sogar noch über den fünfzigsten Breitengrad nach Süden hinunter, wo ihm der antarktische Erdteil mit seinem am weitesten nordwärts greifenden Auswuchs entgegenkommt. So werden also in dieser Meeresgegend die ungestüm ostwärts um die Erde wogenden Luftmassen wie durch einen Engpaß gedrängt, verstärken und beschleunigen sich zu tobender Gewaltsamkeit. Und deshalb ist Kap Hoorn, der Eckpfeiler im Süden Südamerikas, von jeher bei den Seeleuten gefürchtet.

Allerdings bietet sich ein Schleichweg an dort unten, über den die Schiffe vom Atlantik in den Pazifik gelangen können, ohne fürchten zu müssen, fürchterlich gebeutelt zu werden: die Magellan-Straße, die zwischen windabweisenden Gebirgswänden gut hundert Meilen nördlich von Kap Hoorn eine sichere Passage zwischen den beiden Weltmeeren vorzeichnet.

Im Jahre 1519/20 hatte sich der – schon kurz erwähnte – Portugiese Fernão de Magalhães (von den Engländern kurzerhand zu Magellan vereinfacht) in spanischem Auftrag auf die Reise begeben, um – wenn die Erde, wie neuerdings damals behauptet wurde, rund war – westwärts einen Seeweg nach den Molukken, den ersehnten, aber immer noch halb sagenhaften »Gewürzinseln« zu finden (sie gehören heute zu dem »Reich der tausend Inseln«, zu Indonesien). Magalhães war an der Ostküste Südamerikas südwärts gesegelt – vielleicht gab es einen Durchschlupf nach Westen in das riesige Gewässer, in welchem, wie man schon wußte, die Gewürzinseln zu finden sein mußten. Er probierte den verhältnismäßig schmalen Wasserweg, der sich nach Westen ins hohe Land hineinzog, folgte ihm mißtrauisch und war aufs höchste überrascht und beglückt, als sich die heute seinen Namen tragende Straße in die Weite, die friedlich beglänzte Weite eines neuen, unbekannten Meeres öffnete, das ihm ein Mare Pacifico zu sein schien, ein friedvolles Meer.

Nach langer Reise über das ungeheure Meer in allgemein nordwestlicher Richtung, wobei er nur eine der Tuamotu-Inseln und die Insel Guam berührte – das Trinkwasser verkam unterwegs zu stinkender Widerlichkeit, ebenso wie das Salzfleisch; der Skorbut lockerte den Matrosen die Zähne, machte sie sterbenselend und schwach – vorbei an all den lockeren Inselschwärmen in der Südsee (der Südhälfte und Mitte des Stillen Ozeans), als alle Hoffnung schon zu einem blassen Schemen zusammengesunken war, tauchten endlich von Palmen und grünen Hügeln überhöhte Gestade vor den verzweifelten Seefahrern auf. Längst zählte die kleine Magalhães'sche Flottille nicht mehr alle fünf Schiffe, mit denen sie ausgefahren war, und erst recht nicht mehr alle Matrosen. Damals stand es überhaupt stets fünfzig zu fünfzig, ob ein Seemann von langer Reise wiederkehrte oder nicht – und um die Schiffe selbst, winzige, ungefüge Holzkähne, stand es nicht viel besser. In der Hitze und Windstille des Gürtels der Windstillen in den Tropen drohten sie buchstäblich zu verrotten, von Muscheln und anderem Getier, das sich an den Schiffsflanken unter Wasser festsetzte, aufgefressen und zersiebt zu werden; und den mörderischen, urplötzlich aufspringenden Wirbelstürmen der Tropen waren sie erst recht nicht gewachsen.

Magalhães hatte vor der ostasiatischen Küste die Philippinen erreicht, und zwar die Insel Samar in der Mitte der Inselgruppe. Die Fremdlinge, die von Osten her über das Meer gekommen waren, was sich noch nie zuvor ereignet hatte, wurden von den malayischen Eingeborenen zunächst gastlich aufgenommen, ja, diese ließen sich sogar willig taufen – was sie ebenso wenig begriffen wie die Ankündigung, daß sie fortab die Ehre hätten, Untertanen des Königs von Spanien zu sein. Magalhães mag außer sich vor Erleichterung und Stolz gewesen sein, daß er tatsächlich den Weg westwärts, wenn auch nicht gleich zu den Molukken, den Gewürzinseln, so doch zu diesen sicherlich ebenso schönen und fruchtbaren Eilanden gefunden hatte (die erst zweiundzwanzig Jahre später nach Philipp II. von Spanien ihren bis zum heutigen Tage gültigen Namen erhielten).

Auf einer noch schöneren Insel namens Cebu gelingt es Magalhães trotz aller sprachlichen Schwierigkeiten, den dort regierenden mächtigen »König« und seine »Königin« zum Christentum zu bekehren. Um sein dankbares Wohlwollen und die kriegerische Tüchtigkeit seiner Mannschaften (die sich allmählich bei frischem Wasser, vielen Früchten und reichlicher, gesunder Nahrung erstaunlich schnell erholt haben) zu beweisen, sicherlich auch, um dem »König« von Cebu Respekt einzuflößen, erbietet sich Magalhães, für den »König«, und zwar ganz allein nur mit seinen Leuten, etwa fünfzig Mann, einen Unterhäuptling auf der kleineren Nachbar-Insel Maktan, der gegen den Cebu-König rebelliert, wieder zur Raison zu bringen.

Aber das Lande-Unternehmen auf Maktan geht böse aus. Die kleine Streitmacht mit Magalhães vorweg wird von einer großen Übermacht angegriffen, noch ehe sie sich auf dem flachen Sandstrand hat formieren können. Ein Speer trifft den Kapitän ins Gesicht und verwundet ihn schwer. Ehe er noch sein Schwert ziehen kann, fallen die nackten Krieger Maktans über ihn her. Ein Keulenschlag wirft Magalhães ins flache Wasser des Ufers. Ein Dutzend Speere und viele Pfeile dringen in den Leib des Wehrlosen. Nach wenigen Minuten schon haucht er seine Seele aus. Magalhães ist tot! Er hat sich und den Seinen zuviel zugemutet!

Von seinen letzten drei Schiffen, die bis zu den Philippinen durchgehalten hatten, erreichte schließlich nur noch ein einziges, die »Victoria« (ganze 85 Tonnen Wasserverdrängung, eine Nußschale!), den Hafen San Lucar in der Mündung des Guadalquivir an der Südküste Spaniens – am 8. September 1522, drei Jahre weniger zwölf Tage, nachdem die ursprünglich fünf Schiffe die Anker für die allererste Weltumseglung gelichtet hatten. Etwa einhundertsiebzig Seeleute hatten die Reise mit dem Leben bezahlt. Nur einunddreißig kehrten wieder heim.

Obgleich Magalhães während seiner Reise auf halbem Wege scheiterte und unterging, gebührt doch ihm und seinen Leuten der Ruhm, als erste durch die Tat bewiesen zu haben, daß die Erde rund ist.

Alte Geschichten solcher Art fallen einem ein, wenn man gehofft hat, das Kap Agulhas, Afrikas Südspitze, gemächlich umrunden zu können, ohne die Zone der freundlich und gleichmäßig wehenden Passate verlassen zu müssen. Statt dessen wurde meine gute »Klaus Knudsen« ohne Vorwarnung von einem brausenden Westwind gefaßt, der sofort damit begann, ihr viele Tonnen schwere glasige Brecher über die Steuerbord-Relinge zu wuchten und Gischt über das ganze Schiff zu peitschen, so daß ich mich lieber zwischen die Wände meiner Kabine oder hinter die starken Glasscheiben der Brücke zurückzog. Ruhe fand man weder da noch dort; dazu arbeitete das Schiff zu mühsam in der schweren See; man hatte sich fortgesetzt irgendwo festzuhalten oder festzustemmen. Als wir am Kap der Guten Hoffnung und kurz davor am Tafelberg und der um diesen gebreiteten Kapstadt vorbeigezogen waren – in weitem Abstand –, waren wir des schlechten Wetters bereits sehr überdrüssig geworden; das Schiff allerdings war unverdrossen seinem Südost-Kurs gefolgt; der Kapitän hatte beim Mittagessen gemeint:

»Die Roaring-Forties werden uns für ein Weilchen am Wickel kriegen; aber wenn wir erst um Agulhas herum sind und an Port Elizabeth vorbei, dann ist die verdammte Schaukelei erst mal wieder zu Ende.«

Auch Seeleute nämlich, habe ich konstatieren können, finden es wesentlich angenehmer, bei ruhiger See unterwegs zu sein als bei stürmischer; es werkelt sich dann leichter und angenehmer an Bord, wo ja ewig etwas zu tun ist. –

Der auf der Südhalbkugel wesentlich stärker als auf der nördlichen ausgeprägte Gürtel der ständigen Westwinde hatte einen Ausläufer nordwärts geschickt, und wir hatten uns in ihm einigermaßen naß und ungemütlich um Afrikas Süden herumzukämpfen, eine Meeresgegend, die schon vielen Schiffen zum Verhängnis geworden ist – wenn auch nicht in gleichem fürchterlichen Ausmaß wie die viel stärker noch und fast ohne Unterlaß umtoste Südspitze Südamerikas bei Kap Hoorn.

Der Tafelberg war nur wie ein mit feinstem Silbergriffel in den Horizont gezeichneter Schattenriß in der Ferne vorbeigeglitten, und von Kapstadt um und am Sockel des Berges war nicht einmal etwas zu ahnen gewesen; wir brauchten nicht anzulegen. Die hochmoderne »Klaus Knudsen« bewältigte die lange Reise den ganzen Atlantischen Ozean hinunter und den Indischen in gestreckter Diagonale bis Singapore wieder hinauf, ohne auch nur einmal nachbunkern zu müssen.

Den Indischen Ozean, so oft ich ihn auch im Norden oder Süden befuhr, habe ich stets nur als ein lässiges, freundlich friedfertiges Meer erlebt, obgleich auch er wie die andern zwei Weltmeere von den Passaten überweht wird, zu denen sich hier noch über seiner Nordhälfte die Monsune gesellen, jene das Wohlergehen Süd- und Ostasiens bestimmenden gewaltigen Winde, die im Sommer vom Meer her Indien, Südostasien, China bis nach Japan hinauf mit ihrem meeeresfeuchten Atem überfluten und – wenn sie nicht launisch ausbleiben! – den Feldern und Gärten reiche, ja überreiche Fruchtbarkeit schenken. Im Winter wehen sie dann aus der riesigen Landmasse des asiatischen Kontinents, den dann eisig kalten Hochebenen und Hochgebirgen Zentralasiens, das heißt Tibets, Sinkiangs und der Mongolei, wieder aufs Meer hinaus, auf den nördlichen Indik also und die südwestlichen Randmeere des Stillen Ozeans.

Wir überquerten dann den Indischen Ozean mit Kurs auf Sumatras Nordspitze, den Eingang zur Malakka-Straße, an deren anderem Ausgang das unbeschreiblich geschäftige Singapore gelegen ist, von den Engländern zu Beginn des vorigen, des neunzehnten Jahrhunderts gegründet, heute ein erfolgreiches, selbständiges Staatswesen mit weit überwiegend chinesischer Bevölkerung. Wir kreuzten das kleinste der drei Weltmeere zu einer Jahreszeit, in welcher der kühle, trockene landaus wehende Wintermonsun bereits vergangen, der landein blasende Sommer-Monsun sich noch nicht entfaltet hatte. Und auch die Passate schienen mir ein wenig müde geworden zu sein. In der Nacht, in welcher der Äquator unter uns hinweggleiten mußte, hatte es mich in der wunderbar lauen, weichen Luft des Kalmen-Gürtels, der Windstillen, auf meinen Lieblingsplatz auf dem Vorschiff hoch über dem Bug gezogen. Dort war von den Arbeitsgeräuschen des Schiffes nichts mehr zu hören, und selbst das sonst überall spürbare Pochen der mächtigen Antriebsmotoren vorn tiefsten Innern des Schiffes her war über dem vordersten Vorschiff nicht wahrzunehmen. Der einzige Laut, der um Mitternacht meinen sanft umfächelten Standort über dem Bug erreichte – er nahm der lautlosen Stille des Meeres jede Unheimlichkeit –, war das gleichmütige Rauschen der Bugwelle tief unter mir. Wenn ich mich weit über die Reling lehnte, so sah ich im Sternenlicht – es schien kein

Mond in jener Nacht –, wie tief unter mir der stählerne Bug eine schimmernde, schäumende Zeile aus der spiegelglatten Fläche des Wassers pflügte, schimmernd in der Tat, in grünlich geisterhaftem Glanz – das Leuchten der tropischen Meere, verursacht von winzigen Meerestierchen, die vom furchenden Kiel des Schiffes aufgestört werden, erschrocken aufblitzen und ihre Blitzchen zum »Meeresleuchten« vereinen. Wie gebannt starrte ich auf das funkelnde Schauspiel hinunter und vergaß die Zeit. Aber nach einer Weile werden die Blicke doch wieder hinausgelockt in die dunkle und doch nicht dunkle traumhafte Nacht des ruhenden Meeres. Man erkennt nicht, wo es endet und wo die ungeheure Kuppel des nächtlichen Himmels rundum aufliegt. Man schwebt auf dem hohen Vorschiff zwischen Himmel und Wasser wie losgelöst von aller Erdenschwere, namenlose Tiefe unter und noch tiefere, höhere Tiefe über dem Reisenden, wo, spärlicher gegen den Himmelsrand, aber glitzernd gedrängt im Zenit sich das Funkelheer der Sterne wölbt, in einer Pracht und Klarheit, die nichts mehr mit unserer trüben Welt der Städte gemein zu haben scheint.

Jene traumhaften Nächte, während wir auf dem Indischen Ozean in lang gedehnter Schräge den Gürtel der Windstillen querten – sie schweben mir in der Erinnerung wie glückselige Inseln außerhalb der Zeit, schenkten mir das nicht mehr auszulöschende Bewußtsein von der himmlischen Vollkommenheit der Schöpfung, wo sie noch ungetrübt sich bietet, so, wie sie gemeint ist – in überwältigender Schönheit!

Fatalerweise kommt der Pazifische Ozean, der bei weitem größte, auf diesen Seiten viel zu kurz. Aber ich habe ihn zu Wasser, zu Schiff, nur zweimal ganz überquert, einmal im Norden westwärts von Vancouver in British Columbia, Canada, über Hawaii nach Yokohama, Japan, und einmal in der mächtigen Diagonale von Südwest nach Nordost, von Sydney in Australien nach Vancouver. Ich habe diese Reisen in schlechtester Erinnerung. Denn in beiden Fällen war ich auf große Passagierdampfer angewiesen gewesen, einen kanadischen nach Yokohama, einen US-amerikanischen von Sydney aus; und beides hatte im Vergleich mit meinen sonstigen vielfältigen Reisen als zumeist einziger Passagier auf Frachtschiffen seine unerfreulichen Nachteile: zuviel Rummel, zuviel Klatsch und Tratsch und sogenannte »Unterhaltung«, endlose Zeremonien bei den langgedehnten Mahlzeiten (Smoking zum Dinner und »Salon-Musik« in der Ship's Lounge), alles in allem die krampfhafte Bemühung, das Schiff als ein schwimmendes Luxushotel zu kostümieren und die trotz allem niemals abzuleugnende Ungeheuerlichkeit des Weltmeers möglichst vergessen zu machen – denn dafür hatte man ja viel Geld bezahlt.

Aber in beiden Fällen war das nur schlecht geglückt; Meer und Winde wollten partout nicht mitspielen. Wo eigentlich die Doldrums hätten walten müssen, geriet das US-amerikanische Schiff – unzulänglich geführt wie die meisten amerikanischen Hotels – in einen tropischen Wirbelsturm, von dem es gebeutelt wurde wie ein Hase von einem wildernden Hund. Der Speisesaal war zum Dinner wie leergefegt; selbst der Kapitän und die Offiziere waren nicht erschienen; sie hatten an Deck oder sonstwo auf Posten zu sein – und die Stewards lehnten müßig an den Wänden herum, hatten nichts zu servieren, brauchten sich nur irgendwo festzuhalten, um nicht aus dem Gleichgewicht zu geraten – auch unter ihnen entdeckte ich mehr als einen, der verdächtig grün um die Nase herum wirkte. Ich durfte mich am Kapitänstisch, an den ich als reisender Journalist plaziert worden war – ein großer Vorzug! –, als einziger »Überlebender« der Tafelrunde der beflissenen Aufmerksamkeit zahlreicher Stewards erfreuen, denn mir ist es – ich kann wirklich nicht das geringste dafür – in die Wiege mitgegeben, gegen die Seekrankheit gefeit zu sein. Und auch auf der Reise nach Japan über den Nord-Pazifik fuhr das damals schönste Schiff der kanadischen Linie, eine der »Empresses«, in einen Orkan hinein, der dann als besondere Überraschung mit einem einzigen fürchterlichen Wogenschlag das ganze hohe Vorschiff überspülte und noch auf der Kommando-Brücke einige der fingerdikken Scheiben der Brücken-Verglasung eindrückte. Zwar wurde hoch über dem Schiff die ganze Brücke überschwemmt, aber glücklicherweise kein ernsthafter Schaden an den nautischen Instrumenten angerichtet. Der Kapitän schluckte danach seinen bis dahin bewiesenen Stolz hinunter und ließ sein Schiff »beidrehen«. Wir trafen zwei Tage später, als der vorgedruckte Fahrplan erforderte, in Yokohama ein, und ich kann mit großer Zuverlässigkeit behaupten, daß alle Passagiere froh waren, dem »Luxury-Liner« Lebewohl sagen zu können.

Der Brecher, der das halbe Vorschiff des 28 000 Tonnen messenden Fahrzeugs verwüstet hatte, war eine der sehr seltenen, aber doch immer wieder berichteten »übergroßen« Wellen gewesen, die sich zuweilen aufbäumen zu riesiger Höhe, wenn zwei Stürme in spitzem Winkel ineinander laufen und dann der böse Zufall es will, daß zwei ohnehin riesige Wellen in gleichem Rhythmus und am gleichen Ort zusammenrasen, sich vereinen und sich an Höhe, Wucht und Masse verdoppeln. Kleine Schiffe werden von solchen gläsernen Giganten einfach zerwuchtet und in die Tiefe gedrückt, verschwinden mit Mann und Maus – und gehen damit ein in die lange Reihe der Schiffe, die auf See abhanden gerieten, ohne auch nur die geringste Spur zu hinterlassen – damals und heute noch genauso!

2. Kapitel

Antarktika

Ich kann in diesem Buch, das – solange die Zeit dazu noch reicht – zum Lobpreis der Herrlichkeit unseres heimatlichen Planeten geschrieben ist, nicht so tun, als wären die tragenden Säulen unserer Welt noch stark und gesund wie seit je. Das sind sie nicht mehr; sie zeigen verdächtige, ja furchteinflößende Risse und Sprünge. Und sonderbarerweise scheint es gerade jener Teil der Erdoberfläche, der sich zur Wohnung von Menschen am allerwenigsten eignet, zu sein, an dem wir wie an einem Sturmbarometer ablesen können, einen wie verhängnisvollen Weg die Menschheit eingeschlagen hat: die Land-(und Eis-)Masse nämlich, die jenseits und südlich des die Erde umschlingenden Westwind-Gürtels, der eben erwähnten Roaring Forties, den sechsten Kontinent bildet, den antarktischen nämlich, der sich noch wesentlich kälter, stürmischer, unwirtlicher erweist als das über der Nordpolar-Gegend der Erde gefrorene Meer.

Antarktika, wie man diesen Teil der Oberfläche unseres Planeten nennen könnte (wenn man im Stil der Namen »Amerika« oder »Afrika« bleiben will), ist bisher kaum in das Bewußtsein einer breiteren Öffentlichkeit der westlichen Welt getreten. Das, was man bei uns von ihm weiß, ist lächerlich wenig, beschränkt sich auf einige unzusammenhängende Wissensfetzen: eine mehrere Kilometer dicke Eisschicht auf felsigem Untergrund, der nur an ganz wenigen Stellen bis ans Tageslicht hochdringt. An den Rändern des Kontinents riesige Flächen sich schwimmend unbestimmt weit aufs Meer hinausschiebender, bergesdicker Eisflächen, von denen von Zeit zu Zeit mächtige Klumpen losbrechen, die dann als Eisberge langsam übers Meer treiben und noch langsamer zu Süßwasser zerschmelzen, wenn sie in höhere Breiten und weniger unfreundliche Temperaturen gelangen. Im felsigen Sockel von Antarktika sollen Schätze an wertvollen Mineralien lagern, und schon ist der eisige Erdteil in viele »Interessen-Sphären« eingeteilt, mit denen sich die Politiker der fortgeschritteneren Staaten an den noch unter Eis und Fels begrabenen, vorläufig nur vermuteten Reichtümern einen Anteil gesichert zu haben glauben.

Erstaunlich ist es, daß das kalte Meer rings um die feste Südkappe der Erde äußerst reich an Nahrung zu sein scheint, die einem ungemein vielfältigen Tierleben zur Entwicklung verhalf – vom Krill, ungeheuren Mengen im kalten Wasser treibender winziger Krebse und Schnecken angefangen, bis zu riesigen Scharen von Pinguinen auf den Eiskanten, und Herden von Walen und Fischen aller Art im Wasser. Jede Gruppe von Lebewesen lebt von der jeweils nächstniederen.

Antarktika – das allerunbekannteste unter den Gesichtern der Erde! Und trotzdem beginnen wir in diesen Jahren am Ausgang des zweiten Jahrtausends nach christlicher Zeitrechnung am langsam sich enträtselnden Mienenspiel des fernsten und entlegensten der Kontinente die Gefahren zu begreifen, in die sich die Menschheit seit dem Anfang der Industrialisierung Europas und Nordamerikas während des neunzehnten Säkulums hineingesteigert hat – und allem Anschein nach mit immer größerer Geschwindigkeit weiter hineinsteigert.

Die warnenden Stimmen aus Forschung und Wissenschaft, aber auch aus der breiten Masse der Zeitgenossen, schwellen in unseren Tagen lauter und lauter an zu einem immer mächtiger werdenden Chor der Sorge und Angst.

Und man fragt sich mit unhemmbar keimender Furcht im Herzen, ob die Verantwortlichen in den demokratisch regierten, erst recht in den überbürokratisierten, nicht-demokratischen Staaten eben noch rechtzeitig aufwachen, ihre zum Teil schrecklich albernen Zänkereien aufgeben und sich den Lebensfragen der Menschheit als einer Schicksalsgemeinschaft zuwenden werden. Schon in wenigen Jahren und Jahrzehnten könnte ein menschenwürdiges Dasein auf unserem kleinen Raumschiff Erde gefährdet sein – und ist bei genauerem Hinsehen bereits gefährdet.

Antarktika – der eisige Kontinent im tiefsten Süden der Erdkugel, belehrt uns neuerdings wie kein anderer sonst, »wie herrlich weit« uns der vielgelobte und in der Tat unentbehrlich gewordene »Fortschritt« gebracht hat. Wenn es nur endlich dahin käme, daß wir uns belehren lassen! Ohne Rücksicht auf Rasse, Hautfarbe, Nation und Zivilisationsstand, ohne Rücksicht auf Ost oder West, Nord oder Süd, »entwickelt« oder nicht, liberal oder autoritär: alle Menschen dieser Erde werden von dem betroffen sein, was sich schon heute in Antarktika messen und in seinen möglichen Folgen erkennen läßt.

Ich habe den Südpolar-Kontinent nur ein einziges Mal und nur ganz vorsichtig an seiner äußersten Außenkante berührt, und ich komme damit noch einmal zurück auf das, was ich auf den vergangenen Seiten über die Weltmeere geschrieben habe, höchst unvollständig, darüber bin ich mir im klaren.

Ich glaube nicht, daß ich je eine härtere Laune der Natur erlebt habe: Ich war eingeladen, mit einem kleinen Versorgungsschiff der chilenischen Marine (es geschah in den Jahren vor Pinochet) von Punta Arenas aus an der Magalhães-Straße nach der chilenischen Antarktis-Station »Arturo Pratt« zu fahren, die auf der Greenwich-Insel angelegt ist; diese gehört zu der Gruppe der Süd-Shetland-Inseln, die sich westwärts vor die äußerste Spitze der Palmer-Halbinsel lagern, welche bei uns unter dem Namen Graham-Land bekannt ist. Dieses bildet den am weitesten nordwärts vorstechenden, auf die Südspitze Südamerikas weisenden Auswuchs von Antarktika. Graham-Land auf der antarktischen Seite im Süden, Kap Hoorn auf der südamerikanischen, dazwischen die Drake-Passage – eine der übelsten und stürmischsten Meeresgegenden überhaupt.

Die Fahrt verlief recht friedlich, solange wir uns noch durch die Inselwelt westlich des Feuerlandes zu winden hatten. Als wir aber in die Drake-Passage eingetreten waren, die wir zu kreuzen hatten, wenn wir Greenwich Island in den New Shetlands erreichen wollten, empfing uns ein urplötzlich aus Westnordwest aufspringender Orkan von unheimlicher Gewalt. Der Wind kam so unversehens auf und entfaltete sich in kürzester Zeit zu solcher Wucht, daß sich zunächst keine schwere See entwickeln konnte. Der furchtbare Druck des gleichmäßig angreifenden Sturms hielt die See, den Wellengang, nieder, ließ ihn zunächst nicht richtig aufkommen, wie es der Gewalt des Windes entsprochen hätte. Aber die langen Schaumstreifen und die irre Kräuselung der Wallungen des Wassers verrieten genug. Sollte der Sturm nur für kurze Zeit nachlassen, sozusagen Atem holen, so würde sich eine gewalttätig schmetternde See entwickeln, eilig und unwiderstehlich.

Es kam darauf an, so bald wie möglich wieder unter Land zu gelangen. Elephant-Island hatten wir bereits passiert. Wenn es uns glückte, in den Windschutz der langgestreckten Prince-George-Insel einzutauchen, so hatten wir das Schlimmste geschafft und würden dann auch die »Arturo Pratt«-Station auf Greenwich schließlich nicht verfehlen. Die Diesel unseres Schiffchens gaben ihr Bestes her. Fahrzeug, Kapitän und Mannschaft bewiesen ihre Seetüchtigkeit. Wir erreichten Arturo Pratt Stunden vor der angesetzten Ankunftszeit. Der Sturm hatte uns von achtern her angeblasen und uns schneller als erwartet oder gewohnt vorangetrieben.

Die Mitternachtsstunde war nicht mehr fern, als wir in dem kleinen Hafen festmachten, unter einem grauen, aber hellen Himmel. Wir waren im Südsommer unterwegs; Weihnachten war gerade erst vergangen, das neue Jahr bereits eingeläutet. Vierundzwanzig Stunden lang herrschte Tageslicht. Die Greenwich-Insel liegt genau auf dem südlichen Polarkreis, wo also auf der Höhe des Südsommers die Sonne nicht untergeht, höchstens ein wenig unter den Horizont taucht, um alsbald wieder aufzusteigen.

Wir wurden von den Männern der Station mit großer Freude und Erleichterung begrüßt. Einige von ihnen sollten mit unserem Schiff wieder heimwärtsreisen; andere würden noch bis zur nächsten Versorgungsfahrt aushalten müssen. Zwei Tage später machten wir uns auf die Rückfahrt; der Orkan hatte seine Wut erschöpft; die See zeigte sich noch sehr grob, war aber nicht mehr allzu bösartig. Wir erreichten unseren Ausgangshafen Punta Arenas, ohne einen Schaden genommen zu haben, der der Erwähnung wert gewesen wäre.

Der kurze Ausflug zum Südpolarkreis hatte mir einige Erkenntnisse vermittelt. Ich war einige Jahre zuvor durch Fort Yukon gekommen, in Alaska, das, wie »Arturo Pratt« auf dem südlichen, auf der Nordhalbkugel ebenfalls fast genau auf dem Polarkreis angesiedelt ist. Die Jahreszeit war allerdings nicht die entsprechende gewesen. Arturo Pratt hatte ich in seiner Sommerzeit zu sehen bekommen, Fort Yukon aber erst im Herbst, als das Thermometer nachts schon Minus-Grade anzeigte. Trotzdem war es am Yukon gegen Mittag noch beinahe sommerlich warm gewesen, so daß auf dem sich unverdrossen stromauf schaufelnden Heckraddampfer niemand daran dachte, sich für den Aufenthalt im Freien etwa einen Mantel oder sonst etwas Wärmeres anzuziehen. An den Ufern des großen Stroms prunkten die Birken und Espen vor der dunklen Kulisse der Fichten in Rosa und Gold und zauberten die herbstliche Pracht des Indianersommers über die Uferhänge.

In »Arturo Pratt« dagegen erlebte ich zwar das Wunder der Mitternachtssonne, aber die Luft ging schneidend, messerscharf und strafte die übermäßige Helligkeit Lügen. Eisberge schwammen in der Bransfield-Straße zum Festland, dem Graham-Land, hinüber, und die Berge und Zacken im Hintergrund der Insel drohten erdrückend und finster auf das triste Küstenörtchen hernieder. Nein, dies war wahrlich eine andere, eine härtere Welt als die im hohen Norden auf gleicher Breite liegenden, merkwürdig berückenden Gefilde im Herzen Alaskas.

Diese Beobachtung gilt nicht nur für den einen und nur am äußersten Rand gelegenen Punkt des antarktischen Kontinents, mit dem ein günstiger Zufall des Reiselebens mich bekannt gemacht hat – sie gilt für ganz Antarktika: Dort wendet uns die Erde das abweisendste ihrer vielen Gesichter zu.

Antarktika stellt die kälteste Gegend auf dieser Erde dar, eine sehr solide und festgegründete, vom Meereis ringsum mächtig verbreiterte Gegend – und gewiß keine kleinräumige; es ist mit etwa vierzehn Millionen Quadratkilometern annähernd doppelt so groß wie die Vereinigten Staaten, aber, wie gesagt, viel kälter; man hat minus 88 Grad Celsius gemessen; auch im Sommer steigt das Thermometer selten über den Gefrierpunkt; häufige schwere Stürme machen die ewige Kälte noch fühlbarer und gefährlicher. Das hat eine Reihe der wagnis- und wißbegierigen Nationen weißer Rasse nicht daran gehindert, rings um den Kontinent und sogar tief in seinem hohen Innern zeitweilig oder ständig besetzte Forschungsstationen einzurichten, von denen aus nun in unseren Tagen höchst alarmierende Berichte in die westliche Öffentlichkeit geschickt werden. Diesen kühnen, keine Strapazen scheuenden Wissenschaftlern verdanken wir eine Reihe von überaus ungewöhnlichen Einsichten. Die Mächtigkeit der Eisdecke, die den Kontinent unter sich verbirgt, überschreitet an verschiedenen Stellen viertausend Meter und beträgt im Durchschnitt zwei- bis zweieinhalbtausend Meter. Man möchte annehmen, daß es sehr reichlich schneit in diesem grimmig kalten Lande. Das ist jedoch keineswegs der Fall. Antarktika ist vielmehr ausgesprochen arm an Niederschlägen, so daß man mit vollem Recht von einer Kälte-»Wüste« sprechen kann, einer Wüste, die größer ist als die Sahara, und in der höchstens an einigen Randstellen einige armselige Moose und Flechten gedeihen, dort, wo sich wegen der Steilheit und Schroffheit des felsigen Untergrundes kein Eis hat festsetzen können.

In scheinbarem Gegensatz zu den geringen Niederschlägen (80–600 Millimeter gegenüber der mittleren Jahresmenge auf der ganzen Erde von ca. 1000 Millimeter) steht die erstaunliche Tatsache, daß die in Jahrtausenden aufgetürmte Eisdecke von Antarktika siebzig Prozent allen Süßwassers der Erde in sich birgt. Und ebenso überraschend ist es, wenn man den Beobachtungen der Wissenschaftler entnehmen muß, daß trotz der langen Polarnacht von sechs Monaten Antarktika im Sommer mehr Sonnenlicht empfängt als über den Tropenzonen der Erde im ganzen Jahr ausgeschüttet wird. Eine gleißende Lichtfülle sondergleichen – ja, aber nicht verbunden mit der Wärme, die in freundlicheren Erdgegenden damit verbunden wäre: Der weiße Schnee, die ungeheuren flachen Hochebenen des blanken Inlandeises spiegeln die Sonnenwärme in den

Weltenraum zurück, so daß sie nicht zur Wirkung gelangt. Trotz einer die Augen gefährdenden Lichtfülle bleibt es vom Eis her bitterkalt. Ohne sehr dunkle getönte Schutzbrillen ist die mit Recht gefürchtete »Schneeblindheit« so gut wie unvermeidlich.

Eine weitere kaum je ins Bewußtsein – auch nicht in das der »Gebildeten« – dringende Eigenheit von Antarktika ist in der Tatsache zu sehen, daß die Durchschnittshöhe der Oberfläche des Kontinents über dem Meeresspiegel das dreifache dessen ausweist, was in den fünf anderen Kontinenten gemessen wird. Der felsige Untergrund stößt nur an wenigen Stellen mit seinen höchsten und schroffsten Spitzen nach oben durch; es ist die mächtige Eisschicht dazwischen und darüber, die das Hoch-Plateau Antarktika zum höchsten und größten der Erde macht. So kühlt den antarktischen Kontinent nicht nur das kilometerdicke Eis, das ihn bedeckt. Dies Eis hebt obendrein die Menschenwürmlein, die auf ihm gelegentlich umherkriechen, in »eisige« Hochgebirgshöhen. –

In den achtziger Jahren des Jahrhunderts hat man damit begonnen, den Eispanzer Antarktikas anzubohren – bis hinunter auf den Fels. Die von den Bohrtürmen ans Tageslicht gehobenen »Bohrkerne« haben der Wissenschaft erstaunliche und auch höchst beunruhigende Einsichten vermittelt, die allmählich auch einer breiteren Öffentlichkeit in der westlichen Welt bekannt gemacht wurden und in unseren Tagen – allerdings wohl viel zu langsam – zu wirken beginnen.

An den Bohrkernen, die man aus dem zwei bis vier Kilometer dicken Eispanzer des Kontinents heraufzieht, ist zum Beispiel abzulesen, daß und wann die Atombomben-Versuchsexplosionen in der Atmosphäre eingestellt wurden (zu Anfang der sechziger Jahre).

Über Zehntausende von Jahren hinweg läßt sich an den Bohrkernen ferner erkennen, wie sich die Zusammenset-

54

zung der Erdatmosphäre geändert hat. Denn die tiefsten Schichten des antarktischen Eispanzers sind an die hundertfünfzigtausend oder noch mehr Jahre alt; und der Schnee von damals hat den Luftzustand der Zeit, in welcher er fiel, in tiefem Frost getreulich bewahrt. Vor zwanzigtausend Jahren, so lesen wir heute ab, als das Eis einer »Eiszeit« Nord-Europa und den Norden Nordamerikas bis weit über Chicago hinaus bedeckte, war der Gehalt an Kohlendioxyd in der Luft wesentlich geringer als heute. Der Gehalt an jenen gefährlichen Gasen, die eine Erwärmung (und schleichende Vergiftung) der Erdatmosphäre bewirken, hat sich in unseren achtziger Jahren – in diesen ganz wenigen Jahren! – stärker erhöht als in all den 160 000 Jahren zuvor, über welche die Bohrkerne aus dem antarktischen Inlandeis Auskunft geben. Die Chlor-Fluor-Kohlenstoff-Verbindungen (CFC's) erwiesen sich dabei als besonders verhängnisvoll, denn sie zerstören den um die Erde gebreiteten Ozonmantel über der Antarktis und bewirken so das viel bejammerte »Ozonloch«. Wird jedoch das Ozon in der Atmosphäre zerstört, so sind die Lebewesen dieser Erde, die Menschen natürlich eingeschlossen, der gefährlichen, ja lebensbedrohenden Ultraviolett-Strahlung der Sonne schutzlos ausgeliefert.

Die riesige Land- und Eismasse um den Südpol der Erde spielt für das Klima der gesamten Erde offenbar eine viel wichtigere Rolle, als uns klugen und »fortgeschrittenen« Leuten der Gegenwart bisher zu Bewußtsein gekommen ist. Wir reden viel über die »Vernichtung der Regenwälder« am Amazonas in Südamerika und in vielen Ländern Süd- und Südostasiens, dieser Wälder, die das Kohlendioxyd aus der Luft herausfiltern und den Sauerstoff freisetzen, den wir so dringend benötigen. Wir vergessen dabei, daß die kalten Gewässer um Antarktika mehr Kohlendioxyd binden als sämtliche Regenwälder der Erde zusammen. Wenn der durch die Zunahme der schädlichen, vom

Menschen erzeugten Gase bewirkte »Treibhaus-Effekt« sich mit gleicher Eile verstärkt wie in den letzten zehn, zwanzig Jahren, dann wird sich das Ansteigen der durchschnittlichen Temperaturen vielleicht am verhängnisvollsten in Antarktika bemerkbar machen. Wenn das Eis besonders an den Rändern der Eisdecke schneller wegschmilzt als bisher, werden dort weniger Sonnenstrahlen ins All zurückgespiegelt, und die Temperatur des Ozeanwassers und der Lüfte nimmt zu; dies wiederum beschleunigt die weitere Schmelze und Erwärmung.

Kohlendioxyd ist das wichtigste der Gase, die den Treibhaus-Effekt bewirken. Je kälter der Ozean ist, desto mehr Kohlendioxyd kann er in sich speichern; erwärmt er sich, so läßt diese Fähigkeit entsprechend nach. Die Erde verfügt sozusagen über zwei große »Lungen«, die das gefährliche Kohlendioxyd wieder aufspalten und in »Grundstoffe des Lebens« zurückverwandeln, in Kohlenstoff und Sauerstoff: die Wälder der Erde und den kalten Ozean um Antarktika. Dieser bindet, eben weil er so kalt ist, ein Drittel bis zur Hälfte allen Kohlendioxyds, das die Industrieländer der Erde in die Luft blasen; diese Leistung läßt nach, sobald die Temperatur des Wassers auch nur um wenige Grade steigt.

Dieser Prozeß hat bereits eingesetzt – vorausgesetzt, daß sich die »Fachleute«, die Physiker, Chemiker und Meteorologen nicht wieder einmal getäuscht haben – auf welche, in diesem Falle erfreulich zu nennende Möglichkeit sich niemand verlassen sollte. Am allerwenigsten sollte dies den Regierenden, den Politikern und Administratoren, erlaubt sein!

Wenn sich – wie die meisten zuständigen Wissenschaftler annehmen – die Temperaturen an den Polen schneller erhöhen als am Äquator, muß dies das Klima und das Wetter auf der Erde heftig und unter Umständen verhängnisvoll beeinflussen. Für eine lange, hinter uns liegende

Zeitspanne von mehreren Jahrhunderten ist das Temperatur-Gefälle zwischen dem Äquator und den Polen einigermaßen gleich geblieben. Deshalb blieb der Austausch der kalten und warmen Luftmassen und der kalten und warmen Wassermassen in den Weltmeeren zwischen den äquatornahen und den polnahen Gegenden der Erde im großen und ganzen voraussseh- und berechenbar. Wenn sich nun Antarktika sozusagen unvorschriftsmäßig erwärmt, gerät dieser »Erd-Stoffwechsel«, von dem wir alle abhängen, aus dem Gleichtakt.

Für eine solche Entwicklung haben wir ein Beispiel in kleinem Maßstab, aber in umgekehrter Richtung, als vor etwa fünfhundert Jahren auf der Nordhalbkugel die »Kleine Eiszeit« hereinbrach und Grönland (das »grüne Land«, wie es von seinen wikingischen Entdeckern nach den grünen Gefilden an seinen Süd- und Westküsten genannt worden war) unter Eis und Schnee verschwand, so daß sein alter und einstmals zutreffender Name völlig seine Berechtigung verlor.

Die schrecklichen Hitze- und Dürrewellen einerseits, die entsetzlichen Überschwemmungen ganzer Länder wie Bangladesh andererseits, die wir in den letzten Jahren erlebt haben – viele Millionen Menschen waren betroffen und kamen in solchen »Naturkatastrophen« um –, sind sie nicht vielleicht ein Anzeichen dafür, daß für das Klima der Erde eine Periode drastischer Wandlungen angebrochen ist?

Von der Seite der Wissenschaft wird mit Nachdruck und ohne Umschweife bereits heute festgestellt, daß bisher nichts oder wenig – auf alle Fälle viel zu wenig! – getan worden ist, in vereinter Bemühung die von der Antarktis ausgehenden Klima-Veränderungen so früh wie möglich zu erfassen, in ihren Ursachen und Folgen zu begreifen, die Auswirkungen einer sich erwärmenden Erdatmosphäre, von umschwenkenden Meeresströmungen, der

Abnahme der polaren Eiskappen und der damit zusammenhängenden Zunahme der Meereshöhe in vollem Umfang »in den Griff« zu bekommen.

Die westlichen Nationen – der einzige Teil der heutigen Menschheit, der imstande ist, diese komplizierten Zusammenhänge zu durchschauen – sind allem Anschein nach mit schwierigen und ärgerlichen Tagesgeschäften so ausgiebig beschäftigt, daß selbst so kluge Leute wie etwa Mrs. Thatcher, Monsieur Mitterrand, Mr. Bush, Herr Kohl oder Towarischtsch Gorbatschow sich nur sozusagen nebenbei damit abgeben. Wir bleiben Eintagsfliegen, wir, die Lebendigen alle auf dieser Erde, auf welcher die Prozesse mit wesentlich längerem Atem ablaufen, als uns Menschen gegeben ist.

Antarktika ist eben sehr weit weg, liegt jenseits unseres normalen Horizonts, ist für normale Sterbliche kaum zu erreichen – und wem einmal eine Stippvisite vergönnt gewesen ist wie mir, der fühlt sich nicht versucht, dergleichen zu wiederholen.

Ich habe bisher die wahre Bedeutung der sich in und an Antarktika abspielenden, wahrscheinlich weltbewegenden Entwicklung nirgendwo dichter zusammengefaßt gefunden als in einer Äußerung des amerikanischen Senators Al Gore aus dem US-Staat Tennessee. Er schreibt:

»Das eigentliche Problem besteht darin, ob das politische System der Welt ein neuartiges Gleichgewicht finden kann, *bevor* das klimatische System der Welt sein gegenwärtiges einbüßt. Schon jetzt haben die Winde des Wandels Orkanstärke angenommen. Eine Million Jahre brauchte die Menschheit, um auf zwei Milliarden anzuwachsen. Heute, im Verlauf eines einzigen Menschenalters – meines eigenen – schwankt ihre Zahl den zehn Milliarden entgegen (und hat den halben Weg dorthin bereits zurückgelegt). Erschreckende Statistiken, welche die Verluste an Wäldern, an fruchtbarer Ackerkrume, an

Ozon in der Atmosphäre, die den Untergang vieler Pflanzen und Tierarten weltüber aufzeigen – sie richten sich sämtlich nach dem gleichen Muster: einer plötzlichen, noch nie so dagewesenen *Beschleunigung* solcher Entwicklungen in der zweiten Hälfte des 20. Jahrhunderts. Der Stil jedoch und die Verfahrensweise unserer Politik und der Politiker sind unverändert die gleichen geblieben wie in vergangenen, weniger von tiefgreifenden Veränderungen gefährdeten Zeiten.

Wenn sich der Wandel der Weltverhältnisse erst durchgesetzt haben wird, werden die Ziele und Notwendigkeiten in dieser unserer und zwar in der ganzen Welt neu abgesteckt werden müssen. Wir werden eine völlig neue Denkweise zu entwickeln gezwungen sein: nicht nur für uns selbst, sondern vor allem für unsere Kinder und die ganze übrige Welt – selbst Antarktika nicht ausgenommen!«*

Besser kann man es kaum ausdrücken, was als wahrlich weltweite und weltbewegende Aufgabe den entwickelten Nationen und ihren Regierungen für die wenigen letzten Jahre des zweiten Jahrtausends der christlichen Zeitrechnung gestellt ist – und sicherlich noch weit ins dritte Jahrtausend Aufgabe bleiben wird.

Die riesige Antarktis, die gewöhnlich im stolzen Kranz der Kontinente (Europa, Asien, Afrika, Amerika, Australien) gar nicht mit aufgezählt wird, obgleich sie von jeher hineingehört hat, wird die unerhört wichtige Funktion eines Frühwarn-Geräts zu übernehmen haben, uns, »die wir so sicher leben«, auf die mit bedrohlicher Geschwindigkeit näherrückenden Gefahren aufmerksam zu machen.

Am furchterweckendsten aber ist die Aussage einiger Gelehrter, die möglicherweise bereits zu unseren Lebzeiten Wirklichkeit wird:

* Al Gore in »The New Republic««, Dez. 26, 1988, pag. 13

Eine Erwärmung der Antarktis (der natürlich auch eine solche in der Arktis, den Nordpolargebieten, entsprechen würde) müßte früher oder später zu einem dramatischen Anstieg des Meeresspiegels führen. Eine sehr, sehr langsame Erhöhung des Meeresspiegels wird schon seit vielen Jahrzehnten festgestellt. Was aber nun als Schreckgespenst an die Wand der Zukunft gemalt wird, ist der Abbruch der ungeheuren Masse des Schelfeises, jener riesigen Abschnitte des antarktischen Eiskörpers (vor allem in West-Antarktika), der keinen felsigen Untergrund mehr besitzt, sondern sich als festes Eis in Kilometer-Dicke weit ins Meer hinausgeschoben hat. Diese kaum vorstellbar gewaltige Eismasse könnte, wenn die Gegend sich durch die nicht mehr wie bisher geminderte Sonneneinstrahlung deutlich erwärmt, abbrechen, ins Meer sinken und darin vergehen. Das allerdings könnte den Spiegel der Weltmeere in verhältnismäßig kurzer Zeit gefährlich erhöhen, um ein, um zwei, um fünf Meter – welchem Professor soll man glauben? Niedrig liegende Länder wie z. B. Bangladesh, Holland, China im Hintergrund des Gelben Meers am Unterlauf des Hoang-Ho, das große Deltagebiet des Mississippi oder des Nil – sie würden mit anderen ähnlich tief gelegenen Gebieten etwa im Bereich des unteren Amazonas oder Paraná überschwemmt werden – und ertrinken. Wohin dann mit den ungezählten Millionen von Menschen, die in diesen Gebieten bis dahin gelebt haben? Soweit sie nicht umgekommen sind?
Als Möglichkeit sollten wir derartige Katastrophen bedenken, mögen sie vielleicht auch erst in hundert Jahren akut werden. Vielleicht trägt das dazu bei, das Steuer des technischen und industriellen »Fortschritts« herumzuwerfen und auf vorsichtigen »Spargang« zu schalten, solange es noch Zeit dazu ist.

3. Kapitel

Ströme, Flüsse und süße Seen

Die großen Ströme dieser Erde – keine Erscheinung sonst um uns her ist mir von jeher so überzeugend als ein sichtbares Sinnbild oder Abbild für das vorgekommen, was wir den »Strom der Geschichte« nennen. Er bleibt sich ständig gleich, der große Strom, ob es nun die Donau ist zwischen den himmlischen Rebenhügeln der Wachau in Nieder-Österreich, oder der mächtige Columbia, wo er die Grenze bildet zwischen den Staaten Oregon und Washington in den USA – er bleibt sich dem Anschein nach ständig gleich und ist doch in jedem neuen Augenblick ein anderer, flicht unablässig neue Wasssersträhnen und wirft neue Wallungen und Wirbel auf, vollständig unvoraussagbare, nie sich in gleichen Abläufen wiederholende. Genauso geht es in der Geschichte der Staaten, Völker, Kulturen – und in der des einzelnen Menschen – auch zu. Man steigt nie zum zweiten Male in den gleichen Fluß, sagten schon die alten Griechen – und doch ist es stets auch der gleiche Fluß. –

Damals, zu Beginn der dreißiger Jahre des Jahrhunderts war es, auf dem nächtlichen Yukon, der in einem mächtigen Bogen den äußersten Nordwesten Nodamerikas durchströmt. Ich hatte es erreicht, war zum ersten Male ins innerste Innere eines meiner damaligen »Traumländer«, nach Alaska, vorgedrungen und hatte mich dem letzten Heckrad-Dampfer anvertraut, der in jenem Jahr den Strom flußauf befuhr, bevor er in Whitehorse im kanadischen Yukon-Territorium hoch und trocken aufs

Ufer gezogen wurde, um nicht im bitteren Winter vom Eis erdrückt zu werden.

Es waren außer mir nur wenige Passagiere an Bord, Trapper zumeist, die mit ihren Kanus und ihren Schlittenhunden auf dem Maschinen-, dem unteren Deck des ungefügen Schiffes hausten und sich nur selten auf dem oberen, dem Bootsdeck sehen ließen, wo ich und der Bischof die Kabinen hatten. Dieser Bischof der anglikanischen Kirche von Alaska, den ich viele Wochen zuvor viel weiter im Süden auf seiner großen Missionsstation kennengelernt hatte, hatte mich überhaupt erst auf den Gedanken gebracht, mich mit ihm auf die weite Schiffsreise den Nenana abwärts und dann den ganzen Yukon aufwärts zu begeben. Er selber wollte in Fort Yukon aussteigen, wo der Strom am weitesten nach Norden ausbiegt und den Polarkreis überschreitet, wenn auch nur für etwa fünfundzwanzig Meilen. Dort wollte der winter- und wildniskundige Mann eine Missions-Inspektionsreise antreten, die ihn bis hoch hinauf zur Brooks-Range führen würde; erst gegen die Weihnachtszeit, so meinte er, mochte er seine heimatliche Station südlich von Fairbanks wiedersehen.

Auch die Trapper würden in Fort Yukon alle schon das Schiff verlassen haben: Irgendwo unter einer hohen Uferbank, von der die Espen und Birken in voller Herbstpracht herniederprunkten, würde der Dampfer stoppen, das ewige flopp-flopp-flopp des mächtigen Heckrades würde verstummen und der Anker vom Bug in die Strömung rauschen. An Backbord würden vom Maschinendeck aus, das sich ja nur zwei, drei Fuß über die Wasserlinie erhob, kräftige und zugleich vorsichtige Hände ein schlankes Kanu ins Wasser sinken lassen, ein Mann würde geschickt ins Boot hinübersteigen, würde ein halbes Dutzend wohlverschnürte Ballen seines Gepäcks vom Schiff herübergereicht bekommen – und schließlich durften ein halbes Dutzend Hunde in das Kanu hinüberspringen, aufgeregt kläffend und spürbar vergnügt, daß sie endlich drauf und dran waren, der Enge auf dem Maschinendeck zu entgehen und bald wieder festen Boden unter den Pfoten und sicherlich auch bald Schnee zu spüren, Wälderduft zu atmen, glasig klare Winterluft – und nicht mehr die Öldünste auf dem Maschinendeck.

Nach einer Viertelstunde schon war der jeweilige Abschied vorbei; die Männer winkten noch einmal herauf: »So long, Captain. See you again next year!« Mit dem Paddel stießen sie sich von der Schiffswand ab und steuerten zum Ufer hinüber oder zumeist in die Mündung eines Flüßchens hinein, das sich hier mit dem Yukon vereinte und für die Männer das Zeichen bedeutete, wo sie umzusteigen, sich meist nur für eine kurze Strecke ihrem Kanu anzuvertrauen hatten. Nicht allzu weit abseits des großen Yukon mochte sie dann ein weltverlorenes Blockhaus und die gefährliche Arbeit auf den trapping-lines, den Fallenstrecken, erwarten, einen langen, langen Winter lang in unermeßlicher Einsamkeit, in der sie keine anderen Gefährten haben würden als ihre Hunde, die täglich gefüttert werden mußten – entweder mit den Kadavern der in den Fallen erbeuteten Pelztiere oder mit dem getrockneten Fisch, der einen großen, wenn nicht den größten Teil des Gepäcks ausgemacht hatte, das sie auf dem Dampfer aus Fairbanks oder Nenana mitgebracht hatten.

Ich hatte mit dem bemerkenswert jungen Kapitän des großen hölzernen Schiffes schon zwischen den Städtchen Nenana und Tanana, wo der Nenana in den Yukon einmündet, Freundschaft geschlossen, einem Amerikaner aus Montana schwedischer Herkunft in der dritten Generation. Wir hatten in zunächst sehr vorsichtig tastenden, dann immer offenherzigeren Gesprächen entdeckt, daß wir uns zwar mit Begeisterung an einem der vielen Enden der zivilisierten Welt umhertrieben, aber andererseits allem, was an Neuem, Absonderlichem und Aufregendem in der Welt probiert, getan und vor allem gedacht wurde, brennend interessiert waren. Wir verstanden unser Handwerk – sehr bescheiden waren wir nicht – und gaben uns Mühe damit; aber wir waren uns auch nur allzu genau der mißlichen Tatsache bewußt, daß es jenseits unserer Handwerke, seines der Flußschiffahrt, meines des Journalismus, viele Gebiete des geistigen und sonstigen Lebens gab, die vielleicht von viel größerer und zukunftsträchtigerer Wichtigkeit waren als die Aufgaben, die uns beschäftigten, mit denen wir unsere nicht allzu reichlich gebutterten Brötchen verdienten.

Damals erlebte die westliche Welt eine Zeit, in welcher die umstürzend neuen Vorstellungen des großen Vordenkers Albert Einstein ins allgemeine Bewußtsein einzusickern begannen, obgleich der entscheidende Durchbruch dem damals noch sehr unbekannten Gelehrten bereits 1905 gelungen war.

Der Gefährte jener einsam glücklichen, stillen Tage auf dem Yukon (nachdem ich von Fort Yukon ab als einziger Passagier für die vielen Tage nach Dawson und dann Whitehorse übriggeblieben war), der Kapitän der »Alice Cray«, Sven Bodquist, hatte sich mir als eine Sorte von Mann offenbart, wie ich sie zuweilen gerade in der allerentlegensten Ferne und Wildnis angetroffen habe, ein Mann, aufgeschlossen für die kühnsten und ausgefallensten Ideen der Zeit, geradezu hungrig darauf, unter allen, auch widrigsten Umständen geistig auf der Höhe zu bleiben und gedanklich den Anschluß an die Avantgarde der wissenschaftlichen, wirtschaftlichen und politischen Entwicklung der Welt nicht zu verlieren, wenigstens im Nachvollzug.

(Viel häufiger indessen, was mir gleich zu erwähnen erlaubt sei, trifft man in der Wildnis Männer, denen ihr hartes und ewig gefährdetes Dasein den geistigen Gesichtskreis auf das jeweilige Dort und Jetzt erbärmlich eingeengt hat, die von der Wildnis menschlich und insbesondere gedanklich sozusagen ausgesogen worden sind; sie bestehen nur noch aus groben, auf ihre schwierige Umwelt und nichts weiter mehr reagierenden Hüllen.)

Nachdem Sven erst einmal gemerkt hatte, daß man mit mir über viele Themen reden konnte, die nicht das geringste mit Alaska und der Schiffahrt auf dem großen Yukon zu tun hatten, waren wir sehr bald nach amerikanischer Manier zu unseren Vornamen übergegangen – was etwa unserem Duzen gleichkommt – und diskutierten oben auf der Brücke des nur scheinbar plumpen Schiffes zwischen den menschenleeren Säumen der bald ganz nahen, bald weit entfernten Flußufer über Gott und die Welt – während er mit nie nachlassender Geschmeidigkeit den mächtigen, sehr flach gehenden Leib der »Alice Cray« über die Tücken, Sände und Riffe im Bette des großen Stroms hinwegbugsierte; der Yukon führte jetzt am Ende des Sommers nur gefährlich wenig Wasser; die »Alice Cray« mußte über viele Untiefen buchstäblich hinweggelistet werden.

Wir waren, nachdem wir in Circle City die beträchtliche, für die Winterversorgung der kleinen, weltverlorenen Siedlung bestimmte Fracht losgeworden waren, noch am späten Nachmittag wieder in Gang gekommen, hatten mit den obligaten drei Dampfsirenen-Brüllern und wildem Geplansche des Heckrades wieder in den Strom hinausgewendet. Bald waren die wenigen niedrigen Blockhäuser von Circle City auf der hohen Uferbank des Stromes unseren Blicken entschwunden. Ich hatte das Ablege-Manöver auf der Brücke mitgemacht und, wie schon häufig zuvor, bewundert, wie scheinbar mühelos und sacht Sven seine ungefüge, hoch auf flachem Prahm über die Wasserfläche gleitende Holzkiste in die Strömung hinausschob, wo sie am tiefsten und unserer Fahrt am hilfreichsten war.

Wir würden bis weit in die Nacht hinein fahren können. Der graue Hochnebel, der den Tag verschleiert hatte, war

am Vergehen. Die untergehende Sonne würde eine maß-
lose rote Glut über den westlichen Himmel verströmen,
der Wald am Ufer würde das Flammenspiel mit schwarzer
Borte – nur Schatten, nur tiefste Schwärze – am Grunde
säumen und schließlich mit gestaltloser Dunkelheit die
Überfülle des Abendlichts besiegen. Es würde sich mit der
von Osten aufwallenden Nacht vereinen, so daß sie ihre
zarteren Funkellichter, die Sterne, zur Geltung bringen
konnte. Die Nacht würde klar und kalt werden – und
weltenhoch.

»Wir haben einen langen Abschnitt der Reise vor uns, an
die zweihundert Meilen, ehe wir nach Eagle und ins Kanadische hineingelangen. Wir ankern irgendwo im Strom
über Nacht, wenn es zu dunkel werden sollte, um noch
das beste Fahrwasser sicher auszumachen. Leistest du mir
noch Gesellschaft, bis es soweit ist, Jo, oder willst du
wieder früh ins Bett – was ja deine Leidenschaft ist?«

»Ich bleibe bei dir auf der Brücke – falls der Herr Kapitän
solches erlauben. Es wird eine phantastische Nacht werden, mit halbem Mond und sehr kalt.«

»Der Mond tut uns nichts, und gegen die Kälte haben wir
unsere Lammfelljacken. Allzu weit dürfen wir nicht in die
Nacht hineinfahren. Die Männer an der Maschine unten
wollen schließlich auch mal ein Auge zumachen.«

»Wird uns also niemand stören hier oben, wenn wir reden
wollen. Soll der Steward uns was zum Abendbrot hierher
nach oben bringen.«

In unseren Breiten mit ihren vielen, allzu vielen Menschen
und Lichtern weiß man nichts davon, wie still eine Nacht
sein kann – gegen das Ende des müde gewordenen Sommers hin, wenn die Luft schon wie mit einem Eiseshauch
übers Gesicht streicht, und selbst der große Strom müde
und arm an Wasser sein ewiges Flüstern und Murmeln
aufgegeben hat.

Wir hatten uns im erweiterten Außenende der Brücke auf zwei Klappstühlen niedergelassen. Auf einem dritten zwischen uns standen unsere Gläser und die zwei – geleerten – Teller unseres Abendbrots. Der Steward, ein kleiner, drahtiger Chinese, der Mu gerufen wurde, hatte uns lautlos bedient und war in die unteren Regionen des Schiffes entschwunden.

Ich hatte es schon erwartet und mich innerlich darauf vorbereitet. Sven begann:

»Wenn das also stimmt, was der Einstein sagt, dann haben wir uns die Welt nicht in drei Dimensionen, Länge, Breite, Höhe, vorzustellen, sondern müssen als vierte Dimension die Zeit hinzunehmen. Man soll also nicht nur vom Raum, sondern muß immer von der Raumzeit sprechen. – Es will mir nicht gelingen, Jo, mir einen Reim darauf zu machen. Und wieso spricht er von ›Relativität‹? Relativ von was und wozu? Wirst du damit fertig, Jo?«

Ich stärkte mich mit einem kleinen Schluck, zog mir die warme Jacke etwas fester um die Schultern und versuchte mich folgendermaßen:

»Wahrscheinlich würde der Einstein mit dem Zeigefinger an seine Stirn klopfen, um mir zu zeigen, daß hinter der meinen ein paar Schrauben los wären. Aber sieh doch diese Nacht, Sven! Höre doch auf die ungeheure Stille! Wir schweben oder schwimmen ja hier auf unserem Schiffchen zwar im Yukon, aber zugleich auch in der unvorstellbaren Weite und Grenzenlosigkeit des Sternenraums, der sich über uns hoch in diese Nacht hinauf wölbt, wie es die Leute in Chicago oder Berlin niemals erleben. Und unter uns, wallend und rinnend, der Strom. Manchmal zerrt das Schiff ein wenig an der Ankerkette; man kann es merken, wie eben. Er schläft nicht, der Strom. Er kümmert sich nicht um Tag oder Nacht, ist unablässig in Bewegung, fließt, rinnt, und die Stränge seiner Strudel und Wallungen verflechten und umschlingen sich in abertausendfachen und völlig unvoraussagbaren Richtungen, die sich unablässig verändern. Wenn man also den Zustand des Stroms beschreiben wollte, ohne Willkür walten zu lassen oder Ungenauigkeit, so muß zu den drei klassischen, gewissermaßen stationären Dimensionen auch noch als vierte, ewig im Fließen begriffene, die Zeit treten; anders ist der Zustand des Stromes für einen bestimmten Augenblick gar nicht zu fassen. Und wenn man genauer hinsieht, gilt das gleiche in Wahrheit überhaupt ganz allgemein, im Unlebendigen ebenso wie erst recht im Lebendigen, im Ruhenden wie noch viel mehr im sich Bewegenden. Nirgendwo kommt man mit den drei Dimensionen der Höhe, Breite und Tiefe aus; stets muß man die Zeit hinzunehmen, um der Wirklichkeit wirklich gerecht zu werden. Wir haben es bloß noch nicht gelernt, mit der vollkommenen Unvermeidlichkeit der Zeit als einem entscheidenden Bestandteil aller Beobachtungen und Erscheinungen von vornherein zu rechnen; wir sind noch allzusehr befangen in den Vorstellungen der klassischen Naturanschauung, die alle ihre Messungen auf Ruhezustände bezog. Schon die alten Griechen haben sich dagegen gewehrt, kluge Leute, die sie waren und unbeeinflußt durch die Vorurteile und Interessen einer Priesterkaste; sie sagten: ›Panta rhei‹ mit den Worten des alten Heraklit, und das heißt ›Alles fließt!‹ Das aber hätte ohne die Dimension der Zeit gar keinen Sinn – und damit wären wir wieder beim Yukon, dem großen Strom, der das Schiff eben wieder sachte an der Ankerkette zerren läßt.«

Sven, der jugendliche Kapitän eines der wenigen, inzwischen längst vom Fortschritt verschlungenen »sternwheelers« auf dem Yukon, hatte, ein Schattenriß nur hinter dem Schanzkleid des Brückendecks, regungslos zugehört, aber, wie ich wohl spürte, mit gespannte Aufmerksamkeit. Er rührte sich jetzt und murrte nach einer kleinen Weile: »Bravo, Jo! Das hast du großartig zusammengerührt, meinen Yukon und die Raumzeit mit der vierten Dimension, und ich werde den ganzen Winter über Zeit haben, darüber nachzudenken – in Whitehorse, bei mir zu Hause, soweit mir meine Kathleen Gelegenheit dazu gewährt. Aber ob der verehrte Nobelpreisträger Einstein mit deiner Erklärung einverstanden wäre, das erscheint mir doch einigermaßen zweifelhaft. Alles fließt, sollen schon die Griechen festgestellt haben, sagst du, Jo. Mag schon stimmen. Alles fließt und ist jeden Moment anders, als es vorher gewesen war. Für mich ist das sogar der Inbegriff der Wirklichkeit hier auf dem großen Strom, der noch nirgendwo begradigt, ausgelotet oder eingedämmt ist. Es ist ja geradezu das Herzstück meines Berufs, Tag für Tag, beinahe Minute für Minute mit den dauernd anderen Verhältnissen und Herausforderungen des Wasserlaufs, der Strömung, dem wandernden Flußgrund, dem Rückstau, den Wirbelungen und manchmal nur schwer erkennbaren Untiefen handgemein zu werden, sie rechtzeitig zu erkennen und sie alle so oder so zu übergleiten oder sonstwie zu überlisten. Manchmal frage ich mich: ›Warum bist du eigentlich so blöd, nun schon im fünften Jahr den Yukon in jedem Sommer, kaum daß das Eis gegangen ist, bis in den Herbst, wenn der Frost schon jeden Morgen an den Ufern blinkende Fransen bildet, auf und ab zu fahren – und die Frau sitzt in Whitehorse allein und wartet – und ich warte auch, weiß Gott! Verrückt eigentlich! Ich sollte etwas anderes anfangen, was uns nicht immer wieder viele Wochen voneinander trennt. Würde uns nicht allzu schwer fallen. Ich bin in vielen Sätteln gerecht. Aber es wird einem auf diesem großen, von Menschenhand noch nie gekränkten Strom ja nie langweilig. Jede Reise ist anders; jeder Tag, beinahe jede Stunde fordert dir neue Entschlüsse ab, und keine Situation wiederholt sich je auf die gleiche Weise. Man bleibt also von dem unberechenbaren Gewässer ohne Pause und erholsame Unterbrechung gefordert, hat jederzeit hellwach zu sein und auf der Stelle zu reagieren. Das ist es wahrscheinlich, weshalb ich vom Yukon und meinem ehrwürdigen Heckrader nicht loskomme. Schon jetzt überlege ich mir, was ich im nächsten Jahr auf dem Schiff in der Navigation verbessern könnte, um die Fahrpläne noch zuverlässiger einhalten zu können als bisher . . .«

Er hatte zuletzt offenbar mehr zu sich selber gesprochen als zu mir, seinem mehr oder weniger zufälligen Nachtgefährten. Jetzt schwieg er ganz und ließ sich von Vorstellungen entführen, die mich wahrscheinlich nichts angingen.

Nun aber, da uns unsere halbkluge oder halbdumme Diskussion nicht mehr ablenkte, richtete sich um uns her die makellose Wildnisnacht weltenhoch auf. Der noch nicht halbe Mond hatte sich gesenkt, war sachte errötet, hatte seine Umrisse leise verzerrt und verwischt und war dann lautlos weggetaucht hinter den vom Wald gesäumten Horizont. Um so funkelnder regierten nun die Sterne.

Das Schiff unter uns, auf dessen höchstem Deck wir hockten, geschützt durch das Schanzkleid – es hielt uns den leisen, aber kalten Nachtwind ab –, immer wieder ließ die Strömung den hölzernen schweren Leib an der Ankerkette zerren und ein wenig hin und her pendeln. Man merkte es nur, wenn man seine Aufmerksamkeit darauf konzentrierte.

Ganz plötzlich konnte ich nicht weiter schweigen; ich mußte es aussprechen:

»Sven, was reden wir weiter ins Ungewisse! Vielleicht ist der ganze kluge Formelkram der Physiker und Astronomen auch nur wieder eine neue Spielart des Abrakadabra, mit dem die Medizinmänner im innersten Amazonas-Urwald ihren nackten Stammesgenossen das Werden und Vergehen der Welt und der Menschen und Götter klarzumachen suchen. Die braunen Indios am Rio Negro können sich nicht vorstellen, was ihnen ihre Medizinmänner einrichtern, sie glauben es einfach. Wir können uns unter n-dimensionalen Welten und zehn Milliarden Lichtjahren auch nichts vorstellen und müssen den Nobelpreis-Empfängern ebenfalls einfach glauben. Aber all solches Gerede läßt sich auch beiseite schieben. Man kann darüber hinwegsteigen und sich der erkennbaren, fühl- und sichtbaren Wirklichkeit hingeben – und kann, Sven, sehr glücklich dabei werden; wie zum Beispiel wir hier und jetzt auf deinem Schiffchen in der unermeßlichen Wildnis des Nordens. Unter uns rinnt wie seit vielen tausend Jahren das nie gezähmte Gewässer dem Meere zu, der Bering-See, in der es seinen Frieden finden wird. Unablässig schlingen sich die Wasser in- und durcheinander, entwirren sich mühelos und beginnen das gleiche Spiel in nie sich wiederholenden Variationen. Nichts rührt sich mehr in dieser Herbstnacht; die Sterne tanzen zwar in der ungemein klaren Luft, aber man hört sie nicht; sie rühren sich ja auch trotz all ihrer funkelnden Unruhe nicht vom Platz, sondern schwingen nur sachte um mit dem gesamten Himmelsgewölbe. Die Wälder am Ufer schweigen. Nicht einmal ein Fisch springt mehr aus dem Wasser und klatscht wieder zurück ins nasse Element; es würde zuviel Lärm machen in solcher stummen Weltennacht, wenn sich die Sonne uns verborgen hat und wir die Dunkelheit erleben, wie sie uns draußen im All umfangen würde ohne Sonne und ohne Mond. Nur der Strom unter uns, er bleibt nach wie vor in Bewegung, vollkommen rastlos, jahraus, jahrein, durch Jahrhunderte und Jahrtausende. Selbst im Winter, wenn das Eis den Strom unter steinharter Decke versteckt, wandern darunter die Wasser dem Meere zu, nie unterbrochen. Wenn dann im Frühling die Schneeschmelze die Wassermenge, die unter dem Eis stromab zieht, gewaltig anschwellen läßt, dann ist selbst der stärkste Eispanzer nicht stark genug, dem ständig wachsenden Druck standzuhalten.

Ich habe den Eisbruch im Frühjahr nur einmal erlebt, Sven, am Nord-Saskatchewan, und ich werde das ungeheure Ereignis mein Lebtag nicht vergessen. Die Nacht über – es war bei Prince Albert – hatte es im Eis dumpf gerumpelt und gegrollt, und dann beim ersten Tageslicht riß ein ungeheurer Knall die ganze kleine Stadt aus den Betten, und jeder wußte: Das Eis bricht! Mit einem dröhnenden Getöse, wie ich es noch nie gehört hatte, befreite sich der Strom von den Fesseln, die ihm der Frost angeschmiedet hatte. Die tonnenschweren Eisschollen, manche so groß wie ein kleines Haus, schoben und türmten sich mit fürchterlichem Knirschen und Krachen über- und durcheinander. Zwischen ihnen quoll das Wasser auf, zögernd noch, das den chaotischen Aufruhr von der Tiefe her entfesselt hatte und in Gang hielt. Und dann – man mochte seinen Augen nicht trauen – setzte sich das wüste, riesige Trümmerfeld des geborstenen Eises wie auf ein geheimes Kommando zunächst mit einigen Stößen und dann plötzlich in seiner Gesamtheit in unheimlich knirschende, brüllende Bewegung – so gleichmäßig zunächst, daß der Beobachter am Ufer für einige schreckensvolle Sekunden von der beängstigenden Vorstellung angesprungen wurde, *er* – und nicht das Eis – wäre ins Gleiten geraten, und das Ufer mit ihm obenauf zöge stromauf davon. Man hatte sich mit Gewalt zur Vernunft zu rufen und sich klarzumachen, daß es die wüste Eismasse war, die sich bewegte, stromab, und nicht der feste Boden, auf dem man stand. – Doch diese wie verhexte Gleichförmigkeit der Eisbewegung dauerte nur wenige Minuten – oder waren es nur Sekunden? Dann schienen die Schollen dort, wo in der Tiefe die Strömung des schwellenden Wassers am stärksten sein mußte, ungeduldig zu werden: das gleichmäßige Abwandern der gesamten Eisschicht schien ihnen zu langsam zu gehen, zu zögernd. Eine mächtige, viele Tonnen schwere Scholle richtete sich plötzlich senkrecht in die Höhe und stürzte über andere, die es noch nicht so eilig hatten wie sie, mit Donnergetöse hernieder, stromab, immer stromab, es konnte nicht schnell genug gehen! Kaum war das Signal gegeben – es schien ein solches zu sein! –, türmten sich überall stumpf blinkende Blöcke aus dem wandernden Trümmerfeld des Eises und verwandelten es in ein krachendes, unerträglich knirschendes Chaos, das nun nur noch von einer einzigen wilden Gier getrieben schien: stromab, stromab! – Schäumend und brausend brach von unten her das Wasser des Stroms zwischen den sich überschlagenden Schollen ans Tageslicht, schwarz aus der Tiefe, der Schaum darauf wie Silber, viel reiner und heller als die Farbe des Eises. – Eine Viertel-, eine halbe Stunde später war das ungeschlachte Schauspiel des Eisbruchs vorbei. Mit urweltlichem Gestöhn und Gebrüll schoben sich die Schollen, sich mehr und mehr gegenseitig zertrümmernd, auf der nun schon das Bild beherrschenden schwarzen Flut des Stroms davon, ohne jede Ordnung, wie in panischer Flucht. An den Ufern türmten sich Wälle zerbrochenen Eises, soweit es den Anschluß an die allgemeine Flucht verpaßt hatte. Und schon am nächsten Tag hätte man den Strom im Kanu befahren können; den wenigen noch darin teibenden Eisschollen war leicht auszuweichen. – Ich muß bekennen, Sven, der Eisbruch damals, den ich am Nord-Saskatchewan in Prince Albert miterlebt habe, ist ein Ereignis gewesen, das sich für alle Zeiten in meine Erinnerung eingebrannt hat.«

Der Gefährte jener herbstlichen Nacht hatte sich meine etwas überschwengliche Beschreibung regungslos angehört. Nun richtete er sich auf, zögerte einige Sekunden und erwiderte dann mit gedämpfter Stimme, als stellte er eine unbezweifelbare Wahrheit fest:

»Ich weiß es, Jo! Wenn das Eis bricht – das ist ein Augenblick, in dem man bis in den hintersten Winkel des Hirns und des Herzens eingeprägt bekommt, wie winzig und hilflos der Mensch auf dieser Erde ist, gegenüber den gnadenlosen Gewalten der Natur. Ich sagte dir schon, daß ich selber nicht begreife, warum ich immer noch auf dem großen ungebändigten Yukon herumschippere, obgleich ich etwas viel Aussichtsreicheres und Lukrativeres unternehmen könnte und sollte! Aber du verstehst es, wenn ich gestehe, daß der Strom eine nicht benennbare, aber sehr wirksame Magie ausstrahlt, der man sich nur schwer entziehen kann, wenn man erst einmal in ihren Bann geraten ist, das heißt, mit den Launen, den Spielen, den Tücken und der unheimlichen Gewalt des Gewässers fertig werden muß – was dann bald kein »Muß« mehr ist, sondern in eine immer engere Verbrüderung, Verschwisterung, Verliebtheit ausartet, je deutlicher man in der täglichen Praxis der Schiffsführung erlebt, daß man diesem verführerischen Riesenweib Yukon auf ihre Listen, Tücken und Schmeicheleien gekommen ist. Ströme, Jo! Mein Strom, der Yukon! Du begreifst, was ich meine, wenn ich es ohne irgendeine Einschränkung so ausdrücke: Ich liebe ihn, den Yukon! Ich liebe ihn! – jetzt bin ich genau so ins Schwärmen geraten wie du, Jo. Das paßt nicht zu mir. Zu dir übrigens auch nicht besonders! Wie dem auch sei, die Flasche ist leer, der Wind ist kalt, ich fange an zu frieren. Machen wir Schluß! Morgen ist auch noch ein Tag, und ich will bei allererstem Licht schon Anker aufnehmen und weiter, weiter, so lange das schöne Wetter uns noch begünstigt.«

Wir gingen schlafen, jeder in seine Kabine. Ich ließ die Tür einen Spalt breit offen stehen, um der Nacht nahe zu bleiben, der schweigenden, und dem rastlosen Strom, der traumverloren mit den Kieseln am Flußgrund spielte , wie ein leises, dunkles Murmeln zuweilen verriet.

In der Tat, jener Freund namens Sven vom Yukon und ich, wir waren beide ins Schwärmen geraten, wenn wir uns des großen Stroms bewußt wurden, der uns trug. Ich für meine Person habe mich der beinahe unheimlichen Faszination, die von den großen Strömen der Erde ausgeht, mein Leben lang nicht entziehen können und habe auch nie der Versuchung widerstanden, weit zu reisen, um ein weiteres der riesigen Gewässer zu erleben. Und die Bezauberung, die von den machtvollen Vermittlern zwischen Himmel und Erde über mich wie über viele andere geworfen wird, als wäre sie ein Fangnetz aus seidensanften, aber unzerreißbaren Banden, sie hat nie nachgelassen, auch heute noch nicht. Und wenn ich jetzt in meinen späten Tagen nach Süden fahre und die Werra überquere, den Main, die Donau, so ist sie immer noch da. Die Donau, die Donau – so summt es mir durchs Hirn und ich bin für eine Weile auf sonderbare Weise glücklich. Jedes Mal fällt mir ein, als hätte es sich erst am Tag zuvor ereignet: wie ich da an die steinerne Rampe trat über dem hohen felsigen Steilufer in Dürnstein in der Wachau oberhalb von Wien – und in der Tiefe wand sich gleißend das silberne breite Band des schon hier an seinem Oberlauf gewaltigen Flusses heran, um sich in zart umdunsteter Ferne den Blicken zu entziehen, in den Himmel zu vergehen – und jetzt noch, als hätte ich das hinreißende Bild eben wieder vor den Augen, dehnt mir ein tiefer Atemzug die Brust, und die Worte drängen sich auf die Lippen: Welch ein Strom, die Donau, welch wunderbares Kleinod der Schöpfung!

Vermittler zwischen Himmel und Erde, das sind sie, die bald gemach, bald ungeduldig wandernden Wasser: Was aus den Wolken an eingefangener Meeresfeuchte zur Erde regnet, das sammeln die Gewässer wieder ein und leiten es getreu den Meeren wieder zu, damit der ewige Kreislauf, ohne den es kein Leben auf der Erde gäbe, von neuem beginne. Vielleicht ist das Bewußtsein dieser Tatsache – meist bleibt sie im Unbewußten – der tiefere Grund, weshalb mehr oder weniger alle Menschen von »der großen Ströme Gang« eigentümlich bewegt, ja erregt werden, warum wir mit einem Ruf der Bewunderung an ihren Ufern innehalten und auch oft genug der Sehnsucht nachgeben, sie zu befahren und uns in ihr ewiges Dahingleiten stromab oder stromauf einzuschmiegen.

Am allerunmittelbarsten erfuhr ich dies, als ich zu Zeiten des großen Bürgerkrieges zwischen den Kommunisten unter Mao Tse-tung und den »National«-Chinesen unter Tschiang Kai-schek den Yangtse-kiang (heute Changjiang geschrieben) hinauf- und hinunterfuhr, von Shanghai, der riesigen Stadt nahe der Mündung bis hinauf nach Tschungking (heute Chongqing), von wo aus auch starke Dampf- oder Motorschiffe gegen die mächtige Strömung nicht mehr ankämpfen mögen – nur noch nach uralter Weise die chinesischen Treideldschunken. In Wuhan, der großen Stadt am Ostrand der weiten, unerhört fruchtbaren Ebenen des mittleren China, mußte man aus dem großen Dampfer, der die 1100 Kilometer des Unterlaufs bewältigt hatte, in einen kleineren mit weitaus stärkerer Maschine umsteigen, um den viel gefährlicheren Mittellauf des Stroms 2253 Kilometer weit gegen ungleich wildere Strömung bis zum hoch auf steilem Vorgebirge über dem Strom thronenden uralten Tschungking zu bezwingen. In Tschungking, wo die fahrplanmäßige Schiffahrt endet, hat man gerade erst die Hälfte des Flußlaufs hinter sich gebracht. Der Yangtse ist mit 5472 Kilometern der viertgrößte Strom der Erde, nach dem Nil in Afrika (6671 Kilometer), dem Amazonas in Südamerika (6437 Kilometer) und dem Mississippi mit Missouri (6418 Kilometer) in Nordamerika.

Auf dem Unterlauf bis Wuhan war das große Schiff mit seinen dicht gedrängten einigen hundert Passagieren in der mittleren und billigsten Klasse auf dem untersten Deck beinahe wie auf hoher See unterwegs gewesen, so weit zerfloß das ungeheure Geström scheinbar nach allen Himmelsrichtungen. Die Ufer waren oftmals nicht auszumachen gewesen. Die alte Kaiserstadt Nanking (Nanjing) auf ihren Hügeln über dem Südufer war unbemerkt in der Ferne vorbeigeglitten. Seit 1968 braucht man nicht mehr zu zweifeln, daß die alte Stadt in der Nähe liegen muß, denn jetzt quert hier eine endlose Brücke, die einzige bis hinauf nach Wuhan, den riesigen Strom, der bis nach Wuhan von Seeschiffen bis zu 10 000 Tonnen befahren werden kann.

Ganz allmählich kamen auf der Weiterreise die Ufer in Sicht, flache, schmale Streifen nur. Von den weiten Ebenen dahinter, hinter den Deichen nämlich, von denen die Ufer gesäumt waren, ließ sich nichts erkennen. Aber auch hier in der Ebene strömte das Wasser unverkennbar, strömte dem Schiff entgegen, unablässig angetrieben von der machtvollen Gier, sich Hunderte von Kilometern weiter im Osten mit der Ost-China-Sea zu vereinen, in ihr aufzugehen.

Auch hier waren es die hohen Sternennächte, die mir den tiefsten Eindruck hinterlassen haben. Das Schiff ankerte dann mitten im Strom, der die sicherste Fahr-Rinne ständig verlagert. Die Kapitäne mußten »auf Sicht« fahren, was nur bei Tageslicht möglich war. Sie »lasen« den Strom, wie es hieß, erkannten an den Wirbelungen und Wallungen an seiner Oberfläche, wo ihre mächtigen Schiffe, riesige Kästen, jedoch ohne den stolzen Bug der Seeschiffe, verborgene Sandbänke oder Riffe am Flußgrund am zuverlässigsten vermieden. Die Nächte mußten also verwartet werden, nicht etwa am Gestade oder unter den Kaimauern einer Stadt, sondern möglichst weit davon entfernt mit soviel Wasser rings umher wie möglich, um es Räubern, Rebellen, Revolutionären, Banditen unter irgendwelchen »Generälen« schwer zu machen, sich überraschend zu nähern und Schiff und Passagiere zu plündern.

Mein Fahrzeug war damals noch ein englisches Schiff und der Kapitän ein grauhaariger und bärtiger Schotte. Auf dem Brückendeck in der obersten »Etage« hauste außer dem Kapitän und zwei Offizieren, rings eingehegt durch Panzerplatten, eine Gruppe englischer Infanterie mit einem Sergeanten als Kommandeur. Offenbar genügten diese wenigen Tommies, um dem Schiff Respekt zu verschaffen. Es wäre noch nie etwas passiert, berichtete mir der beleibte Zahlmeister aus Wales; so fuhren wir unangefochten durch das von blutigen Wirren geschüttelte Reich der Mitte.

In den Nächten empfand ich die damals noch ganz unbekümmerte »imperiale« Selbstsicherheit am stärksten – und mußte mich wundern! –, mit der das Schiff den größten chinesischen Strom befuhr. Des Nachts wurden die Lichter gelöscht. Es wurde dann unwahrscheinlich still an Bord. Die vielen Menschen auf den unteren Decks waren kaum noch zu ahnen. Manchmal weinte ein Kind irgendwo, wurde aber schnell beruhigt. Das einzige Geräusch, das nicht erstarb, nur ab und zu innehielt, um bald wieder im alten Rhythmus wiederzukehren, waren die Schritte des Wache habenden englischen Grenadiers auf dem Brückendeck über mir. Die schweren Stiefel wanderten mit unregelmäßigen Unterbrechungen von Backbord nach Steuerbord und wieder zurück. Das ganze Schiff mochte in Schlaf gesunken sein – nur ein wackerer Soldat Seiner Majestät des Königs von England war auf Posten mit scharf geladenem Gewehr. Tröstlich fand ich das, wenn ich gegen Mitternacht an der Reling lehnte, jede Nacht von neuem seltsam beunruhigt von der Vorstellung: Da liegen wir im großen Strom, tief schwarz das wandernde Wasser, unsichtbar und schwärzer noch die fernen Ufer; nur die Sterne funkeln, wahllos verstreutes Diamantengeglitzer. Kein Licht weit und breit, nicht ein einziges Fünkchen, das auf Menschen schließen ließe.

Und doch bin ich mitten im »Reich der Mitte«, dem volkreichsten, das es auf der Erde gibt. In der Finsternis ringsum, aus der kein Laut, kein Zeichen sonst zu mir dringt, in diesem Lande, in dem jeder Quadratfuß Boden aufs äußerste genutzt ist, schlafen viele hundert Millionen Menschen den Schlaf der Erschöpfung nach hartem Tagewerk. Bin ich also in dieser Sternennacht, in der nicht einmal der ewig rollende Strom sich bemerkbar macht, der einzig Wachende? Und die übrige Welt, gibt es sie überhaupt noch?

Dummes Zeug! Natürlich, es gab sie! Der Wachtposten, einer von den bei Tageslicht keineswegs besonders martialisch wirkenden englischen Soldaten, nahm gerade seinen Rundgang wieder auf, oben, über die schmale Eisentreppe hinauf, hinter den Panzerplatten. Das deutliche Trapp-trapp der schweren Kommißstiefel auf dem Eisenboden des Decks schien dem sicherlich wie ich in die Dunkelheit starrenden Mann kein Unbehagen zu bereiten.

Als wir dann nach Tagen bei der aus drei Städten zusammengewachsenen Riesenstadt Wuhan festmachten, war es unmöglich, den Strom noch mit einem Binnensee oder gar dem Meer zu verwechseln. Das Gegenufer lag zwar fern und glich nur einem schmalen, dunklen Strich, war aber ohne Schwierigkeiten als ein solches zu erkennen. Und die Wassermassen des Stroms hatten sich sozusagen auf ihr Wesen besonnen, wanderten, zogen, wallten vorbei, sachte noch immer, aber mit großer Bestimmtheit, unweigerlich verschrieben ihrem fernen Ziel.

Einige Tage später – inzwischen war auch der »Marschall« Tschiang-Kai-schek auf einem Kanonenboot in der Stadt eingetroffen und hatte mir ein kurzes, wenig ergiebiges Gespräch gewährt – schied ich ohne Bedauern von der riesigen, total darniederliegenden Stadt, in der fast mit Händen greifbar die Furcht umging, von kommunistischen Streitkräften eingeschlossen und besetzt zu werden. Das neue Schiff sollte mich durch die berühmten »Schluchten des Yangtse« nach Tschungking tragen, diese seit uralten Zeiten in der chinesischen Literatur besungenen Engpässe, die sich der Strom durch die steilen Randgebirge des zentralasiatischen Hochlands gebahnt hat.

Gewiß, in Tschungking, wo die »Nationalarmee« Tschiangs ihr neues Hauptquartier aufgeschlagen hatte, sollte ich den Marschall wiedertreffen und vielleicht mehr vom Wesen und den Aussichten des wirren Kriegs gegen den offenbar unbezwinglichen Mao erfahren. Aber ich glaubte nicht recht an diese Möglichkeit. Der einzige weiße zivile Passagier an Bord außer mir, ein Fotograf und Berichterstatter der amerikanischen Associated Press-Agentur schweizerischer Herkunft, glaubte auch nicht daran. Im geheimen wollte er genau wie ich – was er allerdings nie zugab – die sagenhaften Schluchten des größten Stroms Ostasiens durchfahren und sich diese abenteuerliche, viele Tage dauernde Tour als eine weitere stolze Feder an seinen Reisehut stecken.

Das neue Schiff, das den schweizerischen Amerikaner und mich wiederum als einzige zivile weiße Passagiere aufgenommen hatte, war nicht einmal halb so groß wie der vielgeschossige Kasten, der uns von Shanghai nach Wuhan gebracht hatte. Aber es kam mir, als ich ihm meinen Antrittsbesuch machte, sehr gepflegt vor, auch sozusagen bullig, ungemein stark mit seinem klobigen Schornstein, seinem kräftigen Bug, seiner hoch sich über dem Vorschiff aufreckenden, abermals schwer gepanzerten Kommandobrücke. Es fuhr unter britischer Flagge, gehörte einer englischen Gesellschaft, einer der großen, alten, über ganz

Ostasien verbreiteten – und wurde auch gegen die Unbilden des sich zähflüssig langsam zersetzenden China abgesichert. Denn zu meinem maßlosen Erstaunen beförderte das Schiff eine kriegsstarke Kompanie eines Elite-Regiments der »Nationalarmee« Tschiangs stromauf nach Tschungking, beförderte sie aber nicht als Soldaten des chinesischen Reiches (so weit es das noch gab), sondern unter englischer Hut als zivile Passagiere. Wie mir der Purser gleich anfangs erklärt hatte, hätten die wackeren Krieger, als sie anmarschiert waren, um die zwei unteren Decks dicht an dicht wie Sardinen gestapelt zu füllen, ihre gesamte Bewaffnung im Laderaum ablegen müssen, und den Schlüssel dazu trüge er, der britische Zahlmeister, in der Tasche. Die chinesische Elite-Nationalsoldaten reisten also durchs innerste China unter Aufsicht eines knappen Dutzends britischer Soldaten. Ich bekam einen überzeugenden Eindruck davon, wie es mit der sogenannten Souveränität seit der Zeit der letzten Kaiser in China und nun auch noch unter dem glorreichen »Marschall« bestellt war.

Aber die Soldaten störten nicht weiter, nachdem das kleine Schiff erst einmal gegen den Strom gewendet und Fahrt nach Westen, Richtung Ssetschwan, Yünnan und Tibet aufgenommen hatte. Das Oberdeck bis zum hohen Bug blieb den drei höchst zurückhaltenden Offizieren des Schiffes und den zwei »Weißen Teufeln«, das heißt mir und dem schweizerischen Amerikaner, überlassen. Die vielen Nationalkrieger hockten in der Tiefe dicht beieinander, sehr brav und still, wie es sich schickte. An ihnen und ihren wie verlegen abweisenden, sich wahrscheinlich ob ihrer Waffenlosigkeit beschämt fühlenden Offizieren war nicht viel Bemerkenswertes zu entdecken. Mich zog statt dessen der ungeheuer uns entgegenziehende Strom von Tag zu Tag, dann von Stunde zu Stunde immer stärker in seinen Bann.

Ich brauchte nur ein wenig hinzuhorchen, dann spürte ich die starke Maschine im Bauch des Schiffes unablässig pochen, stärker und schneller manchmal, dann wieder gemäßigter, je nachdem, wie groß der Widerstand der Strömung war, der überwunden werden mußte.

In Ichang (heute Yichang geschrieben) kam dann – so hörte ich's vom Purser oder Zahlmeister – der chinesische »Schluchten-Lotse« an Bord. Der Zufall wollte es, daß ich den großen, schweren Mann schiffseits ankommen sah – in einer Rikscha. Mit demütiger Miene nahm der schwer atmende, schweißbedeckte Rikscha-Kuli, dies menschliche, damals noch im ganzen Fernen Osten weit verbreitete Zugtier, seinen Lohn in Empfang, der offenbar sehr reichlich ausgefallen war, denn er verbeugte sich viele Male. Der Fahrgast, eine breite, imponierende Gestalt mit einer schwarzen Kappe auf dem grauen Haar, gekleidet in einen über der rechten Schulter geknöpften, in glatter Bahn bis zu den Fußknöcheln reichenden Talar aus schwerer, schwarzer Seide, schenkte den Dankesgesten des armen Teufels, der ihn herangekarrt hatte, kaum einen Blick, ließ sich aber dann von dem Ersten Offizier des Schiffes, der seinen Respekt vor dem eindrucksvollen Neuankömmling durchaus deutlich werden ließ, huldvoll empfangen, stieg an Bord und begab sich sofort auf das oberste, das kleine Brückendeck, das den drei britischen Schiffsoffizieren und der britischen Begleitmannschaft vorbehalten war. Uns Passagieren schenkte er nicht einen Blick, obgleich wir doch auch zu den wenigen Privilegierten auf diesem Stückchen England im innersten China gehörten, wie es damals noch die berüchtigten, aus dem Untergang des Kaiserreichs stammenden »ungleichen Verträge« vorschrieben.

Wir hatten sicherlich nur noch auf diesen hohen Herrn in schwarzer Seide gewartet, dessen Gewand und sonstiges Äußere nicht im geringsten verrieten – für uns Abendländer –, daß er etwas mit Seefahrt oder Flußfahrt zu tun hatte. Aber das war durchaus der Fall, wie ich bald auf nie zu vergessende Weise vorgeführt bekam. – Unser Schiff legte gleich nach der Ankunft des »Schluchten-Lotsen« ab; bald war das urchinesische Städtchen Ichang unsern Blicken entschwunden.

Unsere Blicke waren ja auch nicht nach achtern gerichtet. Der Strom maß hier vielleicht tausend Meter in der Breite, zog uns machtvoll entgegen, schien von einer schnell über den Horizont emporwachsenden Mauer herzukommen, die, da sie sich höher und höher aufrichtete, nur ein Gebirge sein konnte – oder die Abbruchkante eines riesigen Hochplateaus.

So war es auch. Was ich vor mir in den Himmel steigen sah, mußte der äußerste Ostrand des zentralasiatischen Hochlands sein – und wir fuhren schnurstracks darauf zu, gegen die Strömung ankämpfend, als wollten wir das Gebirge rammen.

Der Kapitän dieses Schiffes, ein hagerer, ältlicher Schotte mit einem langgestreckten, höchst sympathischen Pferdegesicht, war mir schon von der ersten Begegnung an – kurz nachdem wir von Wuhan abgelegt hatten, wesentlich aufgeschlossener und umgänglicher vorgekommen als der Herr und Meister des dreimal größeren Schiffes, das mich von Shanghai her stromauf getragen hatte. Ich hatte mir also gesagt: Mit dem wird man reden können; ich muß versuchen, seine Bekanntschaft zu machen.

Aber ich brauchte mich gar nicht zu bemühen, denn der Anstoß ging von ihm aus. Ich hatte mir bald nach der Abfahrt von Ichang, als schon die dunkle Barriere des Hochlands am westlichen Horizont aufgetaucht war, eine Stelle über dem Bug auf dem Vorschiff ausgesucht, von wo aus man die ganze Weite der sich vor dem Schiff öffnenden Landschaft unbehindert überblicken konnte. Über mir, hinter mir über eine schmale eiserne Stiege erreichbar, reckte sich quer über die ganze Breite des Schiffes die Kommandobrücke auf, verglast in ihrem mittleren Teil, offen an beiden Enden, je etwa einen Meter weit über das darunterliegende Deck hinausragend, auf welchem ich mir meinen Ausguck gewählt hatte. Weiter hinten war ich in einem erträglichen Kabinchen untergebracht.

Natürlich hatte der Kapitän – gut schottisch Ian McGill geheißen, wie sich bald herausstellte – von oben her bemerkt, daß ich mir offenbar keine Einzelheit der Reise ins innerste Herz Chinas entgehen lassen wollte. Und da Reisende »vom Kontinent« (d. h. aus dem festländischen Europa) in seiner Weltgegend – wie sich ebenfalls bald herausstellte – äußerst seltene Vögel waren, und er, Ian McGill, von der Neugier geplagt wurde, wer ihm da für diese Reise nach Tschungking in Ssetschwan zugelaufen war, lehnte er sich in einem passenden Augenblick, als ich mich gerade nach hinten umblickte, über das Geländer der Brücke und rief zu mir hinunter:

»Come up here, if you like to, Sir! Much better view from up here!« (Kommen Sie herauf, wenn Sie wollen, Sir! Viel besserer Ausblick von hier oben.)

Großartig, das kam mir »wie gerufen«.

So wurden wir miteinander bekannt, der Kapitän McGill vom mittleren Yangtse, wo er am schwierigsten zu befahren ist, und meine Wenigkeit, reisender Reporter damals auf seiner zweiten ausgedehnten Ostasientour. Ich habe dann die meiste Zeit der Reise nach Tschungking auf der Brücke verbracht und endlos mit McGill geredet. Denn auf der an die drei Tage dauernden Fahrt durch die Schluchten des Stroms hatte der Kapitän auf der Brücke sozusagen die Herrschaft über Schiff und Kurs nur zu posieren; die eigentliche Lenkung und Leitung war an den chinesischen Lotsen übergegangen, jenen überaus vornehmen, in schwarze, blinkende Seidenbahnen von den Schultern bis zu den Fußknöcheln gekleideten chinesischen Gentleman, der samt Diener und Rudergast in Ichang an Bord gestiegen war.

Um diese Zeit des Jahres führte der Strom Niedrigwasser. Sich über die Schnellen und Stufen im Flußgrund zwischen den Felswänden gegen saugende Strömung stromauf zu kämpfen, war also besonders schwierig und gefährlich. Bei Hochwasser mochte die vom Hochland in die Ebene strebende Strömung noch heftiger und gewaltsamer, eingepreßt von himmelhoch ragenden, vielerorts senkrechten Wänden, talwärts wallen als bei Niedrigwasser. Aber die heimtückischen Hindernisse, die Klippen und Riffe am Flußgrund, waren dann hoch überflutet – wie es hieß bis zu einer Wassertiefe von sechzig, siebzig Metern! Gegen die saugend flußab rollenden, ungeheuren Wassermassen konnte man die Bergauf-Fahrt jeweils dorthin verlegen, wo die Strömung verhältnismäßig am schwächsten drückte, und sich so ohne jede Gefahr der Grundberührung stromauf voranarbeiten – denn auf die starken Maschinen der weit überwiegend englischen Flußdampfer war Verlaß.

Ich aber war im frühen Herbst bei magerem Niedrigwasser unterwegs. Der Wasserspiegel war tief abgesunken. Die Felswände zur Rechten und Linken des Fahrwassers reckten sich vielleicht noch um ein halbes Hundert Meter höher auf, als sie es bei Hochwasser getan hätten.

Wir waren in die aus den Ebenen aufsteigende Bergbarriere wie durch ein gar nicht sehr weites Tor eingefahren und fast ohne jeden Übergang in eine tiefe Schlucht geraten mit bald geneigteren, dann wieder so gut wie senkrechten Seitenwänden, einen abgrundtiefen Canyon, um es amerikanisch auszudrücken.

Mir erschien der Yangtse, obgleich von Niedrigwasser gesprochen wurde, jetzt noch ungleich gewaltiger in der Felsenenge, ja furchterregender, als er es in den Tagen zuvor in den Ebenen gewesen war. Wie leicht zur Mitte hin gewölbt schwollen mir die überall unruhig wallenden, wogenden, von eiligen Wirbeln überkreiselten, wie gehetzt vorübergleitenden Fluten riesenhaft entgegen, als würden sie von einer unheimlichen Urgewalt schonungslos vorübergejagt.

»Sie sagen gar nichts mehr!« hörte ich mich halb geistesabwesend vom Kapitän angeredet, der neben mich ans Ende der Brücke getreten war:

»Es geht Ihnen so, wie es den meisten geht, die zum ersten Mal in die Schluchten einfahren: Es bleibt ihnen die Spucke weg. Und auch von mir muß ich bekennen: Jedes Mal, wenn die Schluchten mich und das Schiff wieder aufgenommen haben, muß ich mir ein leises Grauen eingestehen. Man kommt nicht dagegen an. Eigentlich ein Leichtsinn und Übermut sondergleichen, wenn unsere Maschinchen und Schiffchen es mit diesem Ungeheuer von Strom aufnehmen wollen. Und wenn ich es auch schon viele Dutzend Male oder Hunderte sogar ohne wesentliche Rückschläge geschafft habe, so läßt mich doch die Angst im geheimen nicht los, daß es beim hundertundzweiten oder -dritten Mal schließlich doch schief gehen muß. Setzen hier die Maschinen aus oder weigern sich auch nur, ihre volle Kraft herzugeben, so geraten wir ins Treiben und enden an der nächsten Felswand oder reißen uns an dem nächsten Unterwasser-Riff den Bauch auf.«

Ich erwiderte nichts. Mir hatte es tatsächlich die Sprache verschlagen. Wie aus dem Nichts und ohne ein Vorzeichen, das ihn angekündigt hätte, war ein nässender Nebelregen von Westen herangezogen, verschleierte die Ferne und hüllte den Flußlauf vor uns in Grau. Das Bild der Landschaft hatte sich unheimlich verdüstert, die Sichtweite sich gefährlich verringert. Aber hier in dieser Felsenenge konnte es kein Wenden, kein Zurück, kein

Halten geben. Wir waren, nachdem wir einmal damit begonnen hatten, dazu verurteilt, uns weiter stromauf vorwärts zu kämpfen.

Die Felswände rechts und links, auch wo sie sich flacher vom Strom fortschoben, zeigten nirgendwo Zeichen menschlicher Besiedlung. Ich hatte schon bei der Vorbereitung auf diese Reise aus der wenigen Literatur, die darüber existierte, erlesen, daß diese wilden, teils völlig kahlen, teils mit niedrigem Gestrüpp bedeckten Flanken der Schluchten – richtigen Wald habe ich nicht entdecken können –, diese ab und zu seitwärts abzweigenden dunklen, engen Täler von bösen Geistern, von gefährlichen Dämonen bewohnt wären, die mit den Menschen, die sich in diese ungastliche Gegend hineintrauten, zuweilen sehr grausam, ja mörderisch umgingen, wenn sie von schlechter Laune geplagt würden – und das passierte nur allzu oft.

Genauso wenig wie der Kapitän des Schiffchens mit den bärenstarken Maschinen neigte auch ich nicht dazu, mich von Geistern oder Dämonen schrecken zu lassen, mochten die Chinesen auch schon seit zweitausend Jahren davon fabeln. Aber ganz ohne Zweifel wurden auch wir Westler, der schottische Kapitän und der damalige Berliner Journalist, eine dunkle Urangst angesichts dieser überwältigenden, finster drohenden Landschaft nicht ganz los. Die Winzigkeit und Ohnmacht der Menschen vor so drohend riesiger, gähnend leerer Landschaft prägt sich dem Betrachter wie mit glühendem Griffel ein. Man konnte sich ihrer unheimlichen Eindringlichkeit nicht entziehen – ich wollte es auch gar nicht.

Aber ich hatte dem Kapitän deutlich zu machen, daß ich nicht willens war, vor dem übermächtigen Bild klein beizugeben. Wenn man aus dem Abendland kommt, muß man Geister und Dämonen in die Mottenkiste verweisen, wo sie hingehören. Ich raffte mich also auf:

»Eine unerhörte Landschaft, Captain, sicherlich! Und ein Strom, der den Seeleuten oder in diesem Falle Flußleuten mächtig zu schaffen macht. Aber schließlich haben die Chinesen den Yangtse schon seit tausend Jahren als die einzige Straße von Ssetschwan und Yünnan in die große Tiefebene benutzt; wir haben ja schon einige Dschunken stromauf und stromab passiert. Und vorhin, als es noch heller war, konnte man deutlich als feine Linie hoch in den Hängen den Treidelpfad erkennen, von dem aus die Treidelkulis die hölzernen Schiffchen heute noch wie seit alten Zeiten flußauf schleppen. Stromab brauchte nicht getreidelt zu werden; die starke Strömung mag oft genug für mehr Fahrt als gewünscht oder erforderlich gesorgt haben. Bei Hochwasser wird die Wasseroberfläche bis dicht unter den Treidelpfad angehoben sein. Jetzt ist sie tief abgesenkt; der hoch in die Bergflanken aus den Felsen geschlagene Treidelpfad beweist es. Ob wir uns viel darauf einbilden dürfen, daß wir seit einem halben Dutzend von Jahrzehnten die Treidelkulis durch Dampfmaschinen aus Leeds oder Bristol ersetzt haben, wage ich beinahe zu bezweifeln. Man fragt sich unwillkürlich: ›Wovon leben die arbeitslos gewordenen Treidelkulis jetzt?‹«

Der Kapitän antwortete mit dem merkwürdigen Gleichmut, den ich schon mehr als einmal bei solchen »old China-hands« angetroffen hatte:

»Ich habe jetzt an die dreißig Jahre in fernöstlichen Bereichen gelebt, aber was dies Land und die Chinesen am Funktionieren hält, habe ich immer noch nicht begriffen. Wer aus unserer Welt will schon diese verrückte Sprache erlernen oder gar die noch verrücktere Schrift! In diesem Lande gibt es Überfluß nur für einige wenige Leute. Im übrigen gibt es Überfluß nur an einem einzigen Landesprodukt: an Menschen! Kulis sind billig. Um ihr Schicksal braucht sich niemand zu kümmern, und es kümmert sich auch keiner darum. Es gibt sie in ungeheurer Überzahl,

und sie schlagen sich auch noch um die paar Kupfer-
stücke, die sie für einen Tag in den Treidelsielen verdienen
können, menschliche Zugtiere, die nicht mit der Peitsche
angetrieben zu werden brauchen. Die Peitsche sind die
Verhältnisse, in die sie hineingeboren sind. Noch heute
frißt der Strom Tag für Tag Treidelkulis; ich wage nicht zu
schätzen, wie viele an Zahl. Der Pfad da oben in den
Hängen hat kein Geländer, hängt in den manchmal senkrechten Wänden und ist nur sehr schmal. Wenn die stromauf getreidelte Dschunke unten im Strom von einem
Windstoß oder einem Wirbel erfaßt wird und plötzlich an
dem langen Treidelseil ruckt, dann reißt der jähe Zug den
hintersten Treidelkuli oder womöglich alle vier oder sechs
über die Kante; sie segeln in den sicheren Tod. Es gibt kein
Register, keine Statistik darüber, wie viele Kulis der Strom
in diesem Jahr oder in den vergangenen tausend Jahren in
den nassen Tod gerissen hat. Wissen Sie, was ich hier
gelernt habe: In diesem Land sind Menschen billig, und
Kulis für ein paar Kupfer am Tag gibt es zu Millionen. Sie
haben keine Sozialversicherung. Ich vermag nichts daran
zu ändern. Ich kann nur danebenstehen, muß mein Schiff
sicher stromauf und stromab bugsieren, lebe nicht
schlecht dabei und – ob Sie's glauben oder nicht! – bin in
diesen Strom mit seiner ewigen Unberechenbarkeit ver-
narrt, hier bin ich Herr, wie ich es daheim nie sein könnte.
Und außerdem: Sie mögen recht haben; die guten Maschinen aus Leeds unten in meinem Schiff mögen einige Kulis
um Arbeit und Brot gebracht haben; aber andererseits
haben sie einer schwer zu bestimmenden Zahl von anderen Kulis, die sonst abgestürzt wären, das Leben gerettet.
Und wir geben ja auch weiteren Chinesen Arbeit; meine
Mannschaft besteht, abgesehen von mir, meinem Ersten
Offizier, dem Zahlmeister und dem Chief, dem Oberma-
schinisten, nur aus Chinesen, manch einer ist darunter,
vor dem man größten Respekt haben muß, zum Beispiel

dem Lotsen, der in Ichang mit seinen zwei Leuten an Bord gestiegen ist. Er bringt uns durch die übelsten, riff- und klippenreichsten, dazu engsten Stellen der Schluchten bis nach Wanhsien hinauf. Ohne diesen Lotsen, den ich schon lange kenne und schätze, würde ich mich nicht getrauen, diesen Abschnitt des Stroms zu befahren. Es gibt keine Flußkarten oder dergleichen; außerdem ändern sich Strom und Strömung manchmal von Tag zu Tag. Wir wissen ja nicht, wie die Schneeschmelze oder die Regen vorankommen weit hinten oben im tibetischen Hochland, wo der Strom herkommt. Der Lotse aber hat das schon mit der Muttermilch eingesogen. Alle seine Voreltern haben den Strom befahren, vielleicht schon seit vielen Jahrhunderten. Sie sollten es miterleben; es wird Ihnen mehr von China offenbaren als dicke Bücher. – In einer Viertelstunde etwa haben wir eine der bei Niedrigwasser gefährlichsten Barren im Strombett zu überwinden. Wir kommen bei Stromauf-Reise auf der rechten Seite der Barre an; dort ist sie nicht zu überwinden; die einzige Passage liegt dicht unter dem linken Ufer; sie ist schmal und wird vom Wasser durchschossen. Aber immer bringt der Bursche es fertig, das Schiff unterhalb der Barre über die ganze Breite des Stroms nach links zu drücken und dann, volle Kraft voraus, die Passage zu erzwingen. Doch seien Sie auf der Brücke neben oder hinter dem Lotsen vollkommen still. Keine Zwischenfragen oder sonstiges Gerede, das den Lotsen aus dem Konzept bringen könnte. Auch ich stehe dann stockstill!«

Wir traten leise in das etwa fünf lange Schritte breite Brückenhaus in der Mitte der Brücke. Die Frontseite zum Bug hin wurde von einer großen Glasscheibe eingenommen, durch die der Strom voraus ungehindert zu beobachten war. In der Mitte hinter der Glasscheibe stand der Rudergast; mit beiden Händen regierte er das Speichenrad des Ruders, bewirkte so die Steuerung des Schiffes. Es war der Mann, den der Lotse mit an Bord gebracht hatte. Er blickte starr geradeaus – so schien es auf den ersten Blick. Aber ich merkte bald, daß er seine Augen ständig zu dem Lotsen hinübergleiten ließ, der links von ihm hinter der Scheibe auf einem etwa fußhohen Untersatz Aufstellung genommen hatte, von wo aus das Fahrwasser sicherlich besser zu beobachten war als von jedem anderen Punkt der Brücke oder des Schiffes überhaupt. Neben dem niedrigen Podest, auf dem der Pilot in seinem langen schwarzen Seidenkaftan wie die Statue eines altertümlichen chinesischen Würdenträgers imponierend aufgebaut war, ragte ein bis etwa zu seiner Hüfte reichender gedrungener Metallpfosten auf, mit einer weiß unterlegten runden Skala und darüber hinausragendem Hebel an seinem Kopf: der Maschinen-Telegraf, mit dem von der Brücke die Befehle in den Maschinenraum des Schiffes hinunter gegeben werden konnten.

Ein weiterer Schiffsmann lehnte bewegungslos in der Ecke des Ruderhauses, regte sich nicht, hatte wie Rudergänger und Pilot die Augen auf den Strom voraus gerichtet.

Die Spannung, die in der nach vorwärts blickenden Klause herrschte, hoch über allem übrigen Schiff, sprang sofort auf mich über, nachdem ich den Raum betreten hatte – und sicherlich auch auf den Kapitän, der an der Rückwand Posten faßte und mir mit einer Handbewegung bedeutete, es ihm gleichzutun. Lotse und Rudergänger hatten von unserem Eintritt in den Raum nicht die geringste Notiz genommen. Es verstand sich von selbst, daß der Kapitän an schwierigen Abschnitten der Fahrt auf der Brücke zu sein hatte. Der Lotse mochte zwar die Fahrtanweisungen im einzelnen erteilen, die Verantwortung trug aber auch dann, gerade dann, der Kapitän.

Schon nach wenigen ersten Minuten kam es mir vor, als knisterte geradezu die Luft im Häuschen vor angespanntester Aufmerksamkeit. Und das ganz leise, dumpfe Pochen der Schiffsmaschine aus dem tiefen Inneren des Dampfers, das man draußen auf den Decks kaum wahrnahm, wurde hier nach kurzer Zeit vernehmbar wie das Pochen eines starken Herzens.

Auch ich erkannte, daß vor uns auf der Oberfläche der unruhig vorüberwallenden Wasser eine Art Schwelle aufgetaucht war, die sich quer über den Strom streckte, die Barre also, von welcher der Kapitän gesprochen hatte. Das Schiff arbeitete sich dicht unter dem hier beinahe senkrecht aufragenden Felsenufer näher und näher an das auf dem Flußgrund verborgene überflutete Hindernis heran.

Der Pilot griff, als die überschäumte Barre gar nicht mehr sehr weit entfernt war, zum Hebel des Maschinen-Telegrafen, schwenkte ihn und nahm ihn dann offenbar um einige Strich zurück. Die Antwort »Verstanden« klingelte gedämpft aus der Tiefe zurück – und der Herzschlag in der Tiefe wurde gleich darauf langsamer und verhaltener. Der Befehl war genau abgepaßt gewesen, denn als wir in dem einigermaßen beruhigten Querwasser unterhalb der Barre angekommen waren, machte das Schiff keine Fahrt mehr. Die Maschinen liefen nur noch mit gerade so viel Kraft, um die stromab saugende Strömung auszugleichen. Das Schiff verhielt im ziehenden Strom, stand still. Mir wurde ein wenig unheimlich zumute. Wie wollte der Mann das Schiff nun auf die andere Stromseite bugsieren, wo nach der Angabe des Kapitäns die Barre den einzigen Durchlaß aufwies, durch den sie überwunden werden konnte! Der Strom zwischen den Wänden mochte hier zwischen ein- und zweihundert Metern breit sein; es war schwer zu schätzen.

Das Schiff also stand, glich mit der arbeitenden Schraube gerade eben die Strömungsgeschwindigkeit aus. – Und dann konnte ich ein Manöver beobachten, das ich nie vergessen werde. Ich sehe es noch heute vor mir: Der schwere Mann im schwarzen Kaftan mit seinem ein wenig albern wirkenden schwarzen Seidenkäppchen auf dem grauen Haar hatte die Arme mit hochgereckten Händen leicht angewinkelt weggestreckt, die Finger ausgebreitet. Es begann ein Spiel mit den Fingern; es fiel kein Wort. Aber jeder Krümmung des Zeigefingers oder des Mittelfingers rechts oder links war – besser offenbar als durch Worte – ein Befehl an den Rudergänger zu entnehmen. Der Mann am Rad hing mit seinen Augen an diesen sich sachte bewegenden Fingern und ließ, wie ihm durch sie befohlen, das Ruderrad um eine halbe Drehung so hin oder da hin, oder auch um ein paar Drehungen durch seine Hände gleiten und änderte jedesmal damit die Stellung des Steuerruders am Heck des Schiffes tief im Wasser.

Der Pilot wendete den Bug des Schiffes, das ganze Schiff, ein wenig aus der senkrechten Stellung zur Barre fort, so daß die Strömung die Steuerbordflanke mit etwas mehr Kraft treffen konnte als die Backbordseite. Das Schiff wurde also nach Backbord seitwärts abgedrängt –

und schob sich ganz sachte, von ein paar mehr oder weniger knickenden Fingern mit äußerster Vorsicht geleitet, langsam, stets im gleichen Abstand zur Barre bleibend, über die ganze Breite des Stroms zur Gegenseite hinüber – ein wunderbares Manöver, das – buchstäblich! – nur mit feinstem Fingerspitzengefühl bewältigt werden konnte.

Niemand hatte sich geregt. Das kreiselnde Rad und die auf und ab winkenden Finger waren die einzigen Bewegungen gewesen. Wahrlich, der Mann, und auch sein auf ihn eingespielter Helfer und Rudergänger, verstand sein Geschäft, von dessen Gelingen Schiff und Ladung, Mannschaft und Passagiere mit Leib und Leben abhingen.

Wir erreichten auf sanfteste Weise das andere Ufer. Die Lücke im Felsenriff, das den Flußgrund querte, war auch für mich deutlich auszumachen. Das Wasser schäumte dort nicht wie auf der Stromabseite der Barre, sondern schoß blank und glatt in leichter Neigung zu Tal.

Als wir vor der Passage angekommen waren, einige letzte Zeichen mit den Fingern. Das Schiff wendete wieder genau gegen den Strom. Der Lotse griff zum Hebel des Maschinentelegrafen, klingelte »Volle Kraft voraus« in die Tiefe hinunter. Gleich bebte das Schiff auf im stärkeren, eiligeren Pochen der Maschine. Mit aller Kraft hatte der Dampfer gegen die in der Passage besonders harte Strömung anzukämpfen. Aber dies war ein gutes Schiff und für so schwere Arbeit wie diese in der Strömung des mächtigsten Stroms Ostasiens von kundigen englischen Werften entworfen.

Zehn Minuten später zogen wir in milderer Strömung wieder in der Mitte des Gewässers mit verminderter Kraft weiter stromauf, als hätte es die Barre, die schon – bei Niedrigwasser – manches Unheil angerichtet hat, überhaupt nicht gegeben.

Zum Schluß wurde mir klar, wozu es auch noch den stummen, reglosen Seemann, Flußmann im hintersten Winkel des Brückenhauses überhaupt gegeben hatte. Als wir in den Durchlaß einfuhren und das Schiff sich gehorsam gegen die Strömung voranzuschieben begann, war er ohne Geräusch verschwunden. Doch nun, da wieder freie Fahrt erreicht war, kehrte er mit einem Lacktablett zurück, auf dem ein hübsch verziertes Teekännchen und eine henkellose Teeschale anmutig prangten.

Der Pilot hatte die lange, glänzende Seidenbahn vor seinen Beinen aufgerafft, stieg von seinem Podest herab, ließ den Stoff wieder fallen, rückte sein Käppchen zurecht und goß sich auf dem Tablett, das der Diener ihm vorhielt, eine Tasse Tee ein. Ich meinte, den Duft zu spüren. Und es erschreckte mich beinahe zu beobachten, daß der Pilot vor dem ersten Schluck Tee ein Tüchlein aus dem weiten

Ärmel seines Gewandes hevorklaubte und sich Stirn und Backen abwischte. Er hatte also geschwitzt. Es war gewiß noch viel aufregender gewesen, das Schiff über die Barre zu listen, als ich auch nur geahnt hatte. Der Kapitän meinte später:

»Der Mann verdient sein Geld, das kann ich Ihnen versichern! Bei Hochwasser fährt man über alle Hindernisse hinweg. Aber bei Niedrigwasser ist so ein chinesischer Lotse nicht mit Geld zu bezahlen!«

Nein, mein Lebtag nicht werde ich sie aus der Erinnerung verlieren, jene abenteuerliche, im aufgewühlten China von unbestimmten Gefahren dicht umwitterte Fahrt den Yangtse aufwärts, soweit man damals mit einem durch Maschinen getriebenen Schiff überhaupt fahren konnte. Die Wände des Gran-, des Colorado-Canyon in Nordamerika mögen höher sein, aber dieser Strom, der sich dort seine Gasse durch die Hochflächen und Gebirge gegraben hat, ist heutzutage höchstens in einer verrückten Schlauchboot-Fahrt zu bezwingen, ist auch weit entfernt davon, so gewaltige Wassermassen zu Tal zu wälzen wie der Yangtse, noch kann er jemals als eine Straße des Verkehrs dienen.

Um es an dieser Stelle gleich auszusprechen: Die Amerikaner haben den Colorado so bedenkenlos angezapft und auf ihre künstlich bewässserten Felder geleitet, daß der wunderbare Strom, der im Grand Canyon mit seinen unerhörten Farben Millionen von Reisenden entzückt, an Auszehrung so gut wie gestorben ist, wenn er schließlich als ein kümmerliches Rinnsal die Nordspitze des Golfs von California erreicht und müde und mager darin vergeht, ein völlig »ausgebluteter« Fluß – ein Strom, von dem heute schon mit nur allzu überzeugenden Gründen behauptet wird, daß er sinnlos gemeuchelt worden ist. Denn die Felder, die in wüstenhaftem Land mit seinem Wasser zum Grünen gebracht worden sind, haben auf die Dauer nicht gehalten, was man sich von ihnen versprach; das ihnen Jahr für Jahr von neuem zugeführte Flußwasser lagerte die in ihm gelösten Salze in der Ackerkrume ab, nachdem das Wasser von den Pflanzen aufgesogen oder verdunstet war; die Ackerkrume versalzte also, trug ständig weniger Frucht – und ist schließlich für jeden Ackerbau ungeeignet, wird wieder zur Wüstensteppe. –

Noch sind die grandiosen, in ihrer überwältigenden Schönheit ganz einzigartigen Schluchten des Yangtse nicht vom Menschen angerührt, sind in ihrer wilden Großartigkeit nicht beeinträchtigt. Zwar wird schon lange davon gesprochen, die Wasserfülle vor dem Austritt des Stroms aus dem Hochland in die große chinesische Ebene aufzustauen, um elektrischen Strom zu gewinnen. Das würde zur Folge haben, daß die Schluchten ertrinken, angefüllt werden bis hoch über den Treidelpfad hinaus. In den Nebentälern müßten die Menschen weichen; uralte Dörfer und Städte oder Städtchen, die in der literarischen Tradition des alten Kulturreiches einen berühmten Namen haben und mit noch berühmteren verknüpft sind – so mit Li T'ai-Po, dem auch in unseren abendländischen Bezirken wohl bekanntesten und vielleicht bedeutendsten chinesischen Lyriker –, würden überflutet werden und nur noch im Nachhall fortleben. Damit würde dem Yangtse ein Schicksal zugemutet, von dem so viele Ströme, Flüsse und Bäche in unserem Zeitalter ereilt worden sind – als ob die Menschen keine wichtigere Aufgabe hätten, als der Erde, unser aller Mutter und Bewahrer, unseren unmaßgeblichen Willen aufzuzwingen.

Einen ganz anderen Charakter als der größte Strom Chinas mit seinen über fünftausend Kilometern Länge offenbart der zweitwichtigste Strom des menschenreichsten Landes der Erde – mit heute über einer Milliarde Menschen, zugleich aber auch des Landes, in dem bisher als einzigem mit merkbarem Erfolg das uferlose Anwachsen der Bevölkerung eingedämmt wurde. Wie kaum irgendwo sonst auf der Erde galt auch im China der Vergangenheit eine große Kinderzahl als der wahre Segen des Himmels – bis auch hier trotz aller Verluste durch Revolution, endlose Wirren und mörderische Kriege die Vermehrung an eine äußerste Grenze stieß: China quoll über. Mit der Vernunft und Rücksichtslosigkeit, die sich die Chinesen – nie abgelenkt durch die Forderungen einer allzu weit ins Transzendente ausufernden Religiosität – seit Jahrhunderten oder -tausenden anerzogen haben, wurden harte Strafen verordnet für jede Familie, die mehr als zwei Kinder in die Welt setzte. Es scheint in der Tat gelungen zu sein, die nicht mehr zu verkraftende Zunahme der Bevölkerung im wesentlichen abzubremsen, sie einzudämmen.

Vielleicht konnte im alten China gelingen, was allem Anschein nach in dem sich in immer größeres Elend hineingebärenden Indien – oder auch in Afrika oder in Lateinamerika – durchaus nicht gelingen will. Den Chinesen ist in ihrem eigentlichen Herzland, dort wo der große Hoangho (heute Huang He) den Wei-Ho (oder Wei-He) von rechts aufnimmt, und der große Strom in einem harten Knie im rechten Winkel zum Gelben Meer nach Osten abbiegt, wo um die uralte Stadt Sian (heute Lian) wahrscheinlich China als Staat Wurzel geschlagen hat, dort ist den Chinesen eingeprägt worden, daß man ein Übermaß der Natur durch Dämme und Deiche in Schranken zu halten hat, wenn das gegenwärtige Volk und auch noch die Nachfahren überleben wollen.

Der Hoangho entspringt auf über fünftausend Metern Höhe im hohen Zentralasien, durchströmt zwei große, im Winter fest zugefrorene Seen, rauscht zunächst nach Südosten, bricht wie in plötzlichem Übermut nach links durch einen hohen Gebirgswall und zieht dahinter, als trumpfe er auf, in der Gegenrichtung nach Nordwesten. Nach etwa zweihundertfünfzig Kilometern wird ihm das langweilig, und er wendet sich in einer gewaltigen Kurve zunächst wieder nach Osten und bei der bedeutenden Stadt Lantschau (Lantschou, heute Lanzhou) wieder nach Nordost und schließlich Nord, gut sechshundert Kilometer weit. Wüsten und Trockensteppen sind es, die er hier durchquert, und das ändert sich auch nicht, wenn er sich wieder nach Osten und gut dreihundert Kilometer später schnurstracks nach Süden ausrichtet, ein gewaltiger Strom nun, der sein Wasser ständig gelber und gelber färbt von dem Sand und Staub, den die harten Winde aus Westen von den großen zentralasiatischen Wüsten wie aus der Gobi und der weiter entfernten Takla Makan unablässig in seine Wasser hinein wehen – er wird, was sein Name besagt, zum »Gelben Fluß«, der riesige Frachten gelösten Lehms aus Hochasien ins Tiefland hinausspült. Dieser mit den Winden ostwärts aus Hochasien hinausgewehte Staub bietet – von den Schlammfrachten des »Gelben Flusses« abgesehen – die Erklärung für die außerordentliche Fruchtbarkeit der heute die Mehrzahl der chinesischen Menschen beherbergenden Tiefebenen des östlichen mittleren China, das durch diesen Sand und Staub erdzeitlich langsam, aber unaufhaltsam immer weiter ins Gelbe Meer, den Nordteil der Ostchina-See, hinauswächst. Vor allem setzt auch der Hoangho seine Fracht an Wüstenstaub und Sand vor seiner Mündung im Meer ab und hilft so eifrig mit, es sachte aufzufüllen.

Aber nicht nur das: Wenn der »Gelbe Fluß« nach dem Zufluß des Wei-He (oder Wei-Ho) ostwärts in die Ebenen austritt, verringert er sein Tempo beträchtlich, denn danach ist er schon annähernd auf Meereshöhe angelangt; sein Gefälle ist also nur noch gering. Das aber hat zur Folge, daß die gröberen, schwereren Schlammteilchen, die bis dahin von der schnellen Strömung weitergespült wurden, zu Boden sinken, den Flußgrund also erhöhen und ihn Jahr für Jahr ein paar Millimeter, oder wenn es am Oberlauf viele und schwere Sandstürme gegeben hat, sogar um einige Zentimeter ansteigen lassen.

Irgendwann wird dann bei einem starken Frühlingshochwasser die Fassungskraft des Flußbettes überschritten; der Strom tritt über die Ufer; es kommt zu Überschwemmungen, die das fruchtbare Land am Strom überfluten und an Dörfern, Saaten und Ernten große Zerstörungen anrichten. Ja, der Strom sucht sich dann womöglich in den flachen Ebenen einen neuen Lauf und schwemmt alles weg an Äckern und menschlichen Wohnungen, was sich ihm in den Weg stellt. Noch in geschichtlicher Zeit ist der Hoangho südlich der weit ins Gelbe Meer vorstoßenden Schantung-Halbinsel in das Randmeer des Pazifischen Ozeans geflossen; heute erreicht er die hohe See nördlich der Schantung-Halbinsel (heute Shandong Bandao)!

Wenn die Menschen in den großen Ebenen, in denen man um ausreichende Ernten nie zu bangen braucht, sich von dem großen Strom, dem »Gelben Fluß«, dem »Kummer Chinas«, nicht immer wieder von neuem um die Früchte ihrer Arbeit bringen lassen wollten, dann mußten längs der Ufer Dämme aufgerichtet werden, hoch genug, um auch bei Hochwasser nicht überflutet und gebrochen zu werden.

Dies wiederum konnte nur in vereinter Anstrengung aller Anwohner verrichtet werden, erforderte eine genaue Organisation der Arbeitskräfte, ihre Disziplin und kluge Vorausplanung; solches ist nur durch eine zentrale Leitung, der Gehorsam zu leisten ist, zu bewerkstelligen – womit die Grundlagen eines geordneten Staatswesens geschaffen wurden.

Der Strom erhöhte seinen Grund indessen ungerührt weiter. Entsprechend wuchsen die Dämme, die ihn eindeichten, entlang seinen Ufern weiter in die Höhe und Breite, bis schließlich der Strom über weite Strecken wie in einer Art erhöhter Rinne dahinfloß – und heute noch fließt. Denn trotz aller politischen und kulturellen Erschütterungen, die China in den letzten hundert Jahren reichlich erlebt hat, ist der streng organisierte Dienst am Strom so gut wie nie vernachlässigt worden. Im Laufe der Zeit ist es tief in das Bewußtsein, ja längst ins Unterbewußtsein der Anwohner nah und fern eingedrungen, daß mit dem »Kummer Chinas«, dem Hoangho, dem »Gelben Fluß«, nicht zu spaßen ist und daß es sich empfiehlt, wenn man nicht den Verlust seiner Habe, sogar Tod und Verderben heraufbeschwören will –, das riesige Ungeheuer aus der Tiefe Hochasiens rechtzeitig zu zähmen. Also wird auch, gerade wenn keine unmittelbare Gefahr droht, regelmäßig geübt, wie Dammbrüche und sonstige Flutkatastrophen in vereinter Anstrengung verhindert oder geheilt werden, wie sie rechtzeitig im voraus erkannt werden können, damit sie gar nicht erst passieren.

Man kann mit überzeugenden Gründen behaupten, daß es der große Strom gewesen ist, der die Chinesen schon weit vor dem Beginn der christlichen Zeitrechnung darüber belehrt hat, daß ein Volk, wenn es sich nicht ständigen Katastrophen und Ungewißheiten aussetzen will, staatlicher Ordnungen bedarf, die darin gipfeln, daß von einer Stelle Macht ausgeht, die anerkannt wird, da sie dem allgemeinen Wohle dient. Ohne den ständig die Menschen zur Ordnung und Solidarität zwingenden großen Strom wäre China wohl kaum zur ältesten, heute noch urlebendigen Kulturnation dieser Erde geworden.

Sie stammen, wie gesagt, aus dem Herzen des asiatischen Hochlandes, die gewaltigen Lebensadern Chinas, der Yangtse und der Hoangho, aus jener auf der Erde nur hier so vorhandenen Ansammlung von Hochwüsten, Hochsteppen und himmelstürmenden, ewig vereisten Hochgebirgsketten. Betrachtet man eine geologische Karte Asiens, so glaubt man gern den Vertretern der Wissenschaft, daß in dieser Gegend die Erdkruste gestaucht wird und sich wie zusammengeschobenes Seidenpapier hochfältelt, am stärksten dort, wo der Druck von innen unten angreift – wo sich die erschreckenden Wälle des Himalaya auftürmen.

An und in dem riesigen Massiv regnen (und schneien) sich die Winde ab, die sich über den Meeren mit Feuchtigkeit vollgeladen haben. Dies Wasser strömt den Ozeanen zu, aus denen es kam, und bildet die großen Ströme, die nicht nur ostwärts durch China, sondern auch nach allen anderen Richtungen Hochasien entwässern.

Indien, der Subkontinent im Süden Hochasiens, von dem China an Menschenzahl bald übertroffen werden wird, wenn es so weiterwächst wie bisher, ist genauso wie China auf seine großen Ströme angewiesen, den Bramaputra, den Ganges und den Indus, wobei der Indus durch Pakistan seinen Lauf nimmt, eins der Bruchstücke aus dem früheren Britisch-Indien.

Für die Inder ist der Ganges mit der um ihn her üppig wuchernden Götterwelt des Hinduismus ein heiliger Strom. Wer der Qual ewiger Wiedergeburten entgehen will, der muß zur rechten Zeit und unter uralt vorgeschriebenen Zeremonien in ihm baden. Und wer es sich leisten kann, um sein Seelenheil nach dem Tode besorgt zu sein, der läßt seinen Leichnam am Ufer des Ganges verbrennen und die Asche dem alle Sünden reinigenden Ganges überantworten. Es läßt sich nicht behaupten, daß der Strom, dem auch sonst zugemutet wird, mit jedem nur erdenklichen Unrat fertig zu werden, dadurch sauberer wird. Aber die Inder sind der Überzeugung, daß die Heiligkeit des Gewässers alle Verschandelung ausgleicht.

Auch die großen indischen Ströme stammen also aus dem

zentralasiatischen Hochgebirge, sind ursprünglich viele Hunderte von Kilometern weit glasklare, eisige, silbern schäumende Bergwässer und werden träge und schmutzig erst, wenn sie mit den Menschen in nähere Berührung kommen.

Der Reichtum an Feuchte, den die Winde, der Monsun vor allem, von Süden und Osten, ins hohe Asien tragen, wurde ursprünglich – und natürlich zum großen Teil auch noch heute – von den Almen und Wäldern in den menschenarmen Gebirgen gespeichert und nur nach und nach über die Ströme ins Tiefland abgegeben, obgleich die Monsune ebenso wie die Schneeschmelzen ihre Wassermengen stoßweise und nicht gleichmäßig verteilt spenden.

Wenn man nun im Gebirge die Wälder abholzt wie in Nordost-Indien, um sie zu Geld zu machen, dann können die Regen, die im Hochgebirge herniederstürzen, nicht mehr festgehalten werden und spülen in nicht einzuhaltenden Schwällen zu Tal, überschwemmen ganze Länder (so 1988 den von Pakistan abgespaltenen Staat Bangladesch) und verwandeln das Tiefland im weiten Bereich ihrer Mündungen in eine mörderische Hölle aus Schlamm und unerträglicher Schwüle, in eine Brutstätte bösartiger Krankheitskeime.

Auch nach Norden fließen sie ab, die mächtigen Rinnsale, die Hochasien entwässern, werden zu den im Winter erstarrenden großen Strömen Sibiriens: Die Kolyma, die Indirka (von Ost nach West), die Lena dann, die Nordostsibirien, wo der Kältepol der Erde zu finden ist, kennzeichnet, weiter der Jenisseï mit der Angara, über die der Baikal-See sein überschüssiges Wasser nach Norden abgibt. Es folgt noch der Ob (mit dem Katun), mit 4345 Kilometern der längste sibirische Strom; unter den Strömen der Erde steht er, was die Länge anbetrifft, an siebenter Stelle und ist damit ebenso lang wie der Amur, der weit im Osten, in das im Winter vereisende Ochotskische Meer mündend, die Nordgrenze der Mandschurei und damit des heutigen China bildet – der Mandschurei, jenes weit entlegenen Gebiets, das bis in die Gegenwart hinein zwischen China, Rußland und Japan viel umkämpft worden ist. Aus der Mandschurei stammte die letzte der kaiserlichen Dynastien Chinas, die Qing- oder Manchu-Dynastie, die 1912 revolutionär gestürzt wurde. Sun Yat-sen leitete die Demokratisierung Chinas ein, was zunächst in endlose politische und militärische Wirren und Bürgerkriege ausmündete, die Japaner mit imperialen Ansprüchen ins Land lockte und schließlich mit Mao Tse-tung im Kommunismus endete, der sich in der wüst zerstörerischen »Kultur-Revolution« widersinnig überschlug. Unter der Führung des »verehrungswürdigen« Deng Xiao-Ping versuchte China, einen neuen, auf seine Verhältnisse und seine Vergangenheit zugeschnittenen Weg in die Zukunft zu finden, ist sogar bereit, von den früher verachteten »Westbarbaren«, den »Weißen Teufeln«, zu lernen und sich ihrer Mittel zu bedienen. Es hat aber – und alle Welt wurde 1989 Zeuge – keineswegs die brutale Härte verlernt, mit der sich chinesische Machthaber stets durchzusetzen pflegten, wenn sie sich bedroht fühlten. –

Ein paar Worte müssen an dieser Stelle über den eben erwähnten Baikal-See gesagt werden, der die Angara aus sich entläßt und damit den gewaltigen Jenisseï speist. Dieser landschaftlich hinreißend schöne See im Herzen Nordostasiens wird an seinem Südende, von Irkutsk her, von der Transsibirischen Bahn umfahren. Die Bahnstrecke verläuft über weite Abschnitte unmittelbar über dem Seeufer. Und wer Glück hat, den See bei Tageslicht erreicht und von schönem Wetter begünstigt wird – wie es mir vergönnt gewesen ist – der erlebt eine Kette von goldenen Stunden, die fortab in seiner Erinnerung einen unvergänglichen Platz einnehmen. Die Felsen hängen bis über die Ufer und müssen oft genug in kurzen Tunnels durchstoßen werden. Die Wipfel der kränzenden Wälder, haushohes Gebüsch und Gesträuch, geben der eingleisigen Trasse unablässig das Geleit. Unterhalb des Bahndamms schäumen die Wellen des wie ein Meer nach Norden gedehnten Baikal in das grobe Gefels des Ufers. Eine Aura der Gewaltigkeit scheint über dem umbrafarbenen Wasser zu lagern, trotz allen Glanzes mit Melancholie vermischt.

Damals, im Russisch-Japanischen Krieg (1904–05), als die Transsibirische Bahn noch nicht ganz fertig war – es fehlte die schwierige Südumgehung des Baikal-Sees –, legte man die Geleise für den Nachschub der in der Mandschurei gegen die Japaner kämpfenden kaiserlich-russischen Armee über das Eis des Baikal-Sees und band so die mittel- und die ostsibirischen Trakte der Bahn (die schon befahrbar waren) provisorisch aneinander: das Ei des Kolumbus gewissermaßen. Schnurgerade und auf völlig ebener Fläche konnte der Schienenstrang verlegt werden – wenn nur das Eis gehalten hätte, was man sich von ihm versprach! Ein paar Züge passierten auch den an dieser Stelle etwa vierzig bis fünfzig Kilometer breiten (aber übrigens 640 Kilometer langen) See schnell und ohne Zwischenfall. Aber man hatte sich verfrüht in Sicherheit gewiegt. Der nächste voll mit Soldaten und schwerem Kriegsgerät beladene Transportzug mutete dem wahrscheinlich schon zuvor brüchig gewordenen Eis zuviel zu. Mit einem Donerschlag gab das Eis nach, und der ganze Zug samt Passagieren, Kanonen und Lokomotive versank im Nu in der eiskalten Flut – auf Nimmerwiedersehen.

Ein zweiter Versuch gleicher Art wurde nicht unternommen. Die im Fernen Osten in schweren Kämpfen mit den Japanern ringende russische Armee hatte von nun an ohne ausreichenden Nachschub auszukommen, was den Anfang vom Ende für sie bedeutete. Der wildschöne Baikal hatte gezeigt, daß er nicht mit sich spaßen ließ. Heute allerdings ist er auf schleichende Weise bedroht: Die herrlichen wilden Wälder auf den Gebirgen rings um den See werden »genutzt« und in mancherlei Fabriken vearbeitet. Der Abfall, der Dreck und die Gifte fließen in den See zurück. Wenn auch der Baikal mit 23 000 Kubikkilometern Wasser geräumiger ist als die Ostsee, so wird auch er der ihm bedenkenlos zugemuteten Verschmutzung nicht für immer widerstehen können. Das haben besorgte Fachleute in der Sowjetunion bereits ausgesprochen.

Viele, viele Jahrhunderte hindurch war der See kristallen klar, war für die Mongolen der Dalaïnor, das »Heilige Meer«. Der Kommunismus kennt nichts »Heiliges« (und auch der Kapitalismus tut sich sehr schwer damit, wofür Europa, aber insbesondere Nordamerika genügend Beispiele liefert), zeigte auch wenig Respekt vor den verschiedenen Rekordzahlen, mit denen der Baikal aufwarten kann. Nach seiner Fläche steht der Baikal mit 31 500 Quadratkilometern nur an achter Stelle unter den großen Süßwasserbecken der Erde. An Wasserinhalt und insbesondere an Tiefe ist er allen seinen See-Geschwistern weit voraus. An seiner tiefsten Stelle wird ein Abgrund von 1940 Metern gemessen. Damit liegt der Boden des Sees, dessen Oberfläche bei 455 Metern *über* dem Meeresspiegel anzusetzen ist, mit seinem tiefsten Grund fast 1500 Meter *unter* dem Niveau des Meeres. Das ist bei weitem die allertiefste Einbuchtung, die tiefste Stelle im festen Mantel der Erde. Man kann sie nur nicht unmittelbar wahrnehmen, da sie mit Wasser angefüllt ist (in solchem Fall sprechen die Geographen von einer Kryptodepression, hier also der allertiefsten!).

Gewiß fließen von den Höhen des unwirtlichen und unbeschreiblich zerklüfteten Zentralasien nicht nur, wie beschrieben, nach Süden, Osten und Norden große Ströme ab, sondern auch nach Westen. Vor allen anderen sind hier zwei zu nennen; noch immer sind sie unter ihren uralten, berühmten Namen – zumindest unter Kundigen – bekannt: Oxus und Jaxartes. Heute heißen sie Amu-darja und Syrdarja.

Oxus und Jaxartes – seit meinen kurzbehosten Gymnasiasten-Tagen hat mich der wunderbar romantische Klang dieser beiden Namen nicht losgelassen, bis ich – gut vierzig Jahre später – tatsächlich am Ufer des Oxus stand, vielleicht, wie ich mir einbilden konnte, an der gleichen Stelle, an der vor mehr als zweitausend Jahren Alexander der Große gestanden hatte – zögernd, ob er es wagen sollte, sein Griechenheer aus den Gebirgen in die Steppenweiten hinauszuführen, die sich nach den Berichten der Späher weiter im Norden ins Endlose dehnen sollten. Er gab zunächst der ständig seine Seele dunkel bedrängenden Regung nach, seine Siege, seine Herrschaft, sein Reich bis zu den äußersten Grenzen der bewohnten, bewohnbaren Erde voranzutragen und überall auf seinen Eroberungszügen griechisch bestimmte Städte, alle Alexandria geheißen, zu gründen; er überschritt den Oxus (den Amudarja von heute) und erreichte nach einigen weiteren Tagesmärschen den ebenfalls nach West und Nordwest ziehenden Zwillingsstrom dieser entlegenen Gebiete im Innersten der eurasiatischen, der größten Landmasse auf der Oberfläche der Erde, den Jaxartes.

Zwar überwand er ihn noch mit der Voraus-Abteilung seines Heeres. Aber dann muß ihn, den sicherlich kühnsten Eroberer weißer Rasse aller Zeiten, ein unbestimmtes Grauen angefallen haben vor der kahlen Grenzenlosigkeit der Steppen Südwest-Asiens. Vielleicht weigerten sich auch seine längst der ewigen Märsche ins Ungewisse überdrüssigen Griechensoldaten, dem Besessenen an ihrer Spitze weiter ins unabsehbare Nichts der von harten

Winden überwehten Savannen zu folgen. Alexander wandte sich zurück.

Dort, am Jaxartes – so ist es mir von jeher vorgekommen – muß dem großen Alexander der Mut und die Siegesgewißheit, die ihn bis dahin wie auf unsichtbaren Flügeln von Europa nach Kleinasien, dann nach Afrika und schließlich ins immer weiter sich öffnende Asien getragen hatten, fragwürdig geworden sein. Erst als dies im geheimen sich vollzogen hatte, als er am Jaxartes die Grenze auch seiner seelischen Fähigkeiten erreicht hatte, vermochte er seine Soldaten nicht mehr in dem Glauben zu erhalten, daß ihm überall und stets die Welt zu Füßen liegen würde. Indien zu erobern gelang ihm nicht mehr. Zwar stieß er – mit ermattender Kraft – noch nach Indien hinein vor, kam aber über den äußersten Nordwesten des großen Landes (über das heutige Pandschab-Gebiet) nicht hinaus und mußte endgültig umkehren; die Truppen verweigerten ihm am Hyphasis (dem heutigen Bias oder Beas, der in den Indus fließt) den Gehorsam. Der frühe alexandrische Traum eines Weltreichs aus europäischen, afrikanischen und asiatischen Bestandteilen überdauerte die Lebenszeit seines Träumers kaum. Alexander starb, noch ehe er sein Riesenreich fest in den Griff bekommen hatte, keine zwei Jahre, nachdem er aus Indien zurückgekehrt war, in Babylon am Tigris (mit dem Euphrat einem der zwei Ströme zwischen Persien und Arabien), ganz kläglich am Fleckfieber – auch nur ein Sterblicher, wenn er sich auch in Ägypten als Gott hatte verehren lassen, was von jeher enttäuschend endet.

Ich war von Kabul aus mit einem Gefährten von der deutschen Botschaft nordwärts auf groben Straßen über das Hindukusch-Gebirge gefahren und hatte es schließlich nach vielen Hindernissen erreicht, auf den Oxus, den Amudarja, hinunterzublicken. Ich war den verwehten Spuren Alexanders des Großen bis in die Nähe des Punktes gefolgt, an dem sein Eroberungswille knickte. Man geht eben nicht ungestraft aufs Gymnasium und wird mit dem Nachhall uralten Ruhms vertraut gemacht.

In unseren Tagen aber liefern gerade Oxus und Jaxartes, Amudarja und Syrdarja, wahrhaft erschütternde Beispiele dafür, daß die heutige Menschheit in allzu blindem Vertrauen auf Technik und Wissenschaft, das heißt in der Praxis auf die Weisheit der sogenannten Fachleute, sich verhängnisvoll an den in langen Zeitläuften eingespielten Ordnungen der Natur versündigt, damit aber trotz allem anfänglichen Optimismus Katastrophen heraufbeschwört.

Amudarja und Syrdarja flossen in einen großen Inland-, den Aral-See, den sechstgrößten der Erde, und speisten ihn. Er *war* der sechstgrößte, denn seit 1960 ist das Gewässer bereits um zwei Drittel seiner früheren Fläche geschrumpft, hat an seinen alten Ufern zehntausend Quadratmeilen versalzter, öder Wüste entblößt – und nimmt ständig weiter an Fläche und Wassermenge ab.

Der Aral-See war noch vor wenigen Jahrzehnten glasklar und reich an Fischen. An die 60 000 Fischer zogen Jahr für Jahr mehr als 45 000 Tonnen wohlschmeckender Fische in ihren Netzen an Land. Das ist vorbei; der See ist zu salzig geworden für die meisten Fischarten; sie starben aus. Die Fischer mußten aufgeben.

Was ist geschehen? Die sowjetischen Agronomen hielten sich für besonders tüchtig und zapften die beiden den Aral-See speisenden großen Ströme, Amu- und Syrdarja, so erbarmungslos an, um das Steppenland an ihren Ufern zu bewässern, daß schließlich der Aral-See nur noch von Rinnsalen einer schmutzigen Brühe erreicht wurde, die zudem noch durch Dünge-Chemikalien und Unkraut-Vernichtungsmittel vergiftet war.

Jetzt sind die beiden stolzen Flüsse, der Oxus und der

Jaxartes von einst, in ihren Unterläufen so gut wie gestorben – und ihr altes Empfangsbecken, der Aral-See, siecht todkrank dahin.

Der freigelegte Seeboden ist hoffnungslos versalzen, trocknet aus in der scharfen Sommerhitze dieser Landstriche, wird von den starken Winden des Winters davongetragen und vergiftet das Ackerland für Hunderte von Meilen umher.

Die Oberfläche des Sees ist bereits so beträchtlich geschrumpft, daß das Klima der umliegenden Landstriche sich zu verändern beginnt. Das weit verzweigte Delta der beiden Ströme bildete ursprünglich in den wüstenhaften Steppengebieten zwischen Usbekistan und Kasachstan (sowjetischen Republiken) eine feuchte, üppige Oase mit einem überaus reichen Tier- und Pflanzenleben; selbst Tiger kamen hier vor. Diese Oasen-Welt ist verdurstet, und die besonderen Tiere und Pflanzen dieser einmaligen Gebiete schwanden dahin.

Wenn wenigstens der ursprüngliche Zweck des Zerstörungswerks zu erfüllen gewesen wäre! Aber das mit dem Wasser der beiden Ströme befeuchtete Land brachte nur wenige Jahre lang die erhofften reichen Ernten. Dann war der ohnehin von Natur leicht salzige Erdboden nicht nur durch die Bewässerung, sondern durch künstliche Düngemittel und Pestizide so verdorben, daß er keine Frucht mehr tragen wollte, es sei denn, man spülte ihn Jahr für Jahr mit Fluten reinen Wassers wieder sauber. Aber solches Wasser stand nicht mehr zur Verfügung.

Bevor sich die sowjetischen Agrartechniker mit wütender Rücksichtslosigkeit der beiden großen Ströme »annahmen«, ließen diese Jahr für Jahr vom hohen Pamir her (wo der höchste Berg der UdSSR, der »Berg Kommunismus« seine 7495 vergletscherten Meter in den Himmel reckt) nicht weniger als fünfzig Kubikkilometer klaren Wassers in den Aral-See gelangen. Von 1960 an ging man ihnen zu

Leibe – und heute gelangt praktisch überhaupt kein Flußwasser mehr, das der Erwähnung wert wäre, in den ster-
benden See.

Wertvolle und für die Sowjetunion äußerst wichtige Ernten sind in Frage gestellt. 95 Prozent der in der SU produ-
zierten Baumwolle stammten aus dem Land am unteren
Amu- und Syrdarja, 40 Prozent des Reises und an die
30 Prozent des Gemüses und des Obstes.

Das Zentral-Komitee der Partei sprach im September 1988
von einem »riesigen Zusammenbruch des ökologischen
Systems«, und in der offiziellen Zeitung, der Prawda,
wurde von einer »Katastrophe nicht geringeren Ausmaßes als Tschernobyl« gesprochen. Nun wird geplant, dem
Aral-See jährlich fünfzehn Kubikkilometer Wasser zu-
rückzuerstatten, obgleich man weiß, daß mindestens dreißig nötig wären, um ihn nur nicht weiter schrumpfen zu
lassen.

Man fragt sich entsetzt, ob die sowjetischen »Fachleute«
die Folgen des riesigen Eingriffs in ein verletzliches System der Natur nicht haben voraussehen können. Nun,
sie haben! Aber sie meinten in sonderbarem Übermut, daß
die gesteigerten Ernten an Baumwolle und anderen Er-
zeugnissen von den künstlich bewässerten Feldern die
Schäden an den Strömen und insbesondere dem großen
Binnensee Aral mehr als aufwiegen würden. Sie haben
sich auf beinahe groteske Weise getäuscht. Was da zerstört wurde – in so wenigen Jahrzehnten, in nicht einmal
drei! –, wird sehr wahrscheinlich nie mehr zu heilen sein!

Man fragt sich manchmal allen Ernstes, ob unsere von
westlicher Geistigkeit und Naturwissenschaft angetriebene und ständig auf Hochtouren gehaltene Welt von
allen guten Geistern verlassen ist. Als ich damals, Anfang
der sechziger Jahre, vom afghanischen Mazar-E-Sharif
kommend, das Ziel meiner alten Sehnsucht, den sagenhaften Oxus, den Amudarja, endlich erreicht hatte und

über die wallend glitzernde, eilende Wasserfläche blickte, als mir das Herz aufging angesichts eines so gewaltigen Körpers klaren, lebendigen Wassers, da ahnte ich nicht, daß dem Strom das Urteil schon gesprochen war, daß man stromab, drüben, auf der sowjetischen Seite, schon damit begonnen hatte, die Stauwehren zu bauen, von denen aus mehr und mehr Baumwolle bewässert werden sollte.

Mit dem vergehenden Aral-See ist man den Grenzen unserer engeren Heimat Europa schon recht nahe gekommen. Einen Schritt weiter nach Westen stoßen wir auf einen anderen riesigen Binnensee, sogar den größten der Erde (mit ca. 370 000 Quadratkilometern), den Kaspisee oder das »Kaspische Meer«. Im Norden wird das Kaspische Meer von sowjetischen Gebieten, an seinem – kleineren – Südabschnitt von iranischem (persischem) Gebiet umfangen.

Wenn man das Geschick dieser gewaltigen, im Norden wenig, im Süden stärker salzhaltigen Wassermasse bedenkt – die ähnlich wie der Baikalsee in eine tiefe Senke (Depression) der Erdoberfläche gebettet ist, der Spiegel schon 28 Meter *unter* Meeresniveau, die tiefste Tiefe 995 Meter darunter –, so drängt sich von neuem der Eindruck unabweisbar auf, daß in den Erdbezirken, die unter kommunistischer Oberherrschaft stehen, mit der Erde noch viel gewaltsamer, bedenken-, ja ruchloser verfahren wird, als in jenen unter westlichen Regierungsformen.

Auch das Kaspische Meer schrumpft wie der Aralsee unaufhaltsam, so daß seine eben angegebenen Quadratkilometer keine feste Größe darstellen, sondern fortwährend abnehmen. Durch Jahrhunderte, wahrscheinlich über Jahrtausende hinweg reichten die Wassermassen, die dem »Kaspijskoje Morje« durch mächtige Ströme zugeführt wurden, durchaus aus, die starke Verdunstung des Kaspisees in den sengend heißen Sommern dieser Erdgegend auszugleichen. Dies Gleichgewicht ist von den übermütigen, überklugen »Fachleuten« gründlich zerstört worden; sie diktierten dem Kaspisee das gleiche Schicksal zu, das sich am Aralsee bereits verhängnisvoll durchgesetzt hat.

Das Kaspische Meer wird durch viele Zuflüsse gespeist, wesentlich von Norden her. Den weitaus bedeutendsten bildet die Wolga, die zugleich mit 3531 Kilometern den längsten Strom des Erdteils Europa darstellt, den einzigen, der den großen Namen »Strom« auf unserem Kontinent vollauf verdient.

Ein anderer wasserreicher Strom von Norden her ist der Ural, der in einem mächtigen, nach Südosten geöffneten Haken vom Südende des langgestreckten Mittelgebirges gleichen Namens herstammt. Weitere kleinere Gewässer wie Sagiz und Emba vervollständigen den Kranz der Zuflüsse, die das Kaspische Meer von jeher gefüllt hielten, wobei aber die gewaltige Wolga den Löwenanteil zu leisten hatte.

Der Wolga, die von den Russen in zärtlicher Verehrung »Matjuschka«, Mütterchen Wolga, genannt wird, sind die Sowjets in einem wahren Übermaß der »Nutzung« zu Leibe gegangen. Über zweitausend Kilometer weit wird der Strom immer wieder in Staubecken festgehalten, in denen unzählige Dörfer und Städtchen untergegangen sind. Der elektrische Strom, den die Wasserkräfte liefern, besonders längs des Unterlaufs, liefert zahlreichen Industriebetrieben Energie, deren vielfach giftige Abwässer das pflanzliche und tierische Leben im Strom tödlich bedrohen. Im Kaspischen Meer lebt der Stör. Der Rogen dieses großen Fisches, unter dem Namen »Kaviar« weltweit geschätzt, bildete ein wichtiges Produkt des Landes, das Tausenden von Fischern Arbeit und guten Verdienst garantierte.

Als die Wolga noch nicht so schonungslos industrialisiert war wie heute, zog der Stör an die zweitausend Kilometer weit den Fluß hinauf, um seinen Laich abzusetzen. Heute gelangt der Fisch nur fünfhundert Kilometer weit. Dann verlegen ihm die Sperrmauern des Wolgograder Stausees den Weg. Zwar hat man ihm hier eine Schleuse eingebaut, über die die Fische die riesige Staustufe überwinden sollten und theoretisch wohl auch könnten. Aber der Stör hat die Schleuse nicht begriffen und findet sie nicht!

Die vielen Stauseen, die den Strom Wolga verschluckt haben, die fürchterliche Verschmutzung des Wolgawassers durch rücksichtslos vor sich hin dreckende Industrie-Betriebe, die ihr von der Planbehörde in Moskau vorgeschriebenes Soll erfüllen müssen, koste es, was es wolle, die sinnlose Verschwendung des Wolgawassers in der Industrie und für Bewässerung, wo solche gar nicht nötig ist, haben den größten Strom Europas mit seiner Kernlandschaft, dem Wurzelboden des »Heiligen Rußland«, zu einer jammervollen Karikatur seiner selbst werden lassen. In Jaroslawl am Oberlauf der Wolga, nördlich von Moskau – um nur ein Beispiel zu nennen – sind in der Nähe einer riesigen Raffinerie die Bäume längst abgestorben. Hunderttausende von Tonnen äußerst giftiger Phenolsümpfe haben sich am Rande des Stroms, grüngelb stinkend, im Laufe der Zeit aus den Abwässern angesammelt und sickern in den Strom. Die giftigen Schwermetalle, die jahrein, jahraus in der Wolga festgestellt werden, übertreffen die erlaubten Höchstbeträge um vierhundert bis achthundert Prozent; und was an giftigem Dreck in die Luft geblasen wird, beträgt an vielen Orten längs der Wolga sogar zuweilen das Achtzigfache dessen, was theoretisch erlaubt ist. Kein Wunder, daß die Häufigkeit von Erkrankungen an Krebs etwa in der Gegend von Jaroslawl, aber auch in Gorki, Kasan, Kuibyschew, Saratow oder Wolgograd geradezu seuchenhaft zugenommen hat. Und in den letzten dreißig Jahren sind die Fänge an Stör (und damit die Ausbeute an devisenträchtigem Kaviar) auf die Hälfte ihres früheren Umfangs geschrumpft. Was aber im Grunde schlimmer als alles andere ist – das Kaspische Meer ist um nicht weniger als drei Meter abgesunken, und sinkt weiter ab. Die Vernichtung eines einstmals herrlichen, von Sagen und Geschichten umkränzten Gewässers konnte mit der Zeit nicht mehr übersehen werden. Man hat sich klar gemacht, daß an die vier oder noch mehr Millionen Hektar fruchtbaren Ackerbodens in den sieben riesigen Staustufen, die dem Strom aufgezwungen wurden, ertrunken sind, damit nach der Leninschen Formel (Kommunismus = Sowjets + Elektrizität) Strom erzeugt werde; aus dem Agrarland Sowjetunion sollte ein »Industrie-Gigant« erstehen!

Selbst da, wo neues Ackerland aus den Kunst-Seen der Staustufen bewässert wurde, in den Steppengebieten an der mittleren und unteren Wolga, ist die Rechnung der aberwitzigen Planer in Moskau nicht aufgegangen. Die neu bewässerten Ländereien haben die überschwemmten Gebiete nur etwa zur Hälfte ersetzt. Aber dann geschah auch hier, womit die klugen Professoren in den Planungsämtern nicht gerechnet hatten: Schnell versalzten die zur Fruchtbarkeit von der Natur nicht vorbestimmten Böden; nach einem Jahrzehnt künstlicher Bewässerung weigerten sich die Felder, weiter Frucht zu tragen. Das brachte die Agrartechniker zunächst nicht in Verlegenheit: Mit künstlichem Dünger und chemischer Schädlingsbekämpfung wurden den gepeinigten Böden ein paar weitere Ernten abgerungen. Inzwischen sind die grausigen Treibmittel aus der Retorte ins Grundwasser übergegangen; den Menschen, denen kein anderes Wasser zur Verfügung steht, wird schlecht, und obendrein erkranken sie an überfüttertem, verdorbenem Kohl und Rettich von vergifteten Feldern.

Die Totenklage am Ufer der Wolga, des »Mütterchens«, Matjuschka, wurde selbst in einem so schwer beweglichen und schwerhörigen Land wie der UdSSR unüberhörbar. Seit Gorbatschow gibt es mehr Offenheit im großen Land; es bildete sich 1988/89 ein »Komitee zur Rettung der Wolga«, und die Zeitung »Sowjetskaja Rossija« berichtete über die Ergebnisse des Zusammenschlusses von Wissenschaftlern, Journalisten, Schriftstellern und anderen namhaften Leuten. Das Komitee klagte an und sprach von »unsachgemäßen, unvernünftigen und ökologisch schädlichen Wirtschaftsaktivitäten« längs der Ufer des russischsten aller großen Ströme des Landes – dieses Staates, der mit seinen riesigen, de facto Kolonialgebieten in Mittel-, Ost- und Nordasien das weitaus umfänglichste (nun fragwürdig gewordene) Reich der Gegenwart darstellt.

Ganz besonders – so heißt es in dem Bericht des Komitees – sei das mächtige, 150 Kilometer in der Breite messende Delta des Stroms gefährdet, wo er in vielen Verästelungen dem Kaspischen Meer zufließt; nicht nur die Pflanzen- und Tierwelt, das Fortleben der Fische, des Störs vor allem, sei am Ende, auch die Gesundheit der Menschen, die am Unterlauf der Wolga lebten und arbeiteten, sei entscheidend bedroht. Der ständige Neubau von Fabriken aller Art, vielen chemischen darunter, von weiteren Stauwehren ohne Rücksicht auf ihre gegenseitige Abhängigkeit und das bereits geschwächt und verschmutzt im Unterlauf eintreffende Flußwasser ließe mit Sicherheit die Voraussage zu, daß das gesamte Stromsystem einer Umweltkatastrophe größten Ausmaßes entgegenginge.

In dem Aufruf des Komitees heißt es in wütender Anklage gegen das sowjetische System der Planung von weit oben her, die Wolga sei »keine Kolonie der Ministerien«. Der Strom dürfe nur in sorgfältiger Übereinstimmung mit den »Zielen und Aufgaben des *ganzen* Volkes« ökonomisch nutzbar gemacht werden. In diesem Sinn hat das Komitee ein weitgespanntes Programm vorgelegt – zwar ein Beweis dafür, daß die Leute in der Sowjetunion gefahrloser denn je seit Lenin den Mund aufmachen können, aber kein Beweis dafür, daß die wahrscheinlich schon zu Tode »genutzte« Wolga noch zu retten sein wird.

Und vielleicht ist auch das Kaspische Meer nicht mehr zu retten; vielleicht haben die Menschen diesen größten Binnensee der Erde zu dem gleichen Schicksal verurteilt, von dem der Aralsee, fünfhundert Kilometer ostwärts, bereits ereilt worden ist.

Die Wolga bietet ein besonders krasses Beispiel dafür, was in unseren so überaus erleuchteten und fortgeschrittenen Tagen nicht nur in der Sowjetunion, sondern auch in vielen weiteren Staaten mit den großen Strömen ebenso bedenken- wie ahnungslos angestellt worden ist.

Von den Flüssen unserer engeren Heimat Europa will ich gar nicht reden, von Elbe, Rhein und Weser, von Seine, Loire und Rhone, von Tiber, Themse und Tajo. Daß es auch mit diesen Flüssen, die sich alle an Mächtigkeit mit den wahrhaft großen Strömen der anderen Kontinente nicht messen können, nicht zum besten bestellt ist, wissen wir alle. Aber wir sind uns der Gefahren bewußt geworden, welche die Verschmutzung der Flüsse für die in ihren Einzugsgebieten lebenden Menschen, für die Grundlagen ihrer Existenz heraufbeschwört. Und bald, so ist zu erwarten, wird in den Ländern, die von ihren einst und auch noch heute schönen Flüssen gekennzeichnet werden, keine Regierung mehr ans Ruder kommen, die sich um die Gesundheit und Reinerhaltung ihrer Wasserläufe nicht ebenso kümmert wie um das Wohlergehen ihrer Bürger.

Von den Riesenströmen der Erde sind nur diejenigen in ihrer ursprünglichen Natur und Majestät noch einigermaßen erhalten, die in Gegenden verlaufen, die arm an Menschen sind, die den Menschen nicht zu ständiger Siedlung und Ausbreitung ermutigen, die ihn nicht verlocken, sich vermuteter oder tatsächlich vorhandener Schätze zu bemächtigen.

Das gilt zum Beispiel für den gewaltigen Mackenzie, auch den Saskatchewan im Norden und Nordwesten des nordamerikanischen Kontinents. Zwar wird im kanadischen Westen am Saskatchewan streckenweise Weizen angebaut, wird im hohen amerikanischen Norden, durch den der Mackenzie, wenn ihn der Winter freigegeben hat, seine glasklaren, eisigen Fluten ins Polarmeer rollt, mit modernsten technischen Methoden nach Erdschätzen gefahndet. Aber noch wandern die Ströme einsam und gemach wie seit eh und je in tiefgründigen Betten den Meeren oder großen Binnenseen zu, in denen sie aufgehen. Von einzelnen, nicht ins Gewicht fallenden, begrenzten Störungen abgesehen, hat man diesen Strömen noch nichts anhaben können.

Das trifft auch für den wasserreichsten aller Ströme dieser Erde zu, den Amazonas in Südamerika. Zwar wird er an Länge noch vom Nil in Afrika übertroffen, aber keineswegs an Mächtigkeit. Er windet sich, viele Hochgebirgswässer in den Anden gewaltig bündelnd und dann in das weiteste Regenwald-Gebiet der Erde, einen ungeheuren flachen Sumpf, hinaustretend, weit sich breitend, als wäre er ein Binnensee, dem Atlantischen Ozean zu, dessen Salzwasser er bei Ebbe an die zweihundert Kilometer weit von der Küste abdrängt und mit seinen Schlammfrachten gelblich färbt. Alles, was vom Amazonas zu berichten ist, verrät kaum noch faßliche Ausmaße. So hat man berechnet, daß die Wassermenge, die den mittleren Amazonas in einer *einzigen Sekunde* durchströmt, ausreichen würde, Großstädte wie Frankfurt oder Hamburg ein ganzes Jahr lang mit Wasser zu versorgen. Der Einzugsbereich dieses ungeheuerlichsten aller Ströme, die Bezirke des südamerikanischen Kontinents also, die der Strom entwässert, umfaßt mit über sieben Millionen Quadratkilometern an die zwei Drittel Südamerikas; es wäre also keineswegs verkehrt, dem Erdteil den Namen Amazonien zu geben. Diesen Namen trägt aber lediglich der größte Bundesstaat Brasiliens, das den größten Anteil am Amazonas-Gebiet aufweist.

Der Strom ist über die ganze Breite des Kontinents bis tief nach Peru hinein (das ja schon zu den auf den Pazifischen Ozean hinausblickenden Staaten Südamerikas gehört!) auch für Hochseeschiffe befahrbar, das heißt bis unter die östlichen Abhänge der Anden, des an der Westküste des Erdteils gewaltig aufgestauchten Hochgebirges. Im peruanischen Quitos, das schon annähernd vierhundert Kilometer weit westlich der peruanisch/brasilianischen Grenze im grenzenlosen Meer des Regenwaldes gelegen ist, mißt der Strom bereits zwei Kilometer in der Breite und ist elf Meter in seiner Hauptrinne tief. Iquitos aber, bis wohin mittlere Ozeandampfer fahren können, ist 3700 Kilometer vom Atlantischen Ozean entfernt! Das gibt es so nur einmal auf dem Erdenrund; nur der Amazonas mit seinen über 6400 Kilometern Länge und seiner großen Tiefe erlaubt es der Hochsee-Schiffahrt, so tief ins feste Land vorzustoßen.

Im Unterlauf erweitert sich der Strom dann auf fünfundzwanzig Kilometer Breite und bedeckt an seiner Einmündung in den Atlantischen Ozean sogar das Zehnfache davon, kein »Strom« mehr, so kam er mir vor, sondern ein müde und träge dem Meere sich zuwälzender riesiger Binnensee.

Vom peruanischen Iquitos abgesehen gibt es an dem weitaus längsten, dem brasilianischen Abschnitt des Stromverlaufs, nur eine einzige größere Stadt, die der Erwähnung wert ist, Manaus, Hauptstadt des schon erwähnten größten brasilianischen Bundesstaates, Amazonien. Manaus liegt – genauer bezeichnet – am linken Ufer des Rio Negro, eines der an die zweihundert wasserreichen Nebenflüsse des Amazonas; zwanzig Kilometer weiter stromabwärts mündet der »Schwarze Fluß« in den Amazonas.

Manaus, nur dreihundert Kilometer südlich des Äquators gelegen, entwickelte sich trotz der hier ewig waltenden Hitze und erschlaffenden Schwüle zum Mittelpunkt der Kautschuk-Sammelwirtschaft, konnte doch der wertvolle eingedickte Saft des Kautschuk-Baums von hier aus direkt den Amazonas abwärts in die Industriestaaten der Nordhalbkugel verschifft werden. Brasilien besaß damals ein Weltmonopol für Kautschuk, und Manaus wurde zum weltweit einflußreichen Mittelpunkt dieses Monopols. In der Stadt wurden mit oftmals völlig bedenkenlosen Methoden in kurzer Zeit riesige Vermögen verdient, und die erfolgreichen Spekulanten und Geschäftemacher scheuten sich durchaus nicht, ihren vielfach tollkühn zusammengehäuften Reichtum zur Schau zur stellen. So errichteten sie in der noch keineswegs sanierten oder gepflegten Urwaldstadt ein pompöses, höchst aufwendiges Opernhaus (das nach Jahren des Verfalls heute wieder in alter Pracht hergerichtet ist). Und die »Gummi-Barone« hatten Geld genug, sich die berühmtesten Künstler der letzten Jahrhundertwende an ihr Opernhaus einzuladen. Auf der Bühne von Manaus mitten im allertiefsten Regen-Urwald, hat Sarah Bernhardt gestanden, die »unvergleichliche Sarah«, die Königin des Schauspiels, hat Enrico Caruso gesungen, der italienische Tenor, der, so meinen die Kenner, seither als Opernsänger noch nie übertroffen worden ist. Aber der »Kautschuk-Boom« endete wie alle Räusche, die Brasilien in seiner merkwürdig unsolide anmutenden Geschichte bisher erlebt hat: Er platzte ohne jede Vorwarnung! Die Engländer machten mit einiger List die Heva brasiliensis, den Wildkautschuk, auf der klimatisch ähnlich ausgestatteten Halbinsel Malaya in Südost-Asien heimisch – und bald jagte der britische Plantagen-Kautschuk aus den Straits Settlements (Malaya) dem brasilianischen Wildkautschuk mit durchschlagendem Erfolg die sich ständig stärker ausweitenden internationalen Märkte für Kautschuk ab. 1840 hatte der Amerikaner Ch. Goodyear die Vulkanisation des Kautschuks erfunden und eingeführt und damit dem so entstandenen Produkt Gummi viele weitere Formen der Verarbeitung eröffnet. Manaus verödete in wenigen Jahren und beginnt sich erst wieder in unseren Tagen als Verwaltungssitz eines zukunftsträchtigen Bundesstaates, als Knotenpunkt des Fluß- und Luftverkehrs und als Touristenziel zu erholen.

Ich muß hier gestehen, daß mich der Amazonas – mag er auch alle anderen Ströme der Erde an Wassermenge, die er ins Weltenmeer führt, um ein Vielfaches übertreffen – stets sonderbar enttäuscht hat, dies ganz gewiß von dort ab, wo er aus den hohen Anden ausgetreten ist und breit, tief und träge durch das schier unabsehbare Becken des brasilianischen Tieflands ostwärts dem Atlantik zustrebt. Die nicht besonders komfortablen, wenig einladenden Schiffe, die den Strom befahren, tuckern über weite, in der Tropenhitze unerträglich glitzernde Wasserflächen dahin, ohne daß an den zumeist sehr fernen Ufern deutliche Landmarken auftauchen. Die Ufer bleiben schmale, dunkle Streifen am Horizont, die wenig oder nichts besagen. Gäbe es nicht den leichten Fahrtwind, der die Decks des Schiffs lässig durchspült, so wären Hitze und Schwüle, des Nachts auch die Plage der Insekten, nur schwer auszuhalten. Eine bedrückende Melancholie, eine lähmende Unlust schienen mir über den Wasserfluten, in denen Krokodile und gefährliche Raubfische lauern, wie eine bleierne Wolke zu lasten. Ich konnte mich mit diesem riesigsten der Riesenströme nie befreunden und spüre nicht einmal eine blasse Sehn-

sucht, seine öden brütenden Wasserweiten wiederzusehen.

Ganz anders ergeht es mir, wenn ich an das einzige Strom-
gebiet denke, das sich auf unserem Planeten mit dem des
Amazonas vergleichen läßt, dem des Kongo im zentralen
Afrika, der heute überwiegend Zaïre genannt wird, was in
der Sprache des am Unterlauf des Stromes beheimateten,
begabten Bantu-Stammes, der Wakongo, nichts anderes
als »Fluß« bedeutet. Kongo ist genauso ein echtes Bantu-
Wort wie Zaïre. Aber der Vorläufer der heutigen präsidia-
len Republik Zaïre unter dem zwielichtigen Sese Seko
Kuku Mobutu war der »Belgische Kongo« (Congo Belge)
Das Wort »Kongo« war also »kolonial belastet« und hatte
einem neuen Namen zu weichen, wie auch alle von den
Belgiern gegründeten und – wie ich bestätigen kann – in
musterhaftem Zustand gehaltenen Städte im weiten
Kongo-Becken ihre welttüber wohlbekannten Namen aus
französischen in afrikanische verwandeln mußten; so
wurde aus Léopoldville, dem Namen der Hauptstadt,
Kinshasa, und aus Coquilhatville Mbandaka (der Äquator
geht mitten durch die Stadt!) und aus Stanleyville Kisangani.
Wenn man davon ausgeht, daß Staaten dazu da sind,
durch ihre Regierungen den Bürgern, den Regierten, ein
möglichst erträgliches Leben zu sichern, so ist bisher die
präsidiale Republik Zaïre unter Mobutu dieser Aufgabe
nicht gerecht geworden. Seit der Mitte der siebziger Jahre
steckt Zaïre in einer Wirtschaftskrise, die seitdem noch
keine Anzeichen einer entscheidenden Wende zum Besseren erkennen läßt. Zwar soll Mobutu inzwischen – Ge-
naues weiß niemand – zum vielfachen Dollarmillionär
geworden sein. Eine dünne, mehr oder weniger europäisch »gebildete« Oberschicht von nur etwa fünftausend
Leuten verdient mehr als die Hälfte der Lohnsumme des

gesamten Zaïre-Volkes von etwa dreißig Millionen Menschen. Der weit überwiegende Teil der Bevölkerung kümmert in tiefer Armut dahin; es wird geschätzt, daß von zehn Bürgern des Staates Zaïre jeweils acht unterernährt sind. Das war unter belgischer Verwaltung (die sich 1960 überstürzt zurückzog) und unter der wohlwollenden Anleitung des katholischen Ordens der »Weißen Väter« durchaus anders. Gerade was die belgische Kolonial-Verwaltung (auch jene der großen belgischen Kapital-Gesellschaften) anbetraf, habe ich mich seinerzeit sehr intensiv im ganzen Congo-Belge umgetan und war trotz aller Bereitschaft zur Kritik ehrlich beeindruckt von der Sauberkeit, Tüchtigkeit und Menschlichkeit der belgischen Verwaltung.

Damals wie heute bildete der große Strom mit seinen gewaltigen Nebenflüssen Kasaï, Ubangi, Lomami, Lukuga (der vom Tanganyika-See herüber strömt) und vielen anderen das bequemste – und billigste – Verkehrsnetz, über das selbst die entlegensten Winkel des Landes (von etwa der zehnfachen Größe der Bundesrepublik Deutschland), wenn auch nur in gemächlichem Tempo, erreichbar waren.

Auf den damals musterhaft sauberen und pünktlichen Schiffen der belgischen Gesellschaften habe ich mir den Kongo in- und auswendig er-fahren, habe seine vielen, sehr erlebenswerten schwarzen Menschen und viele der weißen Verwalter, Missionare, Pflanzer, Ingenieure und Kaufleute kennengelernt. Kaum irgendwo sonst im ganzen Afrika (vielleicht von Südwestafrika abgesehen) habe ich mich so wohl, sozusagen zu Hause gefühlt, wie im Bereich des Kongo, des sechstlängsten der großen Ströme mit 4374 Kilometern Länge. Ich denke mit einer gewissen, wie ich wohl weiß wahrscheinlich albernen Wehmut an den großen Kongo zurück, die gleichwohl nicht zu unterdrücken ist; zu viel an menschlichen Schicksalen und an unvergeßlichen Eindrücken der tropischen Natur auf seinen Wassern und an seinen Ufern habe ich im ehemaligen belgischen Kongo erlebt.

Von Kisangani/Stanleyville flußaufwärts, von wo an der Strom Lualaba genannt wird, genauer, oberhalb der mächtigen Stromschnellen, die früher Stanley-Falls, heute Chutes Ngalieme heißen, offenbart das große Gewässer einen anderen Charakter als unterhalb davon, wenn er sich anschickt, in einem riesigen Halbkreis zunächst nach Westen und dann nach Südwesten abzubiegen, als suchte er aus dem ungeheuren zentralafrikanischen Becken, das seinen Namen trägt, vergeblich einen Ausweg zur hohen See, zum Atlantischen Ozean. Das Kongobecken ist von erhöhten, gebirgigen Rändern eingeschlossen und bildete in der Tat in vergangenen Erdzeitaltern ein flaches Binnenmeer, gleichsam eine beinahe kreisrunde Schüssel im tiefsten Innern des Kontinents.

An den hohen Rändern gegen den im Westen sehr nahen Atlantik rauschen hier nördlich und südlich des Äquators beinahe Tag für Tag das ganze Jahr über unerhört ausgiebige Gewittergüsse herab, stürzende Fluten, wie wir sie uns in unseren gemäßigten Breiten kaum vorzustellen vermögen. Die Tage erwachen gewöhnlich in wahren Festen goldenen Lichts. Die in den stets zwölf Stunden dauernden Nächten angenehm abgekühlte Luft hält bis in den halben Vormittag hinein an. Aber dann wird es heiß; das Gefunkel des Taus erlischt, aufgezehrt in der mit steigender gnadenloser Sonne ebenso schnell steigenden Wärme. Noch vor dem Mittag beginnt Schwüle sich auszubreiten, lastend, lähmend, drückend – wie feuchte, schwere Watte. Wer es sich irgend gestatten kann, zieht sich in den Schatten zurück, gibt jede körperliche Anstrengung auf, legt sich lang, wo er im Halbdunkel die Sonne nicht zu sehen braucht.

Wenn dann der den äquatorialen Kongo nicht gewöhnte

Europäer meint, unter der Last der mit Feuchte geladenen Luft zu ersticken, nimmt, wie durch Geisterhand verändert, der Himmel, in dessen gleißendes Licht man längst nicht mehr hinaufzublicken wagte, innerhalb von fünfzehn, zwanzig Minuten eine andere Farbe an. Sein dunkles Blau wird milchig, grau mit einem Stich ins Gelbliche; die Sonne versteckt sich plötzlich hinter fahlen Schleiern in nicht zu benennenden, unwirklichen Tönungen; eine zitternde Spannung zwingt Menschen und alle Natur in ihren Bann.

Die dann urplötzlich von einem blendenden Blitz durchschlagen wird. Das Dämmerlicht, in das sich die Welt eingehüllt hat, wird wie mit einem gleißenden Schwert gespalten. Ein Donnerschlag kracht dem Blitz unmittelbar hinterher, von ohrensprengender Gewalt, als wäre er nicht von dieser Welt.

Und schon beginnt es ohne jeden Übergang, als sei ein himmelhoher Damm gebrochen, aus dem nun ins Schwärzliche spielenden Himmel zu schütten; nicht – so meinte ich stets – wie bei uns in Tausenden von getrennten Tropfen, sondern in geschlossenen, dicken Schwällen von Wasser.

Nach einer halben Stunde schon ist das Gewitter, das tägliche, mit seinen wilden Kesselpauken-Schlägen in der Ferne hinter den Wipfeln des stumm und regungslos duldenden Urwalds, des »Regenwalds« in der Tat, verhallt. Der Regen klatscht nicht mehr hernieder, er rauscht freundlicher, atmet eine herrliche, erfrischende Kühle ins triefende Land hinaus, welche die Stirnen und Schläfen der aus ihrer Mattigkeit längst aufgeschreckten Menschen in wunderbarer Erquickung umfächelt.

Jetzt ist man zum zweiten Mal an solchem Tage »aufgestanden« und hat Spaß daran, die am Vormittag unterbrochene Arbeit oder Unterhaltung wieder aufzunehmen. Die Sonne wagt sich wieder hervor, doch ihre saugende

Gewalt ist für diesen Tag besänftigt. Gegen sechs Uhr abends wandelt sich ihr Licht in goldenen Glanz, der Himmel leuchtet noch einmal auf in tiefem Blau, wie frisch gewaschen, einem Blau, das sachte gegen Osten zurücksinkt, denn im Westen entfacht die sinkende Sonne aus dem Gold ihres Untergangs ein Spiel von flammenden Farben, von blendend gleißender Glut geschmolzenen Metalls bis hinüber zu Blutrot oder Purpur.

Dann ist es fort und vergangen, das allgegenwärtige Gestirn des Tages, und der lohende Nachklang seines Abschieds im Westen verblaßt sonderbar schnell, viel eiliger als in unseren gemächlicheren Breiten. Von Osten her schiebt sich der Erdschatten lautlos, als wanderte eine Glocke von überirdischem Ausmaß über den Horizont aufwärts, höher und höher in den Himmel, wischt die verblassenden Farbspiele des Sonnenuntergangs schließlich aus der Höhe fort, als hätte es sie nie gegeben. Die Nacht hat die Herrschaft angetreten, und wenn das Wetter den Menschen wohlgesonnen ist, hält die Frische und Kühle, die das Urwelt-Gewitter gespendet hat, die ganze Nacht hindurch an.

Und dann kann man, wenn man Glück gehabt hat und erfreulich untergekommen ist, mit dem netten flämischen Kapitän des kleinen Dampfers auf dem oberen Lualaba, einem kongoklugen katholischen Missionar und einem Regierungsgeologen, der vom Heimaturlaub auf sein Arbeitsfeld in dem Malimba-Bergen am Tanganyika-See zurückkehrt, auf dem Promenaden-Deck (nicht viel Staat zu machen mit dieser Promenade!) sitzen, Whisky oder Gin mit Tonic-Wasser trinken und das Blaue, nein, die unwahrscheinlich flimmernden Sterne vom Himmel heruntererzählen. Das Schiff hat über Nacht mitten im schnellen Strom – der Lualaba hat es streckenweise sehr eilig! – festgemacht, zerrt manchmal mit leisem Stöhnen an der Ankerkette. Die ein paar Steinwürfe weit entfernten Ufer, tiefschwarz die Säume des Urwalds darüber, scheinen wie völlig licht- und lebenslose Borde die viel hellere Sternenkuppel, die sich über ihnen aufwölbt, ehern fest und verläßlich zu tragen, sind aber doch nicht so tot, wie sie zu sein scheinen, denn zuweilen schallt aus der Schwärze über den unaufhaltsam durch die Nacht wandernden Strom hinweg der Ruf eines Nachtvogels herüber oder das Keckern eines aufgeschreckten Äffchens.

»Kongo, Kongo!« sagt der nicht mehr junge Kapitän des Tropenschiffchens aus Blankenberge bei Brügge, und keiner in der Runde weiß mehr was zu erzählen. Die beiden ohne jeden Zusammenhang in die Nacht gesprochenen Worte klingen wie eine Beschwörung. Und der Missionar, der ebenfalls den größeren Teil seiner Jahre im Kongobekken verbracht hat, fügt mit der Nüchternheit, die ihm eigen ist, unvermittelt hinzu:

»Lualaba, Lualaba – kann man genausogut sagen. Wer sich einmal mit dem großen Gewässer eingelassen hat so eng wie Sie, Kapitän, und ich, der kommt nicht mehr davon los. Solche glühenden, schwelenden Tage, solche Gewitter, solche Nächte voller Sterne, abgründiger Stille, in der nur der Fluß zuweilen flüstert, denn er allein schläft ja nie – wo gibt es das sonst noch auf Gottes weiter Welt! Nur hier auf fünf Grad südlicher Breite im allerinnersten Afrika. Und ich hoffe nur, wir haben alle unsere Pillen gegen die Malaria eingenommen. Ich bin schon zweimal am Nacken gestochen worden. Ich hätte eigentlich Lust, mich in der Kabine unter mein Moskitonetz zu verfügen, möchte meine Malaria nicht weiter provozieren.«

Der Geologe und ich, die wir nur Gäste am großen Strom waren, wir sagten nichts, aber wir glaubten den beiden andern, die sich zum Kongo/Lualaba und seinem Zauber bekannten, spürten ihn auch selber, spürten, daß er auch in uns bereits feine Wurzeln getrieben hatte und daß er

nicht zu vergessen sein würde – und, wie diese Zeilen unvollkommen beweisen, auch keineswegs vergessen ist. Damals aber in jener Nacht, einer von vielen, erhoben wir uns gleich von unseren allzu bequemen Stühlen:
»Sie haben recht, Pater; gut, daß Sie daran erinnern! Ich habe wieder einmal verschwitzt, die Pillen einzunehmen. Aber das kommt jetzt noch. Also gute Nacht allerseits!«
Und man tat, was die Vernunft so strikt gebot, schlüpfte dann unters Moskitonetz, ließ aber die Tür der Kabine weit offen stehen, horchte noch ein Weilchen auf das leise Gemurmel der Strömung längs der Bordwand – und war eingeschlafen, eingesogen von der grenzenlosen Stille der Tropennacht.

Unterhalb der schäumenden Ngalieme-Schnellen geht das große Gewässer, das bis dahin sich in einem fest geuferten und überschaubaren Bett voranbewegt hat, langsamer werdend mächtig in die Breite, teilt sich auch vielfach in Seitenarme auf, so daß nicht stets deutlich zu erkennen ist, welcher Ast der Hauptarm ist und den kürzesten Weg stromab bietet. Die belgische Regierung hatte sich schließlich dazu verstehen müssen, den Strom genau zu vermessen und das beste Fahrwasser mit Bojen zu bezeichnen. Nun konnten die schnellen weißen Flußschiffe der staatlichen Gesellschaft auch zur Nachtzeit unterwegs sein, indem sie sich mit starken Such-Scheinwerfern von Boje zu Boje weitertasteten. Die Fahrzeiten von Stanleyville (Kisangani) nach Léopoldville (Kinshasa) verringerten sich so um fast die Hälfte. Manchmal hatte der Reisende zwischen den bald ferneren, bald zum Greifen nahen Urwaldwänden das Gefühl, sich gar nicht mehr auf einem wandernden Strom, sondern auf einem ruhenden Gewässer, einem See zu bewegen. Denn das Gefälle des Strombettes sinkt im Westen des zentralafrikanischen Beckens fast auf Null; die Strömung scheint eingeschlafen zu sein.

Vor dem Ziel des Schiffes, der Hauptstadt des Landes Zaïre, Kinshasa, dehnt sich der Strom tatsächlich zu einem weit gespannten See aus, dem Pool Malebo (dem früheren Stanley-Pool, wobei Pool einen tiefen, unbewegten, seeartigen Abschnitt im Verlauf eines Flusses bedeutet). Strom und Strömung sind hier nicht mehr auszumachen. Das Schiff rauscht über die weite Wasserfläche wie über ein Meer, nähert sich allmählich dem Südufer, wo hinter und über endlos lang gestreckten Ufermauern die Umrisse einer Stadt auftauchen, heute einer längst ungesund ins Unregierbare gewachsenen, völlig unübersichtlich gewordenen Riesenstadt, Kinshasa (das bei mir immer noch Léopoldville heißt). Nach viele Tage dauernder Reise – auf den kleineren Schiffen des Lualaba – und vielen weiteren auf dem Kongo ist man endlich am Ziel angekommen – aber immer noch an die dreihundert Kilometer von Matadi entfernt, dem einzigen Überseehafen des großen Landes in der Ausmündung des Stroms in den Atlantischen Ozean.

Ehe nämlich der Strom aus dem riesigen flachen Becken Inner-Afrikas austreten und die Urheimat allen irdischen Wassers, das Weltmeer, erreichen kann, muß er den hohen Westrand des Beckens durchbrechen. Von außen, vom Ozean her, hat vor – wer weiß wie vielen – Jahrtausenden ein langsam rückwärts in die Randgebirge hinein erodierender, sich vorfressender wilder, ewig von starken Regen von See her gespeister Bach oder Fluß eine ständig tiefer ausgewaschene Scharte ins Innere des Landes gegraben, die schließlich das Gebirge nach hinten durchstieß und das Innere anzapfte. In diese Scharte ergoß sich schließlich das im Innern des Kontinents stagnierende Binnenmeer, lief langsam trocken; die Wasser sammelten sich in vielen Rinnen, die – heute und auch schon gestern – zu dem großen Kongo gebündelt wurden, der sich stets bestimmter den Abfluß durch die sich ihm von der Küste entgegengrabende Scharte sicherte. So ergab sich also das Bild, das wir in der Gegenwart vor uns sehen:

Unterhalb des Pool Malebo stürzen die ungeheuren Wassermassen, die der Strom aus dem riesigen Becken im Inneren Afrikas heranwälzt, durch diese eine enge Pforte über felsige Schwellen und Stufen dem Meere zu. Der Inga-Staudamm oberhalb von Metadi fängt einen kleinen Teil der Wasserkräfte ein und erzeugt die Elektrizität, welche die Industrien im wild aufgewucherten Kinshasa, aber auch über zwei Starkstromleitungen die für den Staat entscheidend wichtigen Bergbaugebiete im äußersten Südosten des Landes (Kupfer, Kobalt, Zink, Silber, Cadmium) in Gang hält. Diese weitgespannte, ihrem Äußeren nach recht trostlose Landschaft, die mit ihrem unter der Erde verborgenen Reichtum an Erzen aus dem ehemals belgischen Zaïre in das ehemals britische Zambia (früher Süd-Rhodesien) hinüberreicht, war unter dem Namen Katanga ehemals weltbekannt; heute wird der »Copperbelt«, der »Kupfergürtel« Shaba genannt – und niemand weiß mehr so recht, was damit gemeint ist. Daß europäische Bezeichnungen nach dem Ende der »Kolonialzeit« in afrikanische umgewandelt wurden, läßt sich verstehen; daß aber waschecht afrikanische Namen von Städten, Bergen, Flüssen, Landschaften zu anderen afrikanischen Namen verurteilt wurden, ist schwer zu begreifen. – Dem Beobachter aus der Ferne bleibt wieder einmal festzustellen, daß auch im großen Afrika »nicht ist, was nicht sein darf«.

Afrika ist ja in seiner Gesamtheit nicht zuerst von Schwarzen, sondern von Weißen erkundet und »auf die Landkarte gebracht« worden. Der Kongo-Strom ist erstmals fast seiner ganzen Länge nach von dem englisch/amerikanischen Journalisten Henry Morton Stanley befahren und im Auftrag des belgischen Königs Léopold in mehr als vierhundert Einzelverträgen mit den am langen Wege von

Ostafrika bis zum Atlantik angetroffenen Stammeshäuptlingen für Léopold »erworben« worden. Der in seinem Umfang und Wert ursprünglich gar nicht abzusehende Erwerb – wenn man es so nennen will – wurde auf der Internationalen Kongokonferenz (1884/85) dem König als sein persönlicher Besitz ausdrücklich bestätigt, was von heute her gesehen wie ein großmäuliger Witz anmutet.

An Ort und Stelle aber wurde er zu grausamem Ernst: Der König, der in Wahrheit ein bedenkenloser Geschäftsmann war, ließ die verwertbaren Erzeugnisse des tropischen Urwalds am Kongo mit härtester Gewalt von seinen keine Gnade kennenden Beauftragten eintreiben. Diese mit weit überlegenen Waffen ausgerüsteten, niemand verantwortlichen und nur an ihrem Verdienst interessierten königlichen Schergen fragten wenig danach, ob ganze Stämme an den ihnen auferlegten Sammeldiensten zu Grunde gingen. Es dauerte lange, ehe sich die am Kongo und seinen Nebenflüssen einreißende grausame Tyrannei in der zivilisierten Welt des Westens herumsprach, wo sie schließlich – und auch noch bis zum heutigen Tage – unter der zusammenfassenden Bezeichnung »die Kongo-Greuel« unrühmlich bekannt geworden ist.

Immerhin wurde der »Unabhängige Kongostaat« von den Beauftragten des Königs und durch die Kapitalgesellschaften, denen der König Privilegien und Konzessionen verkauft hatte, um sich zu finanzieren, im Sinne europäischen Wirtschaftens und »Nutzens« einigermaßen entwickelt. Vor allem wurde an der Mündung des großen Stroms der enge Zugang zum Atlantischen Ozean gesichert, unterhalb der riesigen Wasserfälle, in denen der Strom über den äußersten Rand des zentralafrikanischen, eben des Kongo-Beckens als der letzten zu überwindenden Stufe in den Bereich der atlantischen Ebbe und Flut hinunterstürzt. Dort, wo die Seeschiffe vor den Fällen nicht weiter landein fahren können – immerhin schon etwa 150 Kilometer vom offenen Meer entfernt –, entstand zwischen hohen, steilen Bergen die Hafenstadt Matadi, bis zum heutigen Tage die einzige des riesigen Staates Zaïre. Um die unpassierbaren Strecken im Verlauf des Kongo-Unterlaufs zu umgehen und von See her das Innere des Kongo-Beckens zu erreichen, also seinen erhöhten Außenrand zu überwinden, bauten die Belgier eine Eisenbahn von Matadi nach Kinshasa/Léopoldville, die vorzüglich funktionierte, solange sie noch von den Belgiern verwaltet wurde.

Matadi zwischen den hohen Bergen an dem tief eingesenkten Riesenstrom ist mir als einer der heißesten, schwülsten und gleichzeitig geschäftigsten Orte in Erinnerung geblieben, die ich je irgendwo in den Tropen erlebt habe. Aber sie überzeugte mich davon, daß die Belgier trotz widriger Umstände vor der gewaltigen Aufgabe, die im Vergleich zum kleinen Mutterland wahrhaft riesige Kolonie in den zivilisatorischen Griff zu bekommen, nicht nur nicht versagt haben, sondern ihr vorzüglich gerecht geworden sind. Ein großer Teil dieser Leistung ist inzwischen verschlampt worden – was leider von der Mehrzahl der ehemaligen afrikanischen Kolonien gesagt werden muß.

Andererseits ist so der Kongo – wie auch der Amazonas – vor allzu fortschrittlichen »Entwicklungen« durch die Leute aus dem industrialisierten Abendland bewahrt worden und läßt seine nächst dem Amazonas auf der Erde mächtigsten Wasser durch den afrikanischen Regenwald rinnen in scheinbar ewiger Gelassenheit, als könnte ihm der vorwitzige Mensch nie etwas anhaben (was aber seit einer Erdsekunde, seit nicht einmal hundert Jahren, nicht mehr gilt!)

»Kongo, großer Kongo!« sage auch ich im stillen und denke an die vielen Wochen und Monate, die ich auf dem machtvollen Gewässer verbracht habe und die zu den eindrucks- und erlebnisreichsten meines Lebens gehören. Und das Herz wird mir sehr schwer, denn im Staate Zaïre – wie in der Mehrzahl der übrigen »befreiten« Staaten Afrikas – läßt es sich heutzutage nicht mehr so sorglos reisen, wie ich noch reisen konnte.

Der kleinere, aber kaum weniger großartige Bruder des Kongo in Afrika ist der Sambesi. Er bietet eines der großartigsten Schauspiele, welche die Natur auf Erden dem Menschen veranstaltet hat; unter den vergleichbaren Wundern nimmt dieses für mein Gefühl den ersten Rang ein, verdient es, besonders gepriesen zu werden.
Ich erwähnte, daß sich der Kongo über die Livingstone-Fälle unterhalb von Kinshasa und des Pools Malebo gewaltsam einen Ausgang nach Westen aus dem riesigen zentralafrikanischen Becken zum Atlantischen Ozean gebahnt hat. Doch auch die vom hohen Südrand des Beckens vor allem nach Osten zum Indischen Ozean abströmenden Gewässer müssen sich über mehrere Stufen von Tafel zu Tafel stürzen, ehe sie schließlich das Meer erreichen.
So bildet der größte der Ströme im Süden Afrikas, der Sambesi, die unvergleichlichen Victoria-Fälle. Der Strom markiert in diesem Abschnitt für etwa sechshundert Kilometer die Grenze zwischen den Staaten Sambia und Simbabwe (früher die britischen Nord- und Südrhodesien). Auch die Fälle – ringsum einsamstes Savannenland mit den wilden Tieren der afrikanischen Steppe – gehören auf der Nordseite zu Sambia, auf der Südseite zu Simbabwe. Der Strom kommt breit und mächtig daher, sehr munter, aber nicht gewaltsam, man kann ihn gefahrlos auch gegen die Strömung befahren, wenn der langgestreckte Einbaum mit vier verläßlichen Ruderrn besetzt ist – so wenigstens habe ich den Strom damals erlebt. Es lohnt sich einzusteigen, dem schwarzen Bootseigner gleich prophy-

laktisch ein gutes Trinkgeld zu spendieren und so auf seinem dunklen Antlitz ein breites Lächeln hervorzuzaubern, das den strahlenden Tropenmorgen doppelt strahlen macht.

Diese wunderbar ebenmäßigen und schlanken Einbäume bedeuten für Unkundige – und ich bin weder ein passionierter Kanu- noch ein Einbaumfahrer! – einen ziemlich wackligen Untersatz, und das Wasser ist naß und kalt, auch im Sambesi. Aber der heiter und unverständlich vor sich hin schnatternde Einbaum-Kommandant trat mit einem Bein über Bord auf den Grund und hielt das Boot gerade, bis man auf der schmalen Bank im Vorderteil des langgestreckten Fahrzeugs Platz genommen hatte. Dann erst gab er das Zeichen, die vier Ruderer setzten die Paddel ein, das Boot zog in die weite, von blinkenden Wallungen wie von innen her belebte Strömung hinaus.

An den Fällen selbst war ich zu dieser Zeit noch nicht gewesen, hatte ich doch auf der nördlichen Seite Quartier bezogen, eine hübsche Holzhütte im Schatten alter Bäume – und nicht auf dem anderen, über eine kühne Eisenbrücke erreichbaren vornehmeren Ufer mit dem sehr feudalen Hotel im Hintergrund; seltsam hochfahrend und auftrumpfend lag die berühmte Herberge des internationalen Tourismus, die einzige weit und breit, inmitten ihres kleinen Parks und ihrer gestutzten Rasenflächen – und bemühte sich, vergessen zu machen, daß sie auf Hunderte oder Tausende von Quadratkilometern umher von seit Ewigkeiten unberührter südafrikanischer Busch- und Baumsteppe eingezingelt wurde. – In meinem kleinen, aber sehr wohnlich eingerichteten Häuschen auf dem linken Ufer des Stroms würde ich mich wohler fühlen – so hatte ich gemeint.

In der Nacht nach der Ankunft – die Sonne war gerade untergegangen, als ich mein Quartier endlich gefunden hatte; die kurze tropische Dämmerung war bereits ange-

brochen – hatte ich nach dem staubigen, heißen Reisetag im
Auto weder Zeit noch genügend Mut gehabt, den Fällen
einen Antrittsbesuch zu machen.

Aber die ganze Nacht hindurch hatte mir in der abgrundtiefen Stille ein dunkles Raunen in den Ohren gelegen, als
wenn in der Ferne irgendwo ein Orchester aus lauter
Kontrabässen die Saiten stimmte. Ich brauchte nicht daran
zu zweifeln, daß es das Brausen der großen Fälle war, das
die Nacht durchtönte und mich in den Schlaf gesungen
hatte.

Am Morgen darauf war ich dann nicht zuerst auf den Pfad
zu den Fällen, sondern auf die Bootsanlegestelle gestoßen –
und hatte der Versuchung nicht widerstehen können,
mich den Fällen auf die gleiche Weise zu nähern, wie es der
erste Europäer tat, der sie zu Gesicht bekam, Dr. David
Livingstone nämlich, der sie am 16. November 1855 erreichte und ihnen den Namen seiner Königin, der Queen
Victoria, verlieh. Die Schwarzen allerdings nennen sie von
jeher Mosi oa Tunya, was »Rauch der tönt« bedeutet – ein
wunderbarer und höchst zutreffender Name, wie ich es
schon bei meinem ersten und dann wieder viele Jahre
später bei meinem zweiten Besuch feststellen mußte. Denn
so sehr verlockten mich die Fälle, sie wiederzusehen, daß
ich in den sechziger Jahren einen Umweg von weit über
tausend Kilometern nicht scheute, um noch einmal ihrem
ungeheuren Nachtgesang zu lauschen.

Livingstone hat in dem längst klassisch gewordenen Reise-
bericht »Journeys and Researches of South Africa« seine
eigenen ersten Eindrücke von den Fällen so bewegt und
einprägsam beschrieben, daß ich nichts Besseres tun kann,
als mein eigenes, seinem Beispiel genau folgendes Erlebnis
mit etwa Livingstones Worten – aus dem Englischen übertragen – zu beschreiben:

»Etwa eine halbe Meile oberhalb der Fälle verließ ich das
Boot, das mich bis hierher getragen hatte, und stieg in ein

leichteres um. Es wurde von Männern gerudert, die mit den Stromschnellen wohlvertraut waren.«

Gewiß sind meine vier Ruderer und ihr freundlich redseliger Vormann Nachfahren jener Paddler gewesen, von welchen Livingstone gerudert wurde. Livingstone fährt fort:

»Wir steuerten in die Mitte des Stroms hinaus, der hier eine Meile breit sein mochte. Mit großem Geschick machten sich die Bootsleute die Rück- und Stillwasser hinter den zahlreichen Felsen und kleinen Inseln im Strom zunutze, um voranzukommen und nicht von der saugenden Strömung im Hauptverlauf des großen Wassers erfaßt zu werden. Schließlich wurde ich an dem Stromaufufer einer Insel mitten im Strom an Land gesetzt; ihr Stromabufer indessen reichte bis an den Absturz, ja, bildete ihn in Wahrheit, über den die Fluten des Sambesi in die Tiefe tosen. – Diese Insel zu erreichen war recht gefährlich. Denn die Wasser des Stroms wurden mit mächtiger Gewalt an den beiden Längsseiten der Insel in den Abgrund am fernen Ende der Insel gesogen. Da aber der Strom nur niedriges Wasser führte, glitten wir zwar eilig dahin; doch blieb das Boot stets gut lenkbar. Bei Hochwasser kann kein Schiff, kein lebendes Wesen der übermächtigen Strömung widerstehen.

Ich habe dann die Insel der Länge nach durchstolpert und näherte mich dem Abgrund. Nur noch wenige Schritte trennten mich von der Stelle, an der sich das Rätsel auflösen würde, das Rätsel nämlich, wohin die Wassermassen entschwanden, die an meiner Insel zu beiden Seiten vorbeischossen und scheinbar ins Nichts wegtauchten. Die Fluten schienen sich im Bauch der Erde zu verlieren. Denn die Gegenkante der Erdspalte, in die hinunter sich der Strom ergoß, war nur etwa achtzig Fuß von meinem Standort entfernt.

Was ich in Wahrheit vor mir hatte, begriff ich erst, als ich bis an den äußersten Felsenrand vorgekrochen war – mit Furcht im Herzen, wie ich gestehe. Ich wagte es schließlich, über die Kante des Felsenriffs hinabzuschauen, auf dem ich lag. Ich schaute in eine ungeheure Erdkluft hinunter, die sich über die ganze Breite des Stroms dehnte, quer zu seinem Bett. Die Wasser, die rechts und links von mir heranzogen, wurden in der Tiefe der Erdspalte auf viel engeren Raum zusammengepreßt.

Die Fälle bilden also einen riesenhaften Riß in dem harten Basalt, aus dem hier der Körper der Erde besteht. Durch wie viele Jahrtausende mag der Sambesi an dieser abgrundtief in das harte Gestein gemeißelten Schlucht gegraben haben, denn die Kluft setzt sich ja stromab fort, im Zickzack, dreißig oder vierzig Meilen weit, ein tiefer, unüberwindbarer Engpaß, bis sie schließlich in die nächsttiefere Ebene ausmündet, in flaches Land.

Wenn ich von meinem Ausguck nach rechts in den ungeheuren Erdriß blickte, so nahm ich nichts weiter wahr als eine dichte weiße Wolke, in der zwei herrliche Regenbogen schwebten. Der Wasserstaub wurde mit großer Kraft hoch in die Luft geblasen, an die zwei- oder dreihundert Fuß hoch, als handelte es sich um Dampf aus einem überhitzten Kessel. In der Höhe kondensierte sich die Feuchtigkeit, wandelte ihre helle Farbe in die dunklen Rauches und rieselte fortwährend als ein zarter Regen auf uns und das üppige Grün auf unserem Vorgebirge hernieder; es dauerte nicht lange, und wir waren bis auf die Haut durchnäßt.«

Soweit der alte David Livingstone. Ob Livingstones Statue noch über dem Teufelskatarakt steht, wo ich sie noch vor einer Reihe von Jahren gegrüßt habe, weiß ich nicht. Vielleicht ist sie ebenso abhanden geraten wie der Name des Städtchens, das auf dem Nordufer unweit der Fälle gegründet war; es hieß einmal Livingstone und heißt nun Maramba.

Was auf mich den stärksten Eindruck gemacht hat, von Livingstone aber gar nicht erwähnt wird, ist der unablässige, mit keinem anderen – wie mir scheinen wollte – vergleichbare Urton, der die ganze Welt zu füllen schien, das donnernde Getöse, mit dem die Wasser in die Tiefe stürzen und dort auf engem Raum, sich gegenseitig fürchterlich bedrängend, aufprallen – im »boiling pot«, im »Kochkessel«, brüllend und in verzweifelter Wut den Ausgang suchend. – Sie finden ihn schließlich und entweichen in die noch längst nicht endende Fortsetzung der gähnenden Erdscharte.

Man steht wie gebannt auf dem Ausguck gegenüber den breit und glitzernd über die Felsenkante stürzenden Fluten, schaut den Wolken des Wasserdampfes zu, die aus der Tiefe ohne Ende hochgewirbelt werden, schaut und schaut und will es nicht glauben, daß es dergleichen gibt. – Und dann drängt sich der Gedanke auf: Livingstone hat die Breite der Kluft, in die er von der Inselkante blickte, auf achtzig Fuß, also auf nicht einmal dreißig Meter geschätzt; heute ist sie wesentlich breiter, viel breiter, als daß sich der kundige Afrikaforscher in solchem Ausmaß verschätzt haben könnte. Also hat der Strom sich in den letzten hundert und mehr Jahren weiter in den Fels zurückgefressen, wie er es schon seit Jahrtausenden getan hat und weiter tun wird.

Die Niagara-Fälle sind, weil viel leichter erreichbar, viel bekannter geworden als die viel später entdeckten Victoria-Fälle. Aber diese übertreffen die amerikanisch/kanadischen Fälle um das Doppelte an Tiefe des Falls und das Anderthalbfache an Breite. Fast unvorstellbar riesig sind die Wassermassen, die der Sambesi kopfüber in den Abgrund stürzen läßt; bei hohem Wasserstand im April und Mai – so wird geschätzt – krachen in der Minute 691 000 Tonnen in die Tiefe. Fast vier Meter hoch kommen dann die Wassermassen über die meilenbreite Abbruchkante angeschossen; in der Tiefe, im engen »boiling pot«, werden sie zwanzig Meter hoch aufgestaut, und schießen in ebensolcher Höhe oder Tiefe durch die engen Schluchten davon. Heute nagt sich der Strom am linken Ufer, beim »Teufelskatarakt« Fuß für Fuß, Brocken für Brocken, weiter in die Felsenplatte zurück, auf welcher er herankommt, ist drauf und dran, einen neuen Zack in dem ausgedehnten Zick-Zack zu bilden, das er sich unterhalb der Fälle bereits gegraben hat.

Es versteht sich beinahe von selbst, daß in unserer energiegierigen Zeit vor wenigen Jahren und Jahrzehnten immer wieder erwogen wurde, den Sambesi am Ausgang der viele Meilen langen tiefen Schluchten zu verbauen, aufzustauen, die Fälle also ertrinken zu lassen. Dazu aber hat man sich schließlich doch nicht entschließen können. Die völlig einmalige Großartigkeit der Fälle behauptete sich gegenüber allen Nützlichkeitserwägungen.

Statt dessen wurde der Sambesi 450 Kilometer weiter unterhalb der Fälle zum Kariba-See aufgestaut (den die Grenze zwischen Sambia und Simbabwe der Länge nach schneidet); auf Moçambique-Gebiet entstand der gut dreihundert Kilometer lange Cabora Bassa-Stausee. Bis jetzt haben die dort mit hohen Kosten geschaffenen Elektrizitätswerke ihren Sinn nur höchst unvollkommen erfüllen können, denn noch sind – von Südafrika abgesehen – die hochentwickelten Industrie-Wirtschaften nicht vorhanden, die die Mengen an Strom nutzen würden, die der gefesselte Sambesi theoretisch liefern könnte. Die Frage ist berechtigt, ob es vernünftig gewesen ist, die natürlichen Verhältnisse, die Landschaften am unteren Sambesi, so tief eingreifend zu verändern, wie es geschehen ist.

Immerhin darf man dankbar dafür sein, daß es einer der wunderbarsten Herrlichkeiten Afrikas erspart geblieben ist, vom Erdboden getilgt zu werden. Die Anzahl der Herrlichkeiten auf dieser kleinen Erde ist durchaus begrenzt. Wir müssen uns Besseres einfallen lassen, als sie eine nach der anderen, als hätten wir ein Recht dazu, zu »verbrauchen«.

Mein allerletzter Tag bei den Fällen hatte sich geneigt, war in einem der strahlenden Sonnenuntergänge der Trockenzeit verklungen. Das Abendrot war längst vorbei, auch die Packerei für den nächsten Tag, den der Weiterreise, war beendet. Ich war todmüde, aber, ach, noch einmal wollte ich über dem Donner der Fälle für ein paar Minuten verweilen. Es würde nicht dunkel sein in dieser Nacht; in zwei- oder dreimal vierundzwanzig Stunden war Vollmond. Unter dem wolkenlosen Himmel würde es hell sein in blassem Silberlicht.
Ich wanderte den mir schon vertraut gewordenen Pfad zu den Fällen hinüber. Der Donnergesang schwoll mir mächtiger noch entgegen als am Tage.
Einen Schritt vor der schwächlichen Barriere, die den Abgrund bezeichnete, hielt ich inne. Ich war ganz allein in der fahlen, vom Mond durchrieselten Nacht. Die hohen Bäume und Büsche am Wege und hinter mir standen als tiefschwarze, reglose Schatten, als hätte sie der gewaltige Gesang der Wasser aus der Tiefe erstarren lassen. Die Schwaden von Wasserstaub aus der Tiefe des Schlundes, in den sich der Strom ergoß, schienen höher noch zu wölken als am Tage – und ich regte mich nicht: Denn mir gegenüber spannte sich über den Fällen eines der seltensten Wunder, welche die Natur gewährt – und nur dies einzige Mal habe ich es erlebt, hier auf des »Wassers Schneide« gegenüber dem östlichen Katarakt – ein Mond-Regenbogen, hoch geschwungen und geistergrün, und es verschlug mir den Atem!

Wenn man die großen Ströme unserer Erde betrachtet, so kommt man nicht umhin, sich auch mit den großen Süßwasserseen der Erde zu befassen. Denn diese bilden, sieht man genauer hin, in vielen, beinahe typisch zu nennenden Fällen, nichts weiter als Verzögerungs- oder Aufhaltebecken großer oder auch vieler kleiner Wasserläufe, die ihre Fluten auf der einen Seite einfließen und dort, wo die Ufer am niedersten sind, wieder abfließen lassen. Werden die Zuflüsse gestört, ausgebeutet, so siechen auch die großen Seen dahin. Ich sprach vom Aralsee, dessen Schicksal bereits besiegelt ist, und vom Kaspischen Meer, das verhängnisvoll schrumpft, weil die Wolga über Gebühr ausgebeutet wird.

Dergleichen gilt durchaus *nicht* für die fünf »Großen Amerikanischen Seen« im mittleren Osten des nordamerikanischen Kontinents, den – von West nach Ost – Superior- (den »Oberen« See), den Michigan-, den Huron-, den Erie- und den Ontario-See, die eng beieinander liegen, von zahlreichen Zuflüssen aus Nord und Süd gespeist werden, ihre Wasserüberschüsse von Ost nach West einer in den andern abgeben, zum Teil über felsige hohe Stufen wie bei Sault-Sainte-Marie zwischen Canada und den USA oder über die Niagara-Fälle, die ebenfalls durch die Grenze zwischen den beiden großen Staaten Nordamerikas geteilt werden. Lediglich der Michigan-Lake (an dessen Südende Chicago gelegen ist) gehört seinem gesamten Umfang nach zum Staatsgebiet der USA; die anderen vier Seen werden durch die US-kanadische Grenze der Länge nach geteilt.

An der tiefsten Stelle der fünf Großen Seen, am Nordende des Ontario-Sees, fließen die Wassermassen aus dem Innern des Kontinents in dem gewaltigen Sankt-Lorenz-Strom nach Nordwesten ab (engl. Saint Lawrence), erweitern sich zu einem riesigen Mündungstrichter, dem Golf gleichen Namens, und erreichen nördlich und südlich an der großen kanadischen Insel Neufundland vorbei die Weite des Atlantischen Ozeans.

Dort wo von Westen her der in tiefe Schluchten versenkte, unbeschreiblich grandiose Saguenay-River in den Sankt Lorenz mündet, ist bei dem Dörfchen Tadoussac der Ort zu finden, wo der Pelzhandel, durch den schließlich ganz Canada erschlossen worden ist, seinen ersten dauernden Stützpunkt einrichtete, was gegen Ende des sechzehnten Jahrhunderts bereits vollzogen war. Jacques Cartier war schon 1535 bis zu der großen Indianer-Siedlung Hochelaga vorgedrungen, jenem Platz, von dem ab der Sankt Lorenz stromab keine Hindernisse mehr bietet, während der Wasserweg stromauf durch Stromschnellen verwehrt wird. Später entstand hier die früher größte, heute nächst Toronto zweitgrößte Stadt Canadas, Montréal.

Aber hier mündet auch von Westen her der Ottawa in den Sankt Lorenz; dieser schnelle, schöne Fluß schien den Weg ins Innere des großen, noch unbekannten Landes nicht in gleicher Weise wie der gewaltige Sankt Lorenz, der die Segelschiffe vom hohen Atlantik bis hierher geführt hatte, mit rasend schäumenden Stromschnellen zu verbauen. Mit den Indianern unterhielten die Franzosen, die als erste den Vorstoß ins Innere des neuen Erdteils gewagt hatten, freundschaftliche Beziehungen, besonders auch zu den indianischen Mädchen, die den hellhäutigen, bärtigen Männern, die mit den in den Augen der Indianer riesengroßen Schiffen unter hellen Segeln von Sonnenaufgang her den Strom heraufgeglitten kamen, durchaus nicht ablehnend begegneten. Denn es waren ja zunächst nur Männer, die die weite Reise aus Frankreich in Richtung Neufundland und dann den St. Lorenz aufwärts antraten, viele von ihnen durchaus unfreiwillig; sie hatten vielleicht einen adligen Grundbesitzer beleidigt, an der Loire oder der Gironde, oder hatten in einer Pariser Vorstadtstraße von der Auslage eines Bäckers ein paar Semmeln gestohlen. Das genügte zwar nicht, sie nach den rauhen Sitten der damaligen Zeit einen Kopf kürzer zu machen, aber es kam den Behörden gerade recht, die Missetäter über das wilde gefährliche Meer ins ferne Canada zu verbannen, um sie dort ausprobieren zu lassen, ob und wie sich Untertanen des Königs von Frankreich in dem ungezähmten Land behausen, bekleiden, ernähren konnten, ob sie insbesondere die überaus strengen Winter überstehen würden.

Bei den ersten Versuchen dieser Art überlebten nicht viele dieser menschlichen Versuchskaninchen. Aber die Männer, die dann schließlich im Frühling nach dem Jahr der Ankunft an der Mündung des Saguenay in den St. Lorenz in der weltverlorenen Siedlung Tadoussac noch übrig waren, die waren, wie sich gezeigt hatte, nicht unterzukriegen, die waren als der Grundstock einer neuen französischen Bevölkerung des ungeheuren Waldlandes jenseits des großen Wassers gut zu gebrauchen. Es lohnte sich offenbar, wenn man den verhaßten Engländern, die sich weiter im Süden und ganz hoch im Norden an den neuen Küsten festgesetzt hatten, Widerpart bieten wollte, die noch kaum etablierten jungen Siedelversuche im St.-Lorenz-Tal (auch auf Neufundland mit unvorstellbar reichen Fischgründen vor der Küste) Jahr für Jahr weiter zu verstärken, mit Nachschub zu versehen und durch königliche Beamte und Offiziere fest unter die Kontrolle der französischen Krone zu bringen. Dies empfahl sich um so mehr, als sich schon anfänglich herausstellte, daß von den Indianern gegen lächerlich simple, wenig kostspielige Tauschwaren wie Messer, Spiegelchen, Wolltuch und dann bald auch Brandy, Obstschnaps oder andere billige Alkoholika herrrliche Pelze einzuhandeln waren, von einer Güte und in einer Vielfalt, wie man es sich am Königshof in Versailles oder in den stolzen Schlössern in der Touraine oder der Champagne nicht einmal hatte träumen lassen.

Pelze einzuhandeln – das wurde sehr bald zum Daseinszweck der französischen Herrschaft in Canada, einer Bezeichnung, die sich ursprünglich nur auf das schöne, wenn auch sehr winterharte Land am unteren St. Lorenz bezog.

Bis nach Tadoussac und dann nach Hochelaga/Montréal (was »königlicher Berg« bedeutet) konnte man mit dem Segelschiff fahren, mit dem man den Nordatlantik von Brest oder LaRochelle her überquert hatte. Von dort her bot sich der Ottawa-Fluß an, wenn man, um günstige Pelze einzutauschen, weiter nach Westen ins Innere vordringen wollte.

Man muß es den Franzosen lassen: Sie waren es, die mit einer Kühnheit sondergleichen – aber auch mit einem erstaunlichen Geschick, die Indianer des Hinterlandes günstig zu stimmen – die unabsehbaren Wälderweiten im Norden des nordamerikanischen Kontinents erkundeten und dem europäischen Einfluß erschlossen, was die Indianer schließlich mit ihrer Unabhängigkeit und Eigenständigkeit bezahlen mußten. Der Pelzhandel lockte die Franzosen, die mit den indianischen Kanus aus Birkenrinde bald ebenso geschickt – und geschickter! – umzugehen verstanden als ihre Lehrmeister, die Indianer, über kleine und große Flüsse und Seen hinweg weiter und weiter nach Westen bis unter die Hänge des Felsengebirges. Diese Vorstöße wurden von den Engländern und Schotten mit verstärktem Nachdruck fortgesetzt, nachdem Frankreich im Siebenjährigen Kriege (1756–1763) alle Ansprüche auf kanadische Gebiete hatte aufgeben müssen. Canada ist in seiner ganzen Ausdehnung nach Westen auf dem Wasserweg erschlossen worden, wobei der Pelzhandel den Motor abgab. Den Ottawa aufwärts gelangten die »Voyageurs«, die französisch-kanadischen Kanufahrer unter ihren anfangs französischen, dann schottischen »Maîtres« über den Nipissing-See in die nördlichen Randgewässer des Lake Huron, des »Sees der Huronen«, wo

sie, wenn sie nur dem geschützten North Channel, dem
»Nordkanal«, westwärts folgten, bald eine Wasserenge
erreichten, an welcher die drei größten der »Großen Amerikanischen Seen«, der Superior, der Michigan und der
Huron beinahe zusammenstoßen. Vom Michigan zum
Huron gibt es eine bequeme, geräumige Verbindung.
Aber der Michigan-See war für die Pelzhändler nicht besonders verlockend, denn er streckt sich weit nach Süden
hinunter; Pelze jedoch waren in um so besserer Qualität
einzuhandeln, je weiter im Norden, das heißt in um so
kälteren Gefilden die Pelztiere gefangen und ihrer warmen Bekleidung beraubt worden waren.
Man strebte also vom Huronen-See vorwiegend zum
»Oberen« See, dem Lake Superior, hinüber, dessen Küste
in einem weiten Bogen nach Norden – in dort wirklich
schon sehr viel winterhärtere Breiten – ausholt. Doch
stürzte der Abfluß aus dem Oberen See in den Huron über
viele felsige Stufen, bildete viele mit dem gebrechlichen
Rindenkanu nicht passierbare Stromschnellen. Die Kanus
mußten also, nachdem sie entladen waren, aus dem Wasser gehoben werden (längst nicht mehr zum ersten Mal,
denn »Portages«, Tragestrecken, hatte es von Montréal
her schon eine ganze Reihe gegeben), waren um die nicht
befahrbaren Abschnitte der Wasserläufe herumzutragen –
und nicht nur sie, die Boote, sondern, westwärts, auch die
schweren Packen der Tauschwaren aus Europa und, ostwärts auf der Rückreise, die ebenso oder schwereren Bün-
del der eingehandelten Pelze, Biberfelle vor allem.
Am Nordwestufer des Lake Superior mündet von Westen
her der Tauben-Fluß (Pigeon River) in das große, meeres-
gleiche Gewässer. Nicht weit oberhalb seiner Mündung
wird auch der Pigeon-River durch lang sich dehnende
Schnellen für die Kanus unbefahrbar. Auch hatte es sich
ergeben, je umfangreicher und besser organisiert sich der
Pelzhandel weiter und weiter in den ungemein entlege-

nen Nordwesten vortastete, daß die großen, verhältnismäßig schweren und unhandlichen Kanus, die den Ot-
tawa aufwärts für die offenen Wasserflächen der Großen
Seen wohl geeignet waren, sich auf den engeren, schma-
leren Wasserstraßen im Westen mit ihren häufigeren Tragestrecken nicht besonders bewährten. Vom Westufer des
Lake Superior also waren kleinere, leichtere, wendigere
Kanus empfehlenswert. So entwickelte sich also an der
Mündung des Tauben-Flusses in den Superior, den Oberen See, aus dem Umladeplatz der Kanus eine erste feste
Siedlung, Grand Portage geheißen, wie sonst!
Um die Wende vom 18. zum 19. Jahrhundert hatten sich
die Kanureisen, auf denen aus dem immer ferneren Westen und Nordwesten die Pelze eingesammelt wurden, so
weit gedehnt, daß die Boote nicht mehr in einem Frühling,
Sommer und Herbst die lange Reise aus dem Nordwesten
nach Montréal und zurück ins Pays d'en Haute, das »Land
da oben hinten« bewältigen konnten. Die Kanu-Flottillen
trafen sich also auf halbem Wege – einerseits vom fernen
Athabasca oder Peace oder Slave, andererseits von Montréal am St. Lorenz her – bei der Grand Portage am Tauben-
fluß, luden hier die Kanu-Lasten um von den kleineren
West- in die größeren Ost-Kanus und umgekehrt.
Denn von Grand Portage aus (und als der Taubenfluß zur
Grenze zwischen Canada und den USA wurde, von der
Mündung des Kaministikwia in den Lake Superior, wo
heute der wichtige Binnenhafen Thunder Bay gelegen ist)
wanden sich die Kanustraßen über zahllose Bäche, Flüsse,
Ströme, Seen jeder Größe, über zahllose Portagen immer
weiter in den Westen und hohen Nordwesten des nordamerikanischen Kontinents hinauf, folgten schließlich
über den Lake Athabasca, den Slave-Lake (nach den
»Slave«, d. h. Sklaven-Indianern so genannt), am Großen
Bären-See vorbei einem Strom nach dem andern, schließlich in den ungeheuren, bis zum heutigen Tag völlig unge-

zähmten Mackenzie-River hinein, der in der Beaufort-See, einem Teil des Arktischen Ozeans, vergeht. Der Ruhm, diesen unerhört wilden und von tausen Gefahren umwitterten Weg ins Nordmeer – und damit seine Vergeblichkeit – erkundet und befahren zu haben, gebührt dem schottischen Pelzhändler aus Stornoway auf der Insel Lewis, Schottland, Alexander Mackenzie (1764–1820).

Da dem unverwüstlichen Mann der Durchbruch zum Pazifischen Ozean über den Strom, der heute seinen Namen trägt, nicht gelungen war, und er mit seinen Kanuruderern, frankokanadischen Voyageurs, einem Deutschen darunter, wieder südwärts zu seinem Handelsposten Fort Chipewyan am Nordufer des Lake Athabasca unverrichteter Sache hatte zurückkehren müssen, versuchte Mackenzie vier Jahre nach seiner Reise ins Eis des Nordmeers, viel entschlossener westwärts strebend, den Peace River aufwärts die Rocky Mountains zu überwinden, den Parsnip, einen der beiden großen Quellflüsse des Peace nach Süden zu benutzen, um vielleicht irgendwo den Columbia zu treffen, dessen Mündung in den Stillen Ozean (heute bei Portland zwischen den US-Staaten Oregon und Washington) schon bekannt war. Aber statt auf den Columbia traf er oberhalb des Quellgebiets des Parsnip auf einen anderen Strom, der in der Tat nach Süden abdrehte, sich aber bald wegen endloser, tückischer Stromschnellen als unbefahrbar für Kanus erwies. Es war der Fraser, der bei dem heutigen großen kanadischen Hafen Vancouver in den Pazifik mündet und nach seinem ersten Bezwinger Simon Fraser (1776–1862), ebenfalls einem Pelzhändler der Montréaler »North West Company« aus Benmington, Vermont (aber schottischer Herkunft!), benannt ist.

Mackenzie konnte also dem Fraser, den er für den Columbia hielt, nicht weiter folgen, kehrte um und bog westwärts in einen Nebenfluß ein. Bald jedoch erwies sich auch diese nasse Straße als unpassierbar. Mackenzie versteckte seine Kanus und was sich auf dem Rücken der Voyageurs nicht befördern ließ. Er überwand die fürchterlich schroffe Kette des Küstengebirges zu Fuß und stand dann mit seinen immer noch unverdrossenen Helfern am 21. Juli 1793 am Salzwasser des Stillen Ozeans, genauer am Dean Channel unweit des heutigen Bella Coola.

Ihm also als erstem gebührt der Ruhm, den ganzen nordamerikanischen Kontinent auf dem Landweg (in Wahrheit einem Süßwasserweg) vom Atlantik zum Pazifik durchquert zu haben.

Zu den herrlichsten Abschnitten im Verlauf des Transcanada, der heute ganz Canada vom Atlantik zum Pazifik zusammenbindenden Landstraße, gehört die Route, die den zweitgrößten Binnensee der Erde, den Lake Superior, längs seines Nordufers, bald ganz nahe, bald in einigem Abstand von der ans Ufer rauschenden Brandung, umrundet. Die Straße überquert hohe, felsige Vorgebirge, taucht in tiefe Täler hinunter, in denen glasklare Flüsse zum See hinunterschäumen, windet sich durch dichte Wälder, in denen Elche und Bären zu Hause sind, und gibt hundertfach und stets wieder anders den Blick auf den gewaltigen See frei, den Superior, den noch ganz unverdorbenen, der am Nachmittag, wenn die Sonne sich in den Westen senkt, unermeßlich und blauend glänzt. Dieser Abschnitt des Transcanada hat beim Bau der großen Straße außerordentliche Schwierigkeiten bereitet, denn die gut sechshundert Kilometer, etwa drei Viertel der Nordumrundung des Sees, verlaufen durch wild bewegtes, zerschluchtetes, grob gefaltetes Gelände, das sich zwar in seiner Vielfalt und menschenarmen Unberührtheit unbeschreiblich schön dem Auge bietet, aber für den Straßenbauer, der mit öffentlichen Geldern sparsam umzugehen hat, zum Alptraum werden muß.

Bei dem großen Getreidehafen für die kanadischen Prärien, der brausenden Stadt Thunderbay an der Mündung des schnellen Kaministikwia in den Lake Superior, löst sich der Transcanada vom Seeufer und zieht westwärts zwischen den weiteren aberhundert großen und kleinen Seen und unzähligen Flüssen und Flüßchen des Südwestens des Großen Kanadischen Schildes, der mit seinen über viereinhalb Millionen Quadratkilometern das eigentliche Herzland Canadas bildet, windet sich durch wildesten Wald, in dem überall der Fels des erdgeschichtlich uralten Untergrundes zu Tage tritt, und stößt schließlich ohne Übergang in die grenzenlosen Weiten der Prärien hinaus, zielt schnurgerade auf die älteste und wichtigste Stadt der kanadischen Prärieprovinzen, auf Winnipeg. Hier wurden die Straßenbauer für die Schwierigkeiten, die in den unwegsamen Wildnissen des »Schildes« längs des »Oberen« Sees, des Superior, und dahinter zu bewältigen gewesen waren, reichlich entschädigt. Denn auf den tischflachen oder nur leicht gewellten Prärien können die Trassen der Straßen mit dem Lineal vorgezeichnet werden; sie zielen Meile für Meile pfeilgerade auf den fernen Punkt am Horizont, in welchem scheinbar die beiden Ränder der Straße zu einer Nadelspitze zusammenlaufen.

Steht der Obere See an zweiter Stelle unter den großen Seen der Erde, so folgt ihm mit ca. 62 000 und ca. 58 000 Quadratkilometern von den Großen Amerikanischen Binnenseen der Lake Huron und der Lake Michigan an vierter und fünfter Stelle.
Als dritter aber in der Rangliste schiebt sich der Victoria-See in Zentralafrika dazwischen, der an seinem Nordrand vom Äquator durchschnitten wird, dessen 68 000 Quadratkilometer Fläche die jungen, problembeladenen Staaten Kenya, Uganda und Tanzania unter sich aufgeteilt haben.

Ich habe den Victoria-See jedes Mal nur als eine spiegel-
glatte, in der Sonne schier unerträglich gleißende, in der
Ferne mit dem ebenso gleißenden Himmel verschwim-
mende Wasserfläche erlebt, auf die man kaum hinauszu-
blicken wagte, so heftig blendete sie die Augen. Wie eine
Schale mit geschmolzenem Metall erschien er mir stets; er
besaß nichts Anheimelndes; seine flachen, ausdruckslo-
sen Ufer lockten nicht zum Verweilen. Ich war stets froh,
wenn er wieder hinter mir zurückblieb und ich in Mwanza
die Eisenbahn besteigen konnte: In luftiger Fahrt – denn
die meiste Zeit stand man draußen im Freien zwischen
den Waggons – fuhr man über Tabora zum Tanganyika-
See hinüber, um dort von Kigoma aus nach dem belgischen Albertville hinüberzuschiffen (ich erlebte dabei einmal einen Dampfer, der noch aus der alten deutschen
Ostafrika-Zeit stammte!), das heute den Namen Kalemie
trägt und sich nicht zu seinem Vorteil verändert hat. Dort
hatte man dann die Pforte zum Kongobecken durchschrit-
ten, denn hier löst sich der eilige Lukuga-Fluß aus dem
Tanganyika-See, der mit ca. 33 000 Quadratkilometern an
siebenter Stelle unter den großen Seen der Erde steht. Der
Tanganyika hat auf mich stets einen ganz anderen Eindruck gemacht als der in der Luftlinie nur dreihundert
Kilometer von ihm entfernte Victoria. Der Tanganyika
streckt sich schmal von Norden nach Süden, Gebirge be-
gleiten weithin sichtbar seine westlichen Ufer; dichte tropische Wälder drängen bis zu den Stränden hinunter. –
Aber meine Vorliebe für den Tanganyika mag auch darin
begründet sein, daß ich in Albertville/Kalemie am tosen-
den Lukuga und in Mpulungi und bei den Kalambo-Fällen
am damals noch britischen, heute zambischen Südende
des Sees viel erlebt habe, am Victoria-See aber nichts, was
des Erinnerns wert wäre. –
Am Victoria- und Tanganyika-See bin ich unvermeidlich
auf den Spuren des Henry Morton Stanley (1841–1904)

gewandelt, der in Afrika Ähnliches unternahm, wenn auch mit viel größerem Aufwand, wie Alexander Mackenzie im nördlichen Nordamerika: den Erdteil von Ost nach West zu durchqueren. 1874 machte sich Stanley von Sansibar aus, also vom Indischen Ozean her, auf den Weg, über Land den Atlantischen zu erreichen. Drei Jahre zuvor hatte er bereits den verschollenen Missionar David Livingstone am Tanganyika-See aufgefunden und den todkranken Mann wieder gesund gepflegt.

Afrika ist für den Erstdurchquerer offenbar sehr viel schwieriger aufzuschließen gewesen als das nördliche Nordamerika. Denn Mackenzie brachte nicht nur seine Kanus, sondern auch seine Voyageurs, die Ruderer, die ihn befördert hatten, unversehrt vom Eismeer wie vom Pazifischen Ozean wieder an seinen Ausgangpunkt, Fort Chipewyan am Lake Athabasca, zurück, und das in beiden Fällen trotz riesiger Entfernungen und schlimmster Strapazen in wenigen Monaten, im Verlauf eines einzigen Sommers – vom Brechen des Eises auf den großen Strömen, die er befuhr, bis zum Ende des Indianersommers. Henry Morton Stanley dagegen begab sich auf seine zweite Afrika-Expedition, die ihn über den Victoria-, den Tanganyika-See zum Lualaba und dann den Kongo hinunter bis zur Mündung in den Atlantik führte, mit 356 schwarzen Trägern und Ruderern und drei anderen Weißen. Er reiste also im Gegensatz zu Mackenzie nicht gerade leicht. Er war 999 Tage unterwegs, also beinahe drei Jahre, und er traf am Ziel, an der Kongomündung, ohne seine weißen Begleiter und mit nur noch 82 Schwarzen ein. Erschreckend viele der Helfer, mit denen er ausgezogen war, hatten das Wagnis, quer durch Afrika zu reisen, mit dem Leben bezahlen müssen.

Sowohl Mackenzie wie Stanley kehrten schließlich nach England zurück, wurden reiche und angesehene Leute. Die erstaunlichen Reisen, die sie vollbracht haben, sichern ihnen für immer einen glanzvollen Namen im Kreis der großen Entdecker unseres heimatlichen Sterns Erde.

An den beiden Beispielen Mackenzie und Stanley wird die besondere Rolle deutlich, welche die Gewässer auf dem Erdenrund für die Erkundung und Erschließung der entlegenen, schwer zugänglichen Landschaften unseres Planeten gespielt haben. Weder die tropischen Regenwälder im äquatorialen Afrika, noch die unermeßlichen nordischen Wälder im hohen Canada wären zu Fuß zu durchqueren gewesen oder nur unter großen Schwierigkeiten und mit hohem Zeitaufwand. Auf den offenen Wassern der Ströme und Flüsse, den ruhigen der großen Seen kam man wesentlich leichter und schneller voran. Auch streben die Flüsse – von wenigen Ausnahmen abgesehen – letztlich alle zum Meer. Und zum Meer hatten die Entdecker stets zurückzukehren, wollten sie irgendwie und -wann in die Länder ihres Ausgangs, ihre Heimaten, wieder zurückgelangen.

Wie ein riesiges, ungemein weit verzweigtes Adergeflecht sind die Systeme der großen Ströme mit ihren sich immer weiter und feiner verästelnden Nebenflüssen und Bächen über die Kontinente gebreitet, wälzen in einem großartigen, lebenspendenden Kreislauf die gewaltigen Mengen an Feuchtigkeit um, die von den Meeren in den Wolken landein wandern, dort als Regen, Schnee oder Nebel Fruchtbarkeit aus dem Boden zaubern, Pflanzen, Tiere und Menschen tränken; die dann wieder zusammenrinnen, ohne daß ein Tropfen verloren ginge, um schließlich als große und kleine Wasserläufe, die zugleich die ursprünglichen Straßen auf der Erde darstellen und dem Menschen schon frühe dienten, wieder die Meere zu erreichen und damit den nie stockenden Umlauf der Feuchte zu beenden und sogleich wieder von neuem zu beginnen.

Ob es nun der Kongo ist unter der gnadenlosen Sonne der Tropen, der Yukon oder Mackenzie hoch im Norden, die vom Eis gefesselt werden für die Hälfte des Jahres, ob es der Yangtse ist im volkreichsten Land der Erde oder ob der Ganges aus heiligem Gebirge selbst heilig den Gläubigen das Ende des Fluchs der Wiedergeburten verspricht – die großen Ströme haben mich mit magischer Gewalt mein Leben lang angezogen, bezaubert, ja sonderbar gebannt. Ihre gewaltigen Körper aus Wasser, unerhörte Massen von Flüssigem, rinnen und rollen in tiefen oder flachen Betten dahin, ewig sich wandelnd und ewig sich gleichend, unaufhaltsam, urgewaltig, mit einer sich aus sich selbst speisenden und nie versiegenden Kraft, Abbilder des Lebens – jener Erscheinung, die es – soweit wir bis heute wissen – nur auf der Erde gibt, einem unscheinbaren Körnchen unter den Myriaden von Himmelskörpern, die unendlich weit zerstreut durch das Weltall geistern. Viel noch wäre von ihnen zu berichten; eine ganze Bibliothek ließe sich über die großen fließenden und ruhenden Gewässer der Erde zusammenschreiben. Hier habe ich sie nicht einmal alle erwähnen können; so fehlt mir der Paranà mit dem Rio de la Plata in Südamerika, der Niger in Afrika, der Mekong in Südost-Asien. Aber lexikalische Vollständigkeit strebe ich nicht an. Mir liegt daran, dem Leser zu vermitteln, was ich selbst empfand, wenn ich in die Geschichte der Erde blicken durfte. Wir gehören ihr ja auch an, dieser Heimat Erde, genau so wie die Ströme oder wie der kleine, eilige Bach, der nicht weit von meinem Hause munter, hell und unermüdlich jahrein, jahraus einem größeren Bache zustrebt, der Lachte, – und die fließt in die Aller – und die fließt in die Weser – und die fließt in die Nordsee. So bleibe ich also hier in meinem entlegenen Winkel in der »tiefsten Provinz« mit dem Weltmeer verknüpft, und das Plätschern meines Bächleins – nur ein paar Schritte von meiner Haustür entfernt, erinnert mich daran, daß nichts auf dieser Erde gesondert da ist, sondern jedes mit jedem zusammenhängt, alles von allem abhängt, Lebendiges und – scheinbar! – Unlebendiges.

4. Kapitel

Steppen und Wüsten

Mehr als' ein Drittel des festen Landes auf der Erdkugel wird von Wüsten, wüstenartigen Steppen und wüstenhaft trockenen Savannen eingenommen. Wir, die wir in grünen, von pflanzlichem und auch tierischem Leben überquellenden Landschaften leben, machen uns nur selten klar, daß die Oberfläche unseres Planeten ursprünglich eine lebensleere Wüste war, in die aus der Urheimat allen Lebens, den Meeren, das Leben erst langsam und zaghaft einwanderte. Und wir machen uns erst recht nicht klar, daß wir, allerdings in erdgeschichtlich weitem Abstand von der Gegenwart, uns vielleicht einem Erdzeitalter nähern, in dem die Wüste wieder die vorherrschende Landschaftsform auf der Erde darstellen wird.

Aber glücklicherweise durchleben wir Wesen der Art Homo sapiens, verglichen mit der Dauer von Erdzeitaltern, nur einen ganz winzigen Abschnitt der unermeßlich abrinnenden Zeit, so daß wir als Einzelgeschöpfe von den ständig und durchaus unaufhaltsam fortschreitenden Veränderungen, die sich an und auf der unsere Lebenswelt bildenden Erdoberfläche vollziehen, wenig oder gar nichts bemerken.

Allerdings hat diese Regel wohl nur in der Vergangenheit zweifelsfrei gegolten. Heute, so scheint es, will es der Mensch – angeführt von den Menschen des Abendlandes – der Erde und ihren Kräften, den »natürlichen« Gewalten, nicht mehr allein überlassen, das Antlitz der Erde langsam, pfleglich gewissermaßen, umzugestalten; er greift mit den Methoden und Mitteln seiner Technik und Wissenschaft in die »natürlich« sich vollziehenden Wandlungen ein, beschleunigt sie auf katastrophale Weise oder versucht andererseits, ihnen Einhalt zu gebieten.

Die Hauptursache dafür, daß die Menschheit in den letzten hundert Jahren in ständig steigendem Maße mit den ruhigen, sozusagen langatmigen Wandlungen der Verhältnisse auf unserem Planeten in Konflikt gerät, ist sicherlich darin zu suchen, daß die einzigen auf der Erde vorhandenen, mit Vernunft begabten Lebewesen, eben die Menschen (bei denen allerdings die Unvernunft die Vernunft allzu oft überrollt), explosionsartig in ein wahrhaft hypertrophes, überzogenes Wachstum eingetreten sind und den durch die irdischen Verhältnisse und Möglichkeiten gesetzten Rahmen radikal zu sprengen drohen.

In den letzten Jahrzehnten sind uns, das heißt der westlichen Öffentlichkeit, eine ganze Reihe von Erscheinungen und Begriffen vertraut geworden, von denen zumindst unsere Großväter noch nichts wußten. In vielen Berichten tauchte das Wort »Sahel« auf, womit der Südrand der Sahara (der »Roten«, was das Wort im Arabischen besagt) gemeint war. Sahel bedeutet für die in der Wüste heimischen Nomaden und die Karawanenführer soviel wie »Ufer«. Die riesige Sahara erschien den Beduinen wie ein wasserloses Meer. Dort, wo die tote Wüste allmählich – an manchen Stellen auch beinahe ohne jeden Übergang – in Gelände überging, auf dem ein bescheidener, weiter südwärts langsam dichter werdender Pflanzenwuchs gedeiht, wurde die veränderte Landschaft als der Sahel, der Rand, das »Ufer« des Wüstenmeeres empfunden.

Berichte in den Zeitungen oder im Fernsehen unterrichteten die westliche Öffentlichkeit darüber – durchaus im Ton des Alarms! –, daß der Sahel in den letzten Jahren ständig und mit verhängnisvoller Geschwindigkeit weiter gegen das äquatoriale Afrika vorrückte, mit anderen Worten, daß die Wüste Sahara an Ausdehnung zunähme. Gewiß, für die allermeisten Leute im Abendland ist die Sahara und ihr Sahel nicht viel mehr als ein fernes Märchen. Und doch läuft auch uns im grünen Mitteleuropa ein leiser Schauer über den Rücken, wenn wir die Nietzschesche Drohung hören (wenn auch von ihm ganz anders gemeint): »Die Wüste wächst.«

Und wir fragen uns besorgt: Warum wächst sie? Warum hungert sie die ohnehin armseligen Menschen in ihren Randbereichen erbarmungslos aus, läßt sie verkommen und treibt sie mit Sack und Pack südwärts in die Gebiete anderer, auch nicht eben besonders reichlich versorgter Zeitgenossen, wo sie durchaus nicht mit offenen Armen aufgenommen werden?

Unter den möglichen und wahrscheinlichen Antworten taucht als erste diese auf: Die Sahara dehnt sich eben aus; ihr Nordrand am Mittelmeer war vor zweitausend Jahren die Kornkammer Roms; heute sind ihre ewig wandernden Sanddünen schon bis an die Meeresstrände vorgerückt, und von »Kornkammer« ist keine Rede mehr. Nun hat sich eben das Vordringen der Wüste nach Süden verlagert; es handelt sich also um einen »erdgeschichtlichen Prozeß«, wogegen kein Kraut gewachsen ist.

Andererseits wird sicherlich mit Recht darauf verwiesen, daß die Zahl der Menschen, die in und von dem Sahel leben wollen, über Gebühr zugenommen hat und mit ihnen die Zahl ihrer Ziegen und Schafe. Menschen und Tiere beanspruchen den kargen Pflanzenwuchs in den Randzonen der Sahara als Tierfutter und Brennholz in so schnell steigendem Maße, daß er sich nicht mehr aus eigener Kraft ergänzen kann; es hilft ihm ohnehin niemand. Die Menschen, die dort zu Hause sind, haben offenbar keine Ahnung davon, wie mit der sehr ärmlichen Natur ihrer Heimat pfleglich umzugehen wäre. Wo aber die Hemmnisse aus Kraut, Gesträuch, Gehölz, wie sie früher den Sahel kennzeichneten, von allzu zahlreich werdenden Menschen und Tieren beseitigt werden, dort geht sofort die Wüste mit ihren Wanderdünen zum Angriff über, und »die Wüste wächst«, weil der Mensch, dem in seiner Not nichts Besseres übrigblieb, ihr den Weg freigewüstet hat.

Das Gegenstück zum ständigen Vormarsch der Sahara nach Süden in breiter Front bietet uns in Südamerika die rasend schnell voranschreitende Vernichtung des Amazonas-Regenwaldes, eines Gebiets, das für das Klima auf der ganzen Erde von großer Wichtigkeit ist. Längs der großen Straßen, welche die Brasilianer in den letzten Jahrzehnten durch die ungeheuren feuchten Wälder in ihrer Äquator-Region getrieben haben, breitet sich die Brandrodung, die den Urwald vernichtet, mit reißender Eile aus. Die Straßen nämlich haben dem armseligen, ständig halb verhungerten, gleichwohl sich ungehemmt vermehrenden Volk in den brasilianischen Nordost-Staaten den Weg und die Hoffnung geöffnet, sich auf freiem »jungfräulichem« Boden eine neue, bessere Existenz zu schaffen.
Zumeist in zuvor noch nie angerührtem Indianerland wird gerodet, das heißt ein Stück ursprünglichen Urwalds, Regenwalds, umgehauen und mitsamt den tausend Pflanzen- und Tierarten, die darin seit ungezählten Jahrhunderten heimisch sind, vernichtet. Da der Menschenstrom aus den Elendsgebieten im Nordosten Brasiliens lawinenartig anwuchs, wuchsen die Brände und Rodungen entsprechend. Hinzu kam, daß nicht nur die Armut rodete, sondern auch noch in schwer abzuschätzendem Umfang die Mächte des Kapitals. Große, zahlungskräftige Gesellschaften schafften sich mit gewaltsamer Brandrodung Platz für Viehweiden, um in größtem Stil Rindfleisch zu produzieren.

Die gewaltigen Wolken von Verbrennungsgasen, die von den Rodungsbränden in den Himmel steigen (und von den Winden um die ganze Erde getrieben werden), tragen – wie geschätzt wird – zur Verschlechterung und Vergiftung der Erdatmosphäre in weit höherem Maße bei als sämtliche Autos der Welt mit und ohne Katalysator.

In diesem Fall wird es ganz deutlich, daß die Ursache der sich anbahnenden oder schon vollziehenden Katastrophe im Überhandnehmen der Menschen in den Elendsgebieten zu suchen ist.

Völlig eindeutig ist weiterhin, daß sich ähnliche Prozesse in nur wenig kleinerem Ausmaß auch im afrikanischen Regenwald und in afrikanischen Steppen- und Savannen-Landschaften abspielen, ebenso in Indien, in Südost-Asien und auf den Inseln Indonesiens.

Wir in der heutigen westlichen Welt haben all dies längst zur Genüge begriffen. Wir wissen es. Aber außer aufgeregter Rederei und Schreiberei und gelegentlichen Husarenstückchen von »Greenpeace«-Leuten können wir nicht allzuviel tun. Denn die Staaten, in denen die Verwüstung der Erde wächst, sind »souverän« und lassen sich nicht »hineinreden«. Zudem könnten die dort Verantwortlichen den entwickelten Ländern sagen: Kehrt nur zuerst vor eurer eigenen Tür! Auf westliche Technik und Wissenschaft ist es ja letztlich zurückzuführen, daß all die giftspeienden Apparate und Fabriken aufgestellt, die medizinischen Methoden zur Seuchenbekämpfung, zur Minderung der Kindersterblichkeit etc. erfunden wurden und damit die Zahl der Menschen, die der Erde zugemutet werden, im Stil eines bösartigen Pilzbefalls zunahm und beängstigend weiter ansteigt.

Und man begreift nicht – ich für meine Person zum Beispiel kann es schlechterdings nicht verstehen –, warum einflußreiche Autoritäten wie etwa der Papst und die Mehrheit der christlichen Geistlichen überhaupt die bewußte, überlegte Beschränkung der Kinderzahl für sünd-haft erklären, während sie es angesichts der bereits einge-tretenen und erst recht für die nächsten Jahrzehnte vor-auszusehenden Überlastung der bewohnbaren Gebiete der Erde mit Menschen vielmehr zu einer religiösen Pflicht erklären sollten, die Zahl der Nachkommen auf ein oder höchstens zwei Kinder zu beschränken. Denn es gehört sicherlich auch zu den religiösen Pflichten, die Erde bewohnbar zu halten, ihre uns anvertraute Schön-heit, Vielfalt und Fruchtbarkeit nicht zu beeinträchtigen – und zu verhindern, daß Millionen von Menschen, die sich nicht helfen können, da ihnen die Einsicht in die Zusam-menhänge fehlt, die Lebensgrundlage entzogen wird, so daß sie verkommen und verhungern müssen.

Es hat sich in der Gegenwart die noch nie zuvor in der Geschichte dagewesene Situation ergeben, daß die Zahl der Menschen viel schneller steigt als der Umfang der Äcker und deren Fruchtbarkeit, von denen ihr gesundes Fortbestehen abhängt. Zwar hat die westliche Wissen-schaft manche Mängel ausgleichen können, indem sie dürre Steppengebiete künstlich bewässerte, ergiebigeres Saatgut lieferte, chemische Düngemittel und radikale Un-krautvernichter bereitstellte. Aber aufs Ganze gesehen haben alle diese »Entwicklungshilfen« nicht ausgereicht, scheiterten auch an der Unwissenheit und Unbelehrbar-keit der Hilfsbedürftigen – ganz abgesehen davon, daß sich die klugen Patentmittel des Westens aufs lange Rennen als Danaergeschenke erweisen und keine echte und dauernde Besserung der Verhältnisse bewirken. Was heute an zahllosen Orten – im eigenen Lande ebenso wie in fremden – mit Händen zu greifen ist.

Mehr als ein Drittel also der Erdoberfläche, soweit sie aus festem Land besteht, ist von Wüsten bedeckt, die, wie gesagt, heute nicht nur aus eigener Kraft wachsen, son-dern auch vom Menschen angelegentlich in ihrem Wachstum unterstützt werden. Die Sahara, die größte aller Wüsten mit über neun Millionen Quadratkilometern, habe ich nur in ihrem Ostteil, im ägyptischen und sudanesischen Bereich ausführlich erlebt, kann also nicht behaupten, sie in ihren Kernbezirken zu kennen. Das kann wohl überhaupt niemand von sich sagen, denn sie ist ja in der Tat Wüste im vollsten Sinne des Wortes, absolut lebensfeindlich, tot, über endlose Weiten auch praktisch unpassierbar, mit allergröbsten Gesteinstrümmern übersät, dicht an dicht, kein Fuß kann dort treten, ohne ständig in Gefahr zu sein, zu brechen; erst recht kann kein Rad dort rollen. Anderswo in diesem riesigen Areal sind die ehemaligen Gebirge unabsehbar zu kirschen- oder pflaumengroßen Kieseln zerwittert und haben sich zu flachen, formlosen Ebenen hingebreitet, die in der fast absoluten Trockenheit der Sonnenglut am Tage so heiß werden, daß sie durch die Schuhsohlen brennen und des Nachts sich um vierzig, ja fünfzig Grad abkühlen. Überhaupt gilt für die Wüsten allgemein, was die Beduinen von ihrer Sahara-Heimat sagen: Die Wüste ist ein sehr heißes Land, in dem es sehr kalt wird.

Aus den mehr oder weniger flachen Geröll- oder Sandwüsten steigen hier und da schwärzliche Gebirge hoch, sonderbar unvermittelt, ohne sanftere Übergänge. Sie sind auf die Dauer zum Verschwinden verurteilt. Die außerordentliche Trockenheit der Luft (nur drei, vier Prozent Luftfeuchtigkeit, verglichen mit den sechzig, siebzig in unseren Breiten), die krassen Schwankungen der Temperatur, die Tag für Tag und Nacht für Nacht dem Gestein zusetzen, insbesondere auch der ewige, harte Wind, der Sand und Staub an die Flanken und Felsen der Gebirge schleudert, gleichsam ein nie versagendes, nie völlig Ruhe gebendes Sandstrahl-Gebläse, schleifen die Gebirge der Sahara, die wenigen, das Tibesti-Massiv (im Staate Tschad), das Tassili-N-Ajjer und Ahaggar (Hoggar)-Massiv in Alge-

rien, unablässig ab, bis sie einmal wie ihre vielen Vorgän-
ger zu grobem Geröll, zu Gekiesel oder zu Sand und Staub
zermahlen sein werden. Die mit Sand, das heißt mit hohen, wandernden Dünen bedeckten Gegenden der Sahara nehmen nur etwa ein Fünftel ihrer Fläche ein, sind
also keineswegs so eindeutig »typisch« für das, was wir
uns im allgemeinen unter Wüste vorstellen, wie es angenommen wird.

Wer das Innere der Sahara fern der wenigen Straßen und
Karawanenwege er-fahren hat, der kann sich in dem
Glauben wiegen, dem Mond und wahrscheinlich auch
den anderen die Sonne umsausenden Planeten einen Besuch abgestattet zu haben. Denn auch die Oberfläche des
Mondes, sicherlich auch der Planeten und gewiß auch die
von abertausend anderen lichtlosen, kalten Himelskör-
pern draußen im unermeßlichen All ist nichts als »Wüste«, ist totes Gefels, Geröll, Sand und Staub. Die gleichen
Substanzen, dieselben Elemente, aus denen sich unsere
Erde zusammensetzt, hat man bisher auch überall sonst
im unvorstellbar weiträumigen Weltall feststellen können, nur sie, nicht mehr und nicht weniger. Die Erde – so
muß man wohl nach unserem heutigen Wissensstand annehmen – ist ein einmaliger »grüner Zufall« – und wir
Menschen darauf sind es auch – und sollten diese einmalige Gunst der Verhältnisse nicht verspielen, womit wir
uns heute, wissentlich oder unwissentlich, große Mühe
zu geben scheinen.

Auf unseren Nachbarplaneten – so scheinen es Satelliten
oder astronomische Beobachtungen der vergangenen
Jahre nahezulegen – werden von den Oberflächen riesige
Staubmengen in die dortigen Atmosphären getragen und
verschleiern den Durchblick auf die toten Planetenböden.
Genau solche Sand- oder Staubstürme wandern auch über
die leeren Weiten der Sahara, riesige Gebiete – umfaßt
doch die Wüste fast ein Drittel des Erdteils Afrika!

Ich habe einen ausgewachsenen Staub – und dann Sandsturm gleich hinterher nur einmal erlebt: Es war mir gelungen, in Alexandria, der großen alten Hafenstadt Ägyptens am Mittelmeer, ein Auto mit Vierrad-Antrieb englischer Produktion aufzutreiben, das noch einen einigermaßen zuverlässigen Eindruck machte. Ich wollte mich wieder einmal auf Alexanders des Großen Spuren begeben und wie er zu der großen Oase Siwa (oder Schiwa), 470 Kilometer südwestlich von Alexandria, hinunterreisen, zwar nicht mehr – wie vor mehr als zweitausenddreihundert und einigen Jahren Alexander –, um mir von Priestern des Gottes Ammon die Zukunft weissagen zu lassen, sondern um wenigstens einen Vorgeschmack der vollen Sahara zu bekommen und im Gegensatz dazu die große, altberühmte Schiwa-Oase zu erleben (sie ist etwa fünfzig Kilometer lang, sechs nur breit und schmiegt sich in eine Senke, die zum Teil über zwanzig Meter tiefer liegt als der Spiegel des Mittelmeeres).

Außerdem, wie ich gern gestehe, wollte ich eine Ahnung davon gewinnen, wie Alexander, dessen Figur mich von Schülertagen an merkwürdig gefesselt hat, die Oase erlebt haben mag; in ihr werden damals wie heute die Bauern mit ihren geduldigen Eseln Datteln vor allem, Oliven, Früchte und Weizen erzeugt haben, wofür eine große Anzahl von Brunnen die notwendige Feuchte lieferte.

Bis Matruh folgt die Straße dem Strand des Mittelmeers, befindet sich in leidlicher Verfassung und ist nicht weiter aufregend. Hinter Matruh aber biegt von der Küstenstraße südwestwärts eine Piste vom Salzwasser und der Brandung ab, Richtung Schiwa! Bald umgab mich die offene Wüste.

Die große, lärmende Stadt Alexandria war längst hinter mir versunken und mit ihr jeder Hauch von Mittelmeer, als gäbe es das eine oder das andere gar nicht. Gelb, mit einem Stich ins Rötliche dehnten sich die bald kiesigen, bald sandigen Weiten. Die Straße war nicht so einsam, wie es der Karawanenweg zu Alexanders Zeiten gewiß gewesen ist. Aber auch dessen war ich nicht ganz sicher. Denn das Heiligtum des hohen Gottes Ammon stand in Ägypten bis nach Mesopotamien hinüber in höchstem Ansehen und lockte wahrscheinlich viele Gläubige, die sich Aufschluß über ihre Zukunft erhofften, auf die gefährliche Reise zu Fuß oder zu Kamel, um – wie Alexander auch – die Priester das Ammon über ihr weiteres Schicksal zu befragen.

Im Grunde war ich schon nach der ersten Fahrtstunde enttäuscht. Ich hatte mir die Sahara irgendwie großartiger vorgestellt. Sand und kiesiges Geröll, soweit das Auge reichte, über sanfte Bodenwellen endlos gebreitet. Das Gelände schien langsam anzusteigen; das Ulad-Plateau war zu überqueren, bevor sich die Straße wieder sachte senkte, um dann gut hundert Kilometer weiter in die Schiwa-Oase hinunterzugleiten, die einen westlichen Zipfel der sehr viel umfangreicheren Qattara-Depression weiter im Osten darstellt.

Ein bißchen ärgerlich gestand ich mir, daß ich für diese Fahrt gar keines vierrad-angetriebenen Fahrzeugs bedurft hätte. Die Piste war auch für normal angetriebene Autos problemlos zu bewältigen. – Solche Einsichten verderben mir Spaß und Laune. Auch die Oase würde mich enttäuschen. Ich wußte es schon vorher. Aber natürlich fuhr ich weiter. Von der Enttäuschung bis zum Abbruch eines Unternehmens ist es immer noch ein ziemlich weiter Weg. Wahrscheinlich jedoch stammte meine drückende Mißstimmung aus einer ganz anderen Wurzel, was mir jedoch erst sehr viel später klar wurde. Die Luft nämlich, die mir ins offene Autofenster drang, war merkwürdig schwer, ich möchte sagen dick geworden. Ich war wie benommen, nahm es aber gar nicht richtig wahr. Mein Gehirn funktionierte offenbar nicht mehr auf die gewohnte Weise, sonst hätte ich mir sagen müssen, daß der Luftdruck unerwartet plötzlich nachgegeben hatte. Ich fuhr, als wäre ich in einen Automaten verwandelt, denn ein Auto zu bedienen, ist mir längst zu vorbewußtem Instinkt geworden.

Ich weiß noch heute, daß mir beinahe schmerzhaft plötzlich die Erkenntnis im Hirn saß: Was ist mit dem Himmel? Zu meiner Rechten hatte er eine ungewöhnliche, bleierne Farbe angenommen. Kurzatmige, glutheiße Windstöße fuhren mir ins Auto und dann, ganz unwahrscheinlich schnell, quoll es fürchterlich heran über den Horizont, wuchs vor mir auf in hundert sich in- und übereinander ballenden Bäuchen – mir will kein besseres Wort einfallen – was ich weder erwartet und wahrlich nicht erhofft hatte: ein Staubsturm!

Kleine Wirbel, die quer über den Fahrweg tanzten, waren ihm vorangezogen, ich hatte sie kaum beachtet. Jetzt aber wanderte in meiner rechten Flanke eine quallige, blauschwarze Wand heran, die sich immer höher in den Himmel aufzurecken schien, eine unbegreiflich erstickende Drohung, als sollte man plötzlich von riesigen, grau-gräulichen Wattebäuschen überdeckt werden.

Ehe ich noch recht begriffen hatte, was mir bevorstand, war es plötzlich Nacht um mich her; ein sofort von mir auf der Zunge zu schmeckender und auch zu riechender Staub drängte sich ins Fenster und machte mir das Atmen schwer. Hastig drehte ich die Fenster hoch, den Staub abzuwehren. In der Tat setzte sich das feine gelbe Pulver schon nach kurzer Zeit überall ab, aber die Luft im Innenraum meines Wagens schien mir wieder erträglicher zu werden.

Zu sehen war so gut wie nichts mehr. Und die Lampen anzuschalten, machte die Sache eher noch schlimmer. Man fuhr wie in eine gelbliche Wand. Fast automatisch hatte ich den Wagen an den Straßenrand bugsiert und ein Stück darüber hinaus. Zwar war mir seit einer halben

Stunde kein anderer Wagen mehr begegnet, aber es war besser, sich nicht darauf zu verlassen, daß andere Fahrer in der vorbeijagenden tiefen Dämmerung mehr sehen konnten als ich.

Sofort auch fiel eine andere Klappe in meinem Hirn. Stelle den Motor ab, sonst verstopft dir der Staub den Luftansaugfilter oder den Vergaser; auf soviel treibendes Pulver in der Luft ist kein Filter berechnet.

Ich stand, hilflos und blind, in der an den Scheiben vorüber wallenden fahlen Finsternis, in der nichts weiter auszumachen war als eine unbestimmte, wie gehetzte Bewegung.

Allmählich tauchte ich aus der sonderbaren Benommenheit, die mich erfaßt hatte, wieder auf und konnte meine Lage bedenken. Solange ich nicht den Versuch machte, die Fahrt fortzusetzen, würde mir nicht viel passieren. In das Wageninnere und den Motor vermochte der Staub kaum einzudringen, wenn ich nur geduldig stille hielt. Und außerdem wußte ich, hatte gelesen oder mir in Kairo von kundigen Wüstenfahrern sagen lassen, daß Staubstürme gewöhnlich als wütende Böen auftreten, also sehr gewaltsam angreifen, aber verhältnismäßig schnell vorüberblasen und mit ihren zu zwei-, dreihundert Metern Höhe aufgetriebenen Wolken weiterwandern.

Allerdings, das hatte ich aufmerksam zur Kenntnis genommen – sollten die Staubstürme sehr häufig Sandstürme hinter sich herschleppen, die dann wesentlich unangenehmer wären als das, was ihnen vorausgegangen war. Der leichte Staub konnte von dem plötzlich losbrechenden Wind zwar in riesigen, dichten Wolken hochgeblasen werden, mochte den Tag in Nacht verwandeln, richtete aber am Boden nicht allzu viel Schaden an. Die wesentlich größeren Sandkörner dagegen konnten, nachdem der zwischen ihnen lagernde Staub erst einmal davongeweht war, auch von heftigem Sturm, je nach ihrem

Gewicht und der Stärke der Luftströmung, nur wenige Meter über den Boden hochgehoben, hochgerissen werden, verschleierten nicht wie der feine Staub die Sicht, wirkten aber in ihrer nach Milliarden oder Billionen zählenden Masse wie ein allerhärtestes Sandstrahlgebläse. Ihre Wirkung und Gewalt läßt sich überall in der Wüste erkennen: Der Sand häuft sich selbst zu Dünen an, hoch genug, große Häuser mehrfach unter sich zu begraben – und ihre Tausende von Tonnen wiegenden Massen werden weiter bewegt und wandern, als bestünden sie nicht aus schwerem Sand, sondern aus fließendem Wasser.

Aber deutlicher noch ist die Wirkung des treibenden Sandes an den Klippen und Felsen abzulesen, die in der jeden pflanzlichen Lebens so gut wie baren Wüste offen und nackt zu Tage treten, mag es sich nun um einzelne, wie verloren und vergessen im Sand zurückgebliebene Gesteinstrümmer, größere Blöcke oder ganze Gebirge handeln. Sie sind alle wie poliert anzusehen, anzufassen, sind blank und abgeschliffen, ja, zeigen sogar in ein bis zwei Metern über dem Boden gleichmäßig gerundete tiefe Höhlungen und Furchen, die von dem treibenden Sand ausgewaschen, ausgefräst wurden – was vielleicht, wie man sich mit einer gewissen Ehrfurcht klarmacht, Jahrhunderte in Anspruch genommen hat.

In der Tat ging der Staubsturm in fließendem Übergang in einen, wie mir schien, noch härter wehenden Sandsturm über, nachdem die gewaltigen, wie schmutzige Gigantensäcke aufgeplusterten Wolken über mich hinweggetaumelt waren. Die Finsternis zog mit dem Staub davon; die Sonne bahnte sich durch die zu gelblicher Blässe aufklarende Luft eine fahle Bahn.

Die Uhr verriet mir, daß ich etwa fünfundzwanzig Minuten an den Straßenrand gefesselt gewesen war – wesentlich kürzer, als ich es empfunden hatte. Die Straße vor mir war schon wieder einigermaßen erkennbar, von vielen

Staubstreifen überkreuzt, die aber gewiß kein Hindernis darstellten. Sollte ich also den Motor wieder anlassen und mich von neuem auf den Weg nach Schiwa machen?

Es wollte mir vorkommen, als nähme der Wind an Stärke zu. Da ich der heftig strömenden Luft in meinem ziemlich langgestreckten Gefährt die Breitseite bot, merkte ich, daß mein Untersatz von den Windstößen in unregelmäßigen Abständen zum Wanken gebracht wurde, als stemmten sich ab und zu grobe Fäuste stoßend an seine rechte Flanke – für mich auf meinem Fahrersitz kein sehr angenehmes Gefühl.

Und dann drängte sich mir, als der Staub in der Luft ganz und gar verblasen schien, ein anderer höchst beunruhigender Eindruck auf: Etwa in halber Mannshöhe über dem Boden schien das dürre Land in jagende Bewegung geraten zu sein, fegte vor mir über die Straße, trug die Staubstreifen bald wieder mit sich fort.

Der Sturm war offenbar nicht fähig, die groben Körnchen des Sandes höher als etwa einen Meter in die Luft hinaufzuheben. Aber in dieser Höhe peitschte er sie in so dichten Schwaden vor sich her, daß der feste Untergrund, die harte Straße vollkommen darunter verschwand. Ich konnte meinen, in eine rasend schnell über das Land brausende Strömung geraten zu sein. Deutlich war zu vernehmen, mit welcher Wucht die harten Gesteinskörnchen – etwas anderes ist der Sand ja nicht, bildet er doch den Endzustand der in der Sahara schon verwitterten und immer noch weiter verwitternden Gebirge – mit welchem wüsten Nachdruck der grobe Sand an die blechernen Flanken meines Autos getrieben wurde. Das Prasseln solch abertausendfachen, feinen Bombardements füllte die Ohren.

Die flachen Dünen zur Rechten, die steinige Ebene zur Linken schienen sich an ihrer Oberfläche verflüssigt zu haben. Ich blickte von meinem erhöhten Sitz über das jagende Geström hinweg. Der Himmel war wieder klar und zeigte sich in vertrauter Farbe, aber ich in meinem Gefährt war offenbar in ein nie erlebtes, ganz unsicheres Element geraten, dessen Natur und Eigenschaften mir völlig fremd waren.

Ich gestehe, daß sich meiner erst jetzt, nach dem Staubsturm, als sich der Sandsturm zu voller Kraft entwickelt hatte, eine Art von dumpfer Panik bemächtigte. Sollte ich weiterfahren? Würde der Sand nicht von dem laufenden Motor, den sich drehenden Rädern und Kurbeln in die Maschinerie gesogen, gepreßt werden und mußte mich bewegungsunfähig machen?

Ich wußte es nicht. In solchen Situationen empfiehlt es sich, die übelste Möglichkeit als die wahrscheinlichste anzunehmen und sich nicht darauf zu verlassen, daß es »so schlimm schon nicht werden würde«.

Ich widerstand also der starken Versuchung, endlich wieder weiterzufahren. Auch hatte sich auf der Straße weder vor noch hinter mir in all der verwarteten Zeit etwas geregt. Also zogen es auch andere Benutzer der Straße, und wahrscheinlich mit den Verhältnissen vertrautere als ich, klugerweise vor, liegen zu bleiben, solange die Wüste unter den brausenden Sturmstößen in aufgeregter, jagender Unruhe blieb.

Nichts riskieren! Abwarten! dröhnte es durch mein Hirn. Vielleicht dauerte der Sandsturm nicht länger als der Staubsturm, der sein Vorläufer gewesen war.

Mir fielen auch alte Berichte und Beschreibungen wieder ein, wie ich sie zum Teil schon in meiner Sekundaner- und Primanerzeit mit roten Ohren verschlungen hatte: Wie da die Karawanen vom Sandsturm zum Halten gezwungen werden, wie die Kamele sich legen, mit den Hintervierteln gegen den Wind und den Köpfen irgendwie weggesteckt, wie die beduinischen Treiber sich das Haupt dicht verhüllen, sich möglichst im Windschutz der lagernden Kamele an den Boden kauern, um sich vor dem peitschenden Sand und dem nichts Aufrechtes duldenden Sturm zu schützen.

Nun, einen hüllenden Burnus oder ein Kamel brauchte ich in meinem stabilen Landrover nicht. Aber viel wohler als den Kamelen und ihren Treibern in der alten Karawanenzeit war mir auch nicht.

Und da ich von Natur nicht mit einer besonders großzügig bemessenen Dosis von Geduld ausgestattet worden bin, auch nicht dazu neige, ungute Vorzeichen zu mißachten, stieß mir plötzlich, während ich in den treibenden Sand hinausstarrte – bewegte ich mich in meinem Kasten rasend schnell nach rechts hinüber oder der Boden unter mir nach links? Es war kaum noch auszumachen! – ganz plötzlich die Wut ins Gemüt: Hab' ich das nötig, mich hier von der Wüste festnageln zu lassen und um mein und des nicht mir gehörigen Autos Wohlbefinden fürchten zu müssen? Ist die Oase Schiwa für meine Fortexistenz wirklich unerläßlich? Was zum Teufel oder wer kann mich zwingen, hier in widerlich zudringlichem Staub und Sand die Stunden zu verhocken und nicht einmal die Fenster aufmachen zu dürfen?

Hol' der Teufel die Oase Schiwa! Und Alexander der Große ist seit Jahrtausenden tot, und sein Weltreich führt nur noch ein papierenes Dasein in den Geschichtsbüchern. Und der Gott Ammon ist längst von anderen Göttern ins Raritäten-Kabinett der Historie verwiesen.

Ich drehe um! Wenn dies elende Geprassel und Geblase einmal aufhören sollte, dann drehe ich um und fahre nach Alexandria zurück. Der Staub juckt mich im Genick. Schweiß und Staub bilden eine mir höchst verhaßte Mischung. Und von meinem Hotel außerhalb der großen Stadt sind es nur ein paar Dutzend Schritte bis zum Strand des Mittelmeers, und ich kann mir den ganzen Staub und Blödsinn dieses Tages von den Gliedern spülen. Wenn der

Sturm mich nicht noch länger festhält, käme ich wahrscheinlich zum Abendbrot – nach dem Schwimmen im Méditerranée – gerade zurecht!

So, das war beschlossen. Ich fühlte mich sehr erleichtert. Aber noch war es nicht soweit. Der Sandsturm bewies einen viel längeren Atem als der Staubsturm vor ihm. Aber endlich kam die Oberfläche des toten Landes ringsum wieder einigermaßen zur Ruhe. Ich konnte wenden und machte mich auf die Rückfahrt, zunächst in sehr zögerndem Tempo, da die Luft noch immer nicht ganz rein war.

Ich hatte richtig kalkuliert: Ich kam zu dem ersehnten Bad im Mittelmeer und zum Dinner in meinem ziemlich feudalen Hotel gerade noch zurecht.

Die Oase Schiwa allerdings lebt weiter nur in meinen Träumen.

So selbstverständlich sicher, wie wir uns gemeinhin auf festem Lande fühlen, ist unsere Existenz auf diesem kleinen, ungewöhnlichen Himmelskörper nicht. Zwei Drittel der Erdoberfläche werden von den die ganze Erde umspannenden, ineinander übergehenden Meeren eingenommen. Das restliche Drittel festen Landes besteht, wie gesagt, wiederum zu einem guten Drittel aus lebensfeindlichen Vollwüsten; nimmt man die Halbwüsten, also die Steppen und Savannen hinzu, auf denen bestenfalls eine extensive Viehwirtschaft, aber ohne künstliche Bewässerung kein Ackerbau möglich ist, so bleibt nur noch die Hälfte des festen Landes als für menschliche Besiedlung geeignet übrig. Das Verhältnis zwischen menschenfreundlichen und menschenfeindlichen Gebieten auf der Erde verschlechtert sich nochmals ganz wesentlich, wenn man die Kältewüsten der Erde, also Antarktis, Grönland und unabsehbare Gebiete ewig gefrorenen Bodens, die Tundren im Norden Nordamerikas und Eurasiens zu den

Landschaften der Erde hinzurechnet, in denen sich der Mensch, wenn überhaupt, so nur in ganz kleiner Zahl behaupten kann.

Man muß sich vor Augen stellen, daß von Natur her sich rings um die bewohnte Erde zwei riesige Wüstengürtel herumschlingen – und zwar etwa längs der »Wendekreise«, also jener Breitenkreise in 23 Grad und 27 Minuten nördlicher, beziehungsweise südlicher Breite, über welchen die Sonne wenigstens einmal im Jahr, zur Sonnen»wende«, senkrecht steht; danach »wendet« sich der Gürtel mit senkrechtem Sonnenstand wieder dem Äquator zu. Zwischen den beiden Wendekreisen liegen die Gebiete, die wir unter dem Namen »Tropen« zusammenfassen. An jedem Ort in den Tropen steht also die Sonne zweimal im Jahr zur Mittagszeit senkrecht über dem Beobachter, und niemals sinkt ihre Mittagshöhe unter 43 Grad zum Horizont.

Auf der Südhalbkugel ist der Wüstengürtel um die Erde längs des südlichen Wendekreises nicht so deutlich ausgeprägt wie auf der Nordhalbkugel, weist doch die Erde südlich des Äquators viel weniger festes Land auf als die Nordhalbkugel. Er beginnt etwa auf der Westseite Südamerikas mit der knochentrockenen Küstenwüste Atacama, die im Norden Chiles und im Süden Perus von den Hochanden in Stufen zum Strand des Pazifischen Ozeans hinuntersteigt. Hier gibt es weite Partien, in denen jahrhundertelang kein Tropfen Regen gefallen ist; näher an der Küste halten feuchte Nebel eine dürftige Vegetation von Dorn- und Zwergstrauch-Gestrüpp kümmerlich am Leben. Jenseits der Anden breiten sich die argentinischen Steppen, die Pampas, halbtrockene, heute wahrscheinlich schon übermäßig genutzte Landschaften, auch über uruguayische Bezirke hinweg, bis zum Rio de la Plata aus und fast bis zum Atlantischen Ozean.

Jenseits des Atlantik entspricht an der afrikanischen Südwestküste der südamerikanischen Küstenwüste Atacama die ebenso trockene, von Südafrika über Südwest (Namibia) bis weit nach Angola hineinreichende Küstenwüste Namib, die neuerdings der ehemaligen deutschen Kolonie dahinter, 1989 endlich in die staatliche Unabhängigkeit aufgebrochen, ihren Namen, eben Namibia, geliehen hat.

Die Namib setzt sich ostwärts in den hochgelegenen Südwester Dornbuschsteppen und in dem jungen Staat Botswana mit der Halbwüste Kalahari und dann den weiten Steppenlandschaften im Norden und der Mitte Südafrikas fort, die zwar arm an fruchtbaren Böden, aber reich an Bodenschätzen sind.

Weiter nach Osten auf den Indischen Ozean hinaus schneidet der südliche Wendekreis die große Insel Madagaskar. Auch hier ist der Ostteil der langgestreckten Insel, die von einem hohen Gebirge durchzogen wird, wesentlich trockener als die Westseite; dürre Wälder und Dornsavannen bestimmen hier das Bild der nur sehr dünn besiedelten Landschaften.

Über den Indischen Ozean hinweg trifft der Wendekreis auf den entlegensten der Kontinente, auf Australien. Es ist kaum übertrieben, wenn man feststellt, daß der ganze Erdteil eine mehr oder weniger vollständige Wüste darstellt. Lediglich die schmalen Hinterländer der Ostküste, eine ausgiebigere Ecke des Kontinents im Südosten und eine wesentlich beschränktere im Südwesten, bieten ein freundlicheres, grüneres Bild. Im übrigen ist das ganze riesige Innere bis hoch hinauf nach Norden zur Arafura-See volle, lebensfeindliche Wüste oder armselige, zumeist tischflache Busch- oder Baumsteppe.

Viel eindrucksvoller und ausgedehnter reihen sich Wüsten und Trockensteppen am nördlichen Wendekreis rings um den Erdball. Beginnt man den Rundgang wieder

in Amerika, so tragen zwar die steil zum Pazifik abgleiten-
den Hänge der Küstengebirge und dahinter der Sierra
Nevada und der Kaskaden üppige Wälder, denn hier regnen sich die Wolken, die vom Ozean hereinwallen, in
mächtigen Schwällen ab. Aber jenseits der Gebirge wird
das Land in den Staaten Oregon, Nevada und Arizona
wüstenhaft, was sich ostwärts nach Utah, New Mexico
und ins östliche Texas fortsetzt. Zum Teil, wie am Vier-
staaten-Eck (wo Colorado, New Mexico, Utah und Arizona zusammenstoßen), offenbart es sich als volle, tote
Wüste, zum Teil, wie im Großen und im Harney-Becken
bis weit hinunter nach Mexico hinein, ist es Salbei-Wüste
mit unabsehbaren Dickichten der bis mannshoch auf-
wachsenden, zu ihrer Zeit wunderbar golden blühenden
Wüstensalbei, in die sich, je weiter man nach Süden vordringt, immer häufiger Kakteen und Euphorbien mi-
schen, die schließlich wie mächtige, stachelbewehrte
Baumstämme ohne Gezweig und Blätter aufragen. Hat
man dann auf hohen Pässen die Rocky Mountains überwunden, so bleibt im westlichen Texas und Kansas im
berüchtigten Llano Estacado und auf den High Plains das
Land immer noch sehr dürftig und kahl, ehe es zu den
ehemaligen Grassteppen der Prärien absteigt, die heute in
der Gefahr schweben, als Getreidelieferanten überbean-
sprucht zu werden.
In das eigentliche Kerngebiet der Wüsten dieser Erde gelangt man jedoch erst, wenn man an der Ostseite des
mittleren Atlantischen Ozeans auf den mächtigen, westwärts weisenden »Bauch« Nordafrikas stößt. Gleich hinter dem Strandstreifen beginnen die 9,10 Millionen Quadratkilometer der Sahara, die sich im Osten, nachdem die
langgedehnte Stromoase des Nils und dann das schmale
Becken des Roten Meeres übersprungen ist, fortsetzen.
Aber auch mit Arabien endet der Wüstengürtel nicht. In
fast der Sahara gleichkommender Breite wälzt er sich mit-

ten durch Asien fort und findet erst am hohen Ostrand der Gobi-Wüste, nicht mehr allzu weit vom Wasser des Pazifischen Ozeans entfernt, ein Ende. Wir werden uns nur selten der Tatsache bewußt, daß Staaten wie Irak, Iran, Afghanistan, auch noch Pakistan bis weit nach Indien hinein, dann aber auch die sowjetischen Länder im Südwesten Sibiriens, vor allem Turkmenistan, Usbekistan und Kasachstan, schließlich der ganze riesige Westen Chinas zu dem Wüstengürtel gehören, mit schauerlich lebensfeindlichen Wüsten, von denen uns die Namen mit dunklem, bedrohlichen Klang in den Ohren liegen: Dasht-e-Kayir, Dasht-e-Lut, Dasht-i-Margo, Karakum, Kysylkum, Takla-Makan (die schon im innersten Hochasien gelegen und nicht nur glühend heiß im Sommer, sondern auch noch entsetzlich kalt im Winter ist), das Tsaidam-Becken und die schon erwähnte Wüste Gobi.

Wahrlich, wenn man sich diese Verhältnisse vor Augen führt, glaubt man widerstrebend, daß in der Tat die Hälfte des festen Landes auf der Erde aus Wüsten, Halbwüsten und Steppen besteht, die keine oder nur sehr wenige Menschen zu tragen, zu ernähren vermögen. Die wirklich fruchtbaren Landschaften der Erde in den Tropen am Äquator oder in unseren gemäßigten Breiten, etwa zwischen den 55sten und 35sten Breitengraden, stellen im Grunde nur große Oasen dar, die eingeengt liegen zwischen den riesigen heißen und kalten Wüstengebieten und den noch weitaus gewaltigeren, ebenso unbewohnbaren Weltmeeren.

Mir brannte das Herz, als ich vor mehreren Jahren eigentlich nur infolge eines Zufalls Gelegenheit hatte, nachzulesen, was der Astronaut Neil Armstrong über den Eindruck berichtete, den die Erde aus der Perspektive des Mondflugs und des Mondes auf ihn gemacht hat. Am zwanzigsten Juli 1969 hatte Armstrong als erster Mensch seinen Fuß auf den Mond gesetzt.

Armstrong beschreibt die Erde, wenn man sie aus größerer Entfernung, etwa der des Mondes betrachtet, als einen bläulichen, weißumwölkten Stern, sozusagen im Nichts schwebend. Wenn man aber aus größerer Nähe, aus der Kreisbahn der Apollo-Kapsel um die Erde, unseren Heimatplaneten, die gewaltige Kugel, betrachtet, so nehmen vor allem die dunkelblau getönten Meere den größten Raum ein. Die Landmassen jedoch erscheinen vorwiegend in gelben und braunen Schattierungen, nur sehr begrenzte Bezirke zeigen sich in deutlich grüner Farbe. Es stimmt sehr nachdenklich, schließt Armstrong seinen Bericht, daß das fruchtbare, das heißt das aus der Höhe von etwa 300 Kilometern grün wirkende Land nur einen sehr, sehr kleinen Raum einnimmt, mit anderen Worten, daß der für uns Menschen brauchbare, dauernd bewohnbare Teil der Erdoberfläche äußerst knapp bemessen ist. – Es stimmt also offenbar, wenn ich die für den Menschen geeigneten Gebiete auf Erden als bloße Oasen bezeichnete.

Ich bekenne, daß ich mit der Wüste in ihrer absoluten Form, als der Landschaft ohne jedes Leben, nie viel im Sinn gehabt habe. Im Grunde schreckte sie mich, war mir unheimlich, sonst hätte ich die Fahrt nach Schiwa nicht so unverrichteter Sache aufgegeben. Über Meile für Meile von ewigem Tod umgeben zu sein, in einem Land, in dem Leben durch mechanische Bewegung nur vorgetäuscht wird, durch wandernden Sand und zerbröckelndes Gestein – das vermochte mir innere Zustimmung oder gar Sehnsucht nicht abzuringen, mochte mich auch die Großartigkeit der freien Wüste zuweilen in ihren Bann schlagen; es ist eine furchtbare Großartigkeit!
Ich habe also mit der Sahara nur oberflächlich – in Ägypten vom Niltal aus, viel intensiver dann im Sudan von Khartum aus – Bekanntschaft geschlossen, und es zieht

mich nichts dorthin zurück. Die Atacama im Norden Chiles und im Süden Perus längs der Pazifischen Küste und die Namib am Südatlantik im südwestlichen Afrika habe ich dagegen recht gründlich kennengelernt, aber nicht um ihrer selbst willen, sondern – in Chile – um den weltweit größten Kupfertagebau in Chuquicamata (nordöstlich von Antofagasta) kennenzulernen, und – in Südwestafrika – um von Swakopmund aus einerseits Walfischbay zu erreichen, das den einzigen brauchbaren Hafen an dieser abweisenden Küste mit einer sehr bedeutenden Fischindustrie darstellt, andererseits weit nach Norden – zur Rechten die trostlos nackte Namib-Wüste, zur Linken das gewöhnlich vernebelte, ewig unruhige Meer – zum Cape Cross hinaufzufahren. Es gibt keine vorgezeichnete Straße wie noch nach Walfischbay oder quer durch die Namib aufs innere Hochland hinauf nach Karibib und Windhuk, sondern nur einige Spuren im Sand. Am Kreuzkap wollte ich die nach vielen Tausenden zählenden Versammlungen von Seelöwen beobachten, die an dieser weit entlegenen, aber sehr fischreichen Wüstenküste einmal im Jahr für längere Zeit ihr heimatliches Element, das Salzwasser der Meere, mit festem Land vertauschen, um ihre nach der Geburt nicht gleich schwimmfähigen Jungen abzusetzen und sich sofort wieder von neuem zu paaren.

Die tonnenschweren, an Land überaus plumpen Kolosse von Seelöwen-Männchen liefern sich dabei grimmige, blutige Kämpfe um die wesentlich zierlicheren Weibchen, soweit man bei diesen Tieren von zierlich sprechen kann. Soweit das Auge reicht am Kreuz-Kap (Cape Cross), ist der gelbe Strand zwischen toter Wüste und Meer mit schweren schwärzlichen Tieren bedeckt; ihr rauhes Gebrüll ist schon von weither zu vernehmen, noch ehe man die überfüllten Lager- und Brutplätze der mächtigen Meeressäuger zu Gesicht bekommt. Eine wahre Orgie des Lebens entfaltet sich vor den Augen am Rande einer der wüstesten, lebensfeindlichsten Wüsten der Erde. Die Bullen, manche aus tiefen Wunden blutend, kämpfen mit einer verbissenen Wut sondergleichen, ihren Harem gegen andere Bewerber zu schützen; sie wälzen sich dabei oft genug über eben geborene, noch ganz hilflose Jungtiere und zerwalzen sie mit ihren ungefügen Leibern.

Das Gebrüll aus tausend Seelöwen-Schlünden schwillt ohrenbetäubend an, wenn man sich als einzelnes Menschenwesen, das von den Tiermassen leicht überwältigt werden könnte, dem Gewimmel von schwarzen riesigen Walzenkörpern nähert. Die Tiere sind ja an Land die Begegnung mit anderen Lebewesen – von Möwen und vielleicht einem Wüstenschakal abgesehen – nicht gewöhnt. Der Anblick eines aufrecht heranwandelnden oder laufenden Menschen versetzt die mächtigen schwarzen Horden in eine sinnlose Panik. Wie eine Lawine schwillt die Masse der Leiber zum Ufer hinunter und stürzt Hals über Kopf in das silberne Geschäum der Brandung, ist verschwunden. Aber schon wenige Sekunden später tauchen jenseits des Brandungsstreifens Hunderte von schwarzen Köpfen über dem Wasser auf, die allesamt zu mir, dem gefährlichen Menschen, herüber starren; tausend Tiere und mehr scheinen zu überlegen, was von der Gefahr zu halten ist.

Es lag nicht in meiner Absicht, die Tiere zu erschrecken. Ich wollte nur etwas näher herankommen, um bessere Aufnahmen machen zu können. Ich ziehe mich also verlegen in die Dünen zurück, die gleich hinter den feuchten Stränden in den schönen Kurven, die ihnen eigen sind, ins völlig öde Hinterland hineinzuwandern beginnen, und denke: Dann muß ich mich eben auf das Teleobjektiv verlassen; ein paar mutige Seelöwen kehren ja schon wieder ans Ufer in ihr Geburten- und Hochzeitsgefilde zurück.

Ich habe die einsame und nicht überall ungefährliche Route zum Kreuzkap mehrere Male befahren, nicht nur wegen der Seelöwen, sondern auch wegen des steinernen Kreuzes, das dort im leeren Nichts der Küstenwüste aufgerichtet ist. Der portugiesische Seefahrer Bartoloméu Diaz, der als erster Europäer 1487/88 die Südspitze Afrikas umfuhr, ist an dieser in ihrer Verlassenheit und Trostlosigkeit sehr enttäuschenden Küste, wo sie weit ins Meer vorspringt, einer der menschenfeindlichsten der Erde, an Land gegangen, hat das Kreuz aufgerichtet und nach der Weise der damals die Erde erkundenden Europäer das ganze Hinterland für die Krone Portugals in Besitz genommen. Portugals Kolonie entstand dann später nördlich der die »Knochenküste« begrenzenden Mündung des großen Kunene-Stroms, in Angola, während die Namib zwischen Kunene- und Oranje-Unterlauf im Süden deutscher Kolonialbesitz wurde, allerdings erst vierhundert Jahre später, mitsamt dem Kreuzkap.

Der krasse Gegensatz zwischen der völlig toten und – wie es mir stets vorkam – merkwürdig abstoßenden Wüste und dem verschwenderischen Überschwang des Lebens am Cape Cross war es, der mich immer wieder auf die weite Fahrt von Swakopmund nach Norden zu den Sammelplätzen der an Land so plump wirkenden, mächtigen Seesäuger lockte.

Dieser Gegensatz mag auch der Grund sein, weshalb ich die absolute Wüste stets nur mit Widerwillen und einer nie ganz zu unterdrückenden Furcht im Herzen erlebte, aber auf eine mir selbst nicht ganz erklärliche Weise den Halbwüsten, den Gras-, Busch- und Baumsteppen, den Trocken-Savannen besonders zugetan bin, ja, daß ich sogar die weiten, flüsternden Dornbuschsteppen des Südwester Hochlands, zu denen die Namib von der Meeresküste her langsam ansteigt, für eine der zaubervollsten Landschaften der Erde überhaupt halten möchte.
Gewiß, alles offene Wasser, bis auf wenige versteckte

Wasserlöcher oder vom Grundwasser her gespeiste mehr oder weniger große Pfützen in den Betten der Trockenflüsse, versiegt in den langen Monaten der Trockenzeit (die zugleich die kühlere Zeit ist), und manchmal bleiben die Regen in Unglücks-, in Dürrejahren ganz und gar aus, und die Halbwüste verwandelt sich in eine todbringende Wüste, der dann die wilden Tiere ebenso zum Opfer fallen wie das Vieh der Menschen.

Aber man muß einmal miterlebt haben, wie nach langer Dürre, die den Busch in graues, staubiges Gestrüpp verwandelt hat, sich lastende Schwüle in der sonst so leichten und hellen Hochlandluft ausbreitet, der Himmel sein leuchtendes Blau mit milchiger Blässe vertauscht und schließlich von Osten her (immer von Osten, nie von der nahen Atlantikküste her!) Gewölk aufzieht, und das erste Donnergrollen in der Ferne hörbar wird.

Plötzlich ist es dann über uns mit tiefschwarzen, sich überquellenden Wolken, das Gewitter, über der einsamen Farm im Kuiseb-Tal bei den Auas-Bergen. Ein ungeheurer Blitz fällt wie ein flammendes, blendendes Feuerschwert vom Himmel, scheint die ganze Welt entzünden zu wollen. Jedes menschliche Herz, und mag es auch ein Herero-Herz sein, das in diese Welt gehört, setzt aus für ein paar Schläge unter der vom schwarzen Himmel stürzenden Entladung – und erst recht unter dem unmittelbar nachfolgenden ungeheuren Paukenschlag des Donners.

Danach erst – so erlebte ich's – stürzte der Regen – wie eine fallende Wand! Wir standen auf der Veranda des Hauses, gebannt von dem außerordentlichen Schauspiel, das nicht von dieser Welt zu sein, sondern einer um Milliarden Jahre älteren anzugehören schien, als die Erde noch im Werden war.

Der Donner sowohl wie das gleißende Licht der Blitze büßten ihre Schrecken allmählich ein: Die aus der Höhe strömenden Wasser milderten das grelle Weiß der Entladungen, deren allererste unmittelbar auf uns gezielt gewesen war. Wir hatten am späten Nachmittag auf der Veranda gesessen und den wie stets ungemein spektakulären »Beginn der Regenzeit« abgewartet.

Die Donner rollten zwar ununterbrochen fort, hatten aber ihre Fürchterlichkeit verloren, denn ein ganz anderer Ton hatte die Herrschaft angetreten und sich alle sonstigen Laute, selbst die heftigsten, untergeordnet: das Rauschen des Regens. Das gewaltsame Naß trommelte auf das harte Wellblechdach des Hauses und der Veranda, klatschte auf den steinharten festgetretenen Lehmboden vor dem Haus und im Hof und schäumte schon nach wenigen Minuten zu breiten Rinnsalen zusammen, die sich über das abschüssige Gelände einen Weg zu dem Bett des Trockenflusses suchten, dessen sandige Zeile einen Kilometer westlich ins sehr viel weitere Tal des großen Kuiseb einmündete.

Fast wollte man seinen Augen nicht trauen: Während die Donner schon nachließen und die Blitze hinter den Wasservorhängen nur noch ungewiß flackerten und jede Bedrohlichkeit verloren hatten, waren hundert Meter vor uns in der Mulde des Tals die Regenfluten bereits zusammengeflossen, füllten das vorher nackte und trockene Bett des sozusagen zur Farm gehörenden Riviers vollkommen aus und jagten als wilde gelbe Strömung, Zweige, Gestrüpp, ganze Büsche mit sich reißend, zum sehr viel weiteren Tal des Kuiseb hinunter, den wir indessen von unserem Ausguck auf der Veranda nicht sehen konnten.

»Wenn es so weiter gießt«, sagte der Farmer, bei dem ich schon einige Zeit zu Gast war in der durchaus zugegebenen Absicht, die »nasse Zeit« abzuwarten, »und dann in Dauerregen übergeht, dann kommt auch der große Kuiseb weiter unten für ein paar Tage lang ab, und wir sind von der Welt getrennt. Aber das macht uns nichts aus. Wir haben vorgesorgt. Und außerdem muß heute abend noch gefeiert werden. Denn sicherlich, wenn die Regen mit soviel Geschmetter einsetzen, dann regnet es noch ein paar Male so wie jetzt und wir kriegen wunderbares und reichlich Gras. Alle unsere Kälber kommen durch, und die Ochsen werden fett. Dieser Regen ist nicht mit Gold aufzuwiegen, das können Sie mir unbesehen glauben, Johann! Denn nun ist es wahr, daß wir jetzt keine Sorge mehr zu haben brauchen, ob das Jahr Gewinn bringen wird. Und warten Sie's ab, Johann, und haben Sie es nicht zu eilig mit Ihrer Weiterfahrt: Die Steppe wird sich in wenigen Tagen verwandeln; das ist erst das eigentliche Wunder! Und dann werden Sie begreifen, warum man dieses gegen Ende der trockenen Monate so elend dürre und häßliche Land lieben muß und sich nicht mehr von ihm trennen kann, wenn man erst einmal in seine Verwandlungen hineingewachsen ist.«

Das war eine reichlich lange Rede für meinen sonst ziemlich wortkargen Freund und Gastgeber Jens Korthals (längst deckt ihn die warme gelbe Erde seiner Wahlheimat). Aber wie alles, was er sagte, wenn er etwas sagte, hatte es Hand und Fuß.

Zunächst ritten wir zwei Tage später zum Kuiseb hinüber. Es war zu erkennen, daß der Trockenfluß, das »Rivier« – wie man in Südwest sagt (der neue Name Namibia will mir immer noch nicht recht aus dem Kugelschreiber) – mindestens einen bis zwei Meter höher »abgekommen« war, als wir es jetzt, nachdem es seit vierundzwanzig Stunden nicht mehr geregnet hatte, vor Augen hatten. Man sah es an den steilen Uferböschungen. Aber immer noch strömte der Fluß breit, lehmfarben, eilig an uns vorbei. Die hundert Meter sprudelnden Wassers etwa mit dem Auto queren zu wollen, war nicht geraten, obgleich Korthals dicht oberhalb einer vielleicht einen knappen Fuß hohen Felsstufe quer zur Flußrichtung ein Zementband über den Flußgrund gelegt und durch Marken am

Ufer gekennzeichnet hatte, damit man den Fluß gefahrlos furten konnte, wenn der Wasserstand nicht bis in den Motor reichte. Nein, so weit war es noch nicht! Mit dieser Flut, in der Büsche, große Äste, Wurzelwerk unterwegs waren, durfte man es auch in einem sehr stämmigen Wagen nicht aufnehmen. Ich stellte mit geheimer Befriedigung fest, daß ich vorderhand auf Korthals' Farm gefangen war, denn die Furt über den Kuiseb hätte ich benutzen müssen, wenn ich die Hauptstraße nach Windhuk erreichen wollte. Und die Korthalsens hatten offenbar Spaß an mir.

Also blieb ich – und erlebte das Wunder, von dem der »alte Südwester« gesprochen hatte: Schon zwei Tage nach dem Regen zeigte das weite Dornbuschland einen ersten Schimmer von Grün. Kräuter und Gras begannen zu sprießen. An den hohen Dornsträuchern, den Kameldorn-Bäumen, die bis dahin als verstaubte, traurige Gespenster zum Fluß hinunter umhergestanden hatten, schwollen Knospen; von den Blättern war der Staub abgewaschen; sie reckten sich und machten ganz buchstäblich einen frischgewaschenen Eindruck.

Und die Menschen auf der Farm Otjimsondu schienen ebenfalls von der allgemeinen Belebung angesteckt zu sein. Bei den Hütten der schwarzen Farmhelfer vom Stamme der Herero und einiger Leute aus dem Ambo-Land nördlich der Etoscha-Pfanne gegen Angola hin hörte der fröhliche Lärm bis tief in die Nacht hinein nicht auf. Und auch bei uns im Farmhaus dehnten sich die »Sundowner« – das abendliche Zusammensein nach dem Essen in der nun schmeichlerisch lau gewordenen Luft bis in die Nähe der Mitternacht. Die Regen waren »gebrochen«, und es würden nicht die letzten sein: Für ein weiteres Jahr waren Farm, Vieh und Leute der Sorge um den normalen Fortgang der Existenz enthoben.

»Das Schönste kommt noch, Johann!« ließ sich Korthals

vernehmen, als ein zweites Gewitter mit nicht ganz so sintflutartigen Regen wie das erste über uns hinwegge- rollt und gekollert und dann in einen sachte und freund- lich fallenden Landregen übergegangen war. – »Dieser gemächliche Regen, das ist erst das Wahre. Der erste kam zu plötzlich und zu heftig; das allermeiste davon ist ober- flächlich abgeflossen; aber jetzt ist die Erde angefeuchtet, und von diesem langsamen, vorsichtigen Niederschlag geht kein Tropfen verloren, der sickert tief in den Unter- grund. Jetzt trauen sich auch die ungezählten Millionen von Zwiebelgewächsen, ihre Triebe wachsen zu lassen. Noch drei, vier Tage weiter und der nur scheinbar tote, gelbe Boden zwischen den Dornsträuchern, der wie gel- ber Beton so hart gebacken scheint, wird einen Blumenflor aus sich herausgebären, gegen den alle Blumenbeete in den Parks von Europa nur wie kümmerliche Nachahmun- gen erscheinen. Ich freue mich schon darauf. Wenn die Steppe blüht, dann kann selbst jemand wie ich, der, wie Sie zugeben werden, sonst nicht zu poetischen Empfin- dungen neigt, seine sogenannte Sachlichkeit vergessen und ins Schwärmen geraten!«

Und die kleine, zierliche, aber überaus energische Frau Korthals fügte hinzu:

»Ja, in den letzten Monaten der trockenen Zeit, wenn die Steppe genauso aussieht, wie sie nach dem Lehrbuch auszusehen hat: Öde, der Boden höchstens zur Hälfte bewachsen, aber nur mit hartem, stachligen Zeug, die Grasbüschel einzeln stehend, alle, ein, zwei Schritt einer, alle gelb, bestenfalls ›Heu auf dem Halm‹, gut fürs Vieh, wenn es genügend Wasser daneben hat, und natürlich auch für die Antilopen und Gazellen und was da sonst noch kreucht und fleucht im scheintoten Busch – wissen Sie, in diesen letzten Wochen, bevor ›die Regen brechen‹, wie man so drastisch sagt, kann man ganz verrückt wer- den vor Sehnsucht nach Grün und Blüten und Blumen.

Man glaubt es gar nicht mehr in der trostlosen Dürre mit der immer gleichen harten Sonne am Tage und der trocke- nen Kälte des Nachts, so daß man sich gern eine Felldecke über die Wolldecke legt, kann es gar nicht mehr für wahr halten, daß dieses trostlose, dann wahrlich wüstenhafte Land in einen veritablen Rausch von Farben, Duft und Schönheit hineintaumelt, wie wir es jetzt in wenigen Ta- gen erleben werden. Sie haben es gut getroffen, Johann! Nach so kräftigem, und jetzt diesem langsamen nachhalti- gen Regen, werden wir ein ganz besonders strahlendes Weihnachten und Neujahr erleben. Sie sind sicherlich schon längst daran gewöhnt und angepaßt, daß die Jah- reszeiten hier andersherum liegen als in Europa: Gegen die Weihnachtszeit wird die Luft milde und feucht; es regnet, und der Busch spielt einen überschäumenden, wirklich rauschhaften Frühling und Sommer vor, vergol- det das ganze Land; und man verzeiht ihm schließlich, daß die ganze Herrlichkeit schon nach wenigen Wochen vorüber ist; man kommt nur selten dazu, sie nach Mona- ten zählen zu müssen. Aber wirklich nervenauftreibend sind nur die letzten zwei, drei Monate der Trockenzeit. Und wehe uns, wenn die Regen einmal ausbleiben, wie wir es schon zweimal erlebt haben. Aber für die nächsten zwölf Monate brauchen wir um nichts zu fürchten.«

Immer wieder kamen die beiden sehr von mir geschätzten Freunde auf dies letztere zurück: Die Regen hatten nicht versagt, und die Nahrung für Rinder, Schafe und Karakul war bis auf weiteres gesichert (und das Einkommen für die Weißen, die Löhne für die Schwarzen auch!).

Zu all diesen Erfreulichkeiten sollte uns noch das große Blumen- und Blütenfest der Steppe hinzugeschenkt wer- den!

In Samen und unzähligen Zwiebeln haben sie die langen Monate der regenlosen Zeit oder sogar ganze Dürrejahre überstanden. Aber auf das Signal der ersten Feuchte wachen sie alle mit einem Schlage auf und beeilen sich zu keimen, denn es läßt sich nie mit Sicherheit voraussagen, wann der nächste Regen fallen wird und ob er überhaupt fallen wird.

Und in der Tat: Nirgendwo und -wann sonst habe ich eine so vollkommen unglaubhafte Verwandlung eines tristen Landstrichs in einen Überschwang von Farben und Anmut erlebt wie hier. Die »Lilien auf dem Felde« – sie säen nicht, sie ernten nicht, und der himmlische Vater ernährt sie doch! –, eben diese drängten zu Millionen aus dem zuvor kahlen, gelben, scheinbar steinharten Boden ans Tageslicht und bedeckten ihn zwischen den wunderbar zart ergrünenden Dornenbüschen mit einem dichten Teppich, den man vor lauter in kostbarster Zierlichkeit und feinster Zeichnung im lauen Wind bebenden Liliengewächsen nicht zu betreten wagte.

Und nicht nur Lilien zu Abertausenden! Anderswo wurden die kunstvoll mit schwarzen und roten Linien auf strahlend weißem Grund gezeichneten Lilien von dichten Scharen goldfarbener Blumen, kleinen Sonnenblumen ähnlich, abgelöst, die der zuvor so öden Steppe eine Grundierung schenkten, als wäre sie am Boden mit dem edelsten Metall unterlegt.

Die wilden Perlhühner gackelten in der Ferne, als wären auch sie aufgeregt, ja verrückt vor so viel überquellender, lebensvoller Fülle, diesem Freudenfest des Lebens, diesem Sieg des Werdens und Erblühens über die Wüste.

Die Blumen- und Blütenherrlichkeit dauert nicht allzu lange. Manchmal zerschlägt ein neuer Platzregen die abertausend zarten Lilien. Aber zumeist schwinden sie, nachdem sie Mensch und wohl auch Tier für vierzehn Tage oder nicht einmal so lange entzückt haben, von selber dahin, sind fort, als hätte es sie gar nicht gegeben. Aber man weiß dann, und das beruhigt das Gemüt, daß die in der Erde verborgenen Zwiebeln neue Vorräte eingesammelt haben, daß andere Sorten nun ihre Samen bilden, unscheinbare, harte Körnchen, denen nicht einmal eine ganze Serie Dürrejahre etwas anhaben kann. Sobald wieder Regen stürzen oder rieseln, werden sie erwachen, keimen und in wenigen Tagen einen neuen Blumenflor von wahrhaft herzbewegender Lieblichkeit aus der kahlen Steppenerde hervorzaubern.

Aber wenn auch die Blumen schnell dahinschwinden, das Gras grünt nun in kräftigen Bülten. Statt des Gold und Weiß und Rot zuvor regiert nun für die wenigen restlichen Monate der feuchten, warmen Zeit das satte, dunkle Grün; denn auch die Weißdorne mit den langen, weißen Stacheln und die »Wart-ein-bißchen« mit den Widerhaken-Dornen prunken mit frischem Laub. Und das Vieh frißt sich Fett und Muskeln an, und das in den Hungermonaten rauh und glanzlos gewordene Fell der Kudu-Antilopen und Spießböcke wird wieder glatt und schimmert. Ganz sachte, fast unmerklich nimmt der Glanz und die Freude ab, erlischt wie ein Licht, dem das Wachs ausgeht. Das Gras verdorrt von der Wurzel an aufwärts, das heißt, seine Nährkraft zieht sich nicht in die Wurzel zurück, sondern bleibt über der Erdoberfläche erhalten. Aber das Laub der bald dichter, bald sehr locker stehenden Gebüsche verliert sein helles Grün, bekommt einen ins Graue oder – wie es mir immer vorkam – ins Violette hinüberspielenden Ton, mit einem Wort: Die Steppe gleitet wieder in jene Stimmung hinüber, die ihrem innersten Wesen entspricht und die mit einem einzigen Wort gekennzeichnet werden kann: Melancholie!

Aber mit dieser Melancholie ist nicht Hoffnungslosigkeit verknüpft, sondern ein geheimes, hintergründiges Wissen bleibt auch in den langen Trockenmonaten erhalten, daß trotz aller Trauer der verhalten vor sich hin flüsternden Ödnisse die Möglichkeit einer überwältigenden Schönheit nicht gestorben ist.

Wenn ich mich frage, welche unter den zahlreichen Halbwüsten, Steppen und Savannen auf dem Erdenrund
nächst dem Südwester Dornbusch meinen Sinn am stärksten gefangengenommen hat, die ostafrikanischen Savannen etwa, die – fast ohne ihr Aussehen wesentlich zu
ändern – von der Großen Karoo in Südafrika am Großen
Afrikanischen Graben entlang bis an die Südgrenze von
Äthiopien reichen, oder die Pampas in Südamerika, oder
die grenzenlosen Weiten des Mulga-Busches, im westlichen Queensland, im Northern Territory und im nördlichen Western Australia auf dem entlegensten der Kontinente, so kehre ich doch immer wieder, ohne lange nachdenken zu müssen, auf die wie ins Unendliche sich dehnenden, sonnenüberglühten Weiten des Großen und des
Harney-Beckens im Westen Nordamerikas zurück, dieser
gewaltigen Mulde zwischen den hohen Küstengebirgen
im Westen entlang der pazifischen Küste und den Rocky
Mountains im Osten, einer unerhört weiträumigen Landschaft, die an die tausend Kilometer von West nach Ost
mißt und eher noch viel mehr von Süd nach Nord, denn
sie reicht bis in die kanadischen Prärien hinauf und in die
mexikanischen Provinzen Sonora und Chihuahua hinunter.
Ich habe sie, wann immer es irgend zu machen war,
durchfahren, die nach Salbei und erhitzter Erde duftenden, riesigen Distanzen der Staaten Oregon, Nevada,
Idaho, Utah und Arizona, und habe an ihren noch ganz
ungestörten Einsamkeiten mein Herz gelabt. Ich habe die
höchsten Kuppen des Steens-Gebirges im südöstlichen
Oregon, die man über eine grobe Piste sogar mit einem
möglichst über vier Räder angetriebenen Auto erklimmen
kann, nach zwei im Schnee und Morast steckengebliebe-
nen Anläufen schließlich doch gewonnen und von da
oben Aussichten über die im Dunst sich verlierenden
Steppenweiten eingeheimst, die mir für alle Zeit ins Ge-

dächtnis gebrannt sind. Ich vergaß mich so in der von
Adlern durchsegelten Stille auf annähernd – wenn ich
mich recht erinnere – dreitausend Metern über Meereshöhe, daß ich die rechtzeitige Abfahrt verpaßte und es bei
sinkender Sonne – der ganze Himmel im Westen stand in
Glut; die Kegel ferner Vulkanberge zeichneten sich haar-
scharf darin ab – im schon anbrechenden Abend vorzie-
hen mußte, auf der Höhe im Auto zu übernachten, worauf
ich freilich eingerichtet war. In der Dämmerung und der
dann schnell einbrechenden Nacht die Abfahrt über die
einspurige grobe Kiesstraße, die den Namen Straße kaum
verdiente, zu wagen, wäre ein Lotteriespiel gewesen, das
man sich und dem Auto nicht zumuten kann, wenn man
sich auf einer Fahrt befindet, die auf dreißigtausend Kilometer ausgelegt ist.

In der Flache weiter unten, Meile für Meile, blühte die
Salbei, diese unvergleichlich schöne Leitpflanze der Halbwüsten im Fernen Westen der Vereinigten Staaten. Oftmals fühlte ich mich bewogen, an einer vielversprechen-
den Stelle anzuhalten, den Wagen stehen zu lassen und
ein paar Dutzend Schritte abseits zwischen den hohen
golden blühenden Gebüschen einen Felsen zu finden,
geglättet in vielen tausend Jahren Verwitterung und einla-
dend von der starken Sonne gewärmt. Auf so angeneh-
mem Sitzplatz mochte man dann jedes Gefühl dafür verlieren, daß die Zeit zur Weiterfahrt längst gekommen war.
Der Blick wurde nicht müde, immer von neuem die fernen
Horizonte abzuwandern, hinweg über das sanft einge-
senkte Wüstental, in dem die Salbei sich hier in dichter
geschlossenen Gruppen, dort nur vereinzelt angesiedelt
hatte, als sei ihr nicht gestattet, den fahlgelben, überall in
großen unregelmäßigen Flecken sichtbaren Grund allzu
sehr zu verhüllen. Schroff und dunkel aus dem leicht
gewellten Land hoben sich Felsmassive auf mit senkrecht
abfallenden Kanten in zuweilen wie spielerisch ausge-

dachten grotesken Formen; sie alle oben abgeflacht, als seien sie die Reste eines Hochplateaus, das in langen Zeiten zernagt worden ist, ausgedehnte Schuttebenen in der Tiefe bildend, während widerstandsfähige Kerne als grobe Säulen und gewaltige Bergblöcke dem Zerfall bis heute zu entgehen verstanden.

Es ist sehr still in diesen allem amerikanischen Lärm und Gedränge sehr fernen Gebieten, etwa zwischen Burns, Oregon, und Winnemucca, Nevada, die im Katalog der US-amerikanischen Sehenswürdigkeiten nicht enthalten sind. Selbst auf der wohlausgebauten US-95 bleibt man unter Umständen für Stunden das einzige Fahrzeug, so weit das Auge reicht und noch viel weiter.

Die trockene, äußerst reine und leichte Wüstenluft – wenn nicht gerade noch der Staubschleier eines vergangenen Sturms sich schwebend darin erhalten hat und die Um-risse der wie dunkle Wachtposten in der Öde herumste-henden Inselberge verschwimmen macht – läßt noch die äußerste Ferne wie durchsichtig, läßt zum Greifen nahe erscheinen, was tatsächlich erst in Stunden zu erreichen ist.

Am wunderbarsten aber empfand ich stets die unge-meine, und wie ich glaube, nur hier in der unberührten Wüste oder Halbwüste so zu erlebende Stille, die gar nicht ganz still und lautlos ist. Denn die Blüten der Salbei locken Insekten an, so daß es nicht ausbleibt, ab und zu eine Biene zu vernehmen oder was sonst da summen mag. Oder ein leiser Wind streicht wie ein Aufatmen, ein be-glückendes Atemholen, durch die Büsche und läßt das harte Laub verstohlen flüstern. Ich erschrak sogar, als dicht vor meinen Füßen plötzlich ein paar Kieselchen sich rührten und ein winziges Geräusch veranstalteten. Eine gut handlange Eidechse hatte sie aufgerührt, wohl glei-chermaßen erschrocken über die ungewohnte Gestalt an dem großen Fels in ihrem Revier, ebenso wie ich es war über die von ihren kleinen Echsenfüßen bewegten Steinchen. Der kleine Lurch schien zu einem grotesk ziselierten Standbild erstarrt; die runden, blanken Augen fixierten mich, ohne zu blinzeln. Und dann huschte das Märchentier urplötzlich fort und war verschwunden, so blitzschnell, daß ich mit meinen Augen nicht hatte folgen können.

In großer Höhe über dem Tal, beinahe nur als Punkte erkennbar, kreisten Geier. Sie schwebten allmählich aus meinem Gesichtsfeld; als ich den Blick für eine Weile abgewandt hatte und die Vögel dann wieder beobachten wollte, konnte ich sie nicht mehr entdecken; sie waren im fernen Horizont abhanden geraten.

Ein kleiner Vogel schwirrte aus den Gebüschen heran, umkreiste mich zweimal ganz nahe ohne Scheu, zirpte ein unscheinbares Signal und flatterte wieder davon. Mich überkam ein nicht ganz angenehmes Gefühl, an diesem Ort überflüssig zu sein und nur zu stören. Mit einem Seufzer raffte ich mich auf, schickte noch einen Abschiedsblick zu den Santa-Rosa-Bergen hinüber, die hoch genug aufragen, um bewaldet zu sein, kletterte wieder in meinen Jeep-Wagoneer, der am Straßenrand mit der ihm angeborenen unerschütterlichen Geduld gewartet hatte, und nahm die 95 wieder unter die Räder. Winnemucca konnte nicht mehr weit sein.

War es auch nicht. Doch hatte ich an diesem Tage eigentlich, immer der 95 folgend, bis zur Ostflanke einer der allertrockensten und feindlichsten Wüsten der Erde vordringen wollen, um dann am nächsten Tag den tiefsten (mit bis 86 Metern unter dem Meeresspiegel) und einen der allerheißesten Punkte der USA anzusteuern (mit Temperaturen im Schatten bis zu 55 Grad Celsius), das Death Valley, das »Todestal«. Dort, dicht an der kalifornischen Grenze, in Scotty's Junction, hatte ich übernachten wollen, um dann den ganzen Tag und einen dazu für diese berüchtigte Wüste des amerikanischen Westens Zeit zu haben. Aber daraus wurde nichts. Die wunderbaren Einsamkeiten der Salbei-Steppen hatten mich allzu lange festgehalten. Ich kam an diesem Tage, vorbei an den Humboldt-Bergen, der Wassuk-Range und der Monte Christo-Range nur bis Tonopah, und zwar erst gegen zweiundzwanzig Uhr, also bei längst voller, wenn auch sterndurchfunkelter Dunkelheit.

Je weiter ich mich nach Süden fortbewegt hatte, desto vordringlicher hatten sich unter die Salbei-Büsche Kakteen-Gewächse und Euphorbien gemischt, gaben mir allmählich einen Vorgeschmack darauf, was ich Wochen später unter den Riesengewächsen der Orgelpfeifen-Kakteen und der Saguaro, der Kandelaber-Kakteen, erleben sollte, im äußersten Süden von Arizona an der mexikanischen Grenze. Aber in den Stunden vor Tonopah hatte ich von dem allmählichen Zurückweichen der im Norden allein vorherrschenden Salbei und dem Häufigerwerden der blattlosen Stachelgewächse noch gar nichts begreifen können. Dazu war es schon zu dunkel gewesen – und ich zu müde –, wie es einem ja oft geht, wenn man von der Fülle des Neuen, des Nochnichterlebten, überwältigt wird.

Das Death Valley habe ich dann sehr ausführlich kennengelernt, nicht nur dies eine Mal; das hätte nicht genügt. Man muß den Landschaften der Erde Gelegenheit geben, sich zu verschiedenen Jahreszeiten zu präsentieren, wenn man ihren Charakter einigermaßen vollständig erfahren will.

Das »Todestal« stellt nur eine sehr kleine Wüste dar, aber sie ist wahrhaft zum Fürchten. Als ich sie zum ersten Mal erkundete, von Osten her, um dann gleich hinter der Kalifornia-Grenze scharf nach Südosten abzubiegen und fast die ganze Länge des Tals, immer unter schwarzen, unbeschreiblich abweisend wirkenden Gebirgen hin, den

»Gerüchte-Bergen«, den »Begräbnis-Bergen« und schließlich unter der noch höher und finsterer aufragenden Amar-
gosa-Kette auf leidlich gepflegter Straße auszumessen. Die
Talsohle ist etwa 230 Kilometer lang und nicht ganz 30
Kilometer breit. Aber wenn man die Gebirge hinzurechnet,
die das fahle Tal von allen Seiten tief gestaffelt umgeben
und die noch viel unpassierbarer und bösartiger sind als
das Tal selbst, dann kommt man auf ein mächtiges Stück
Erde, das kaum menschenfeindlicher gedacht werden
kann. Zudem liegt dieser Bezirk im südöstlichen California
und südwestlichen Nevada im ödesten Abschnitt des Großen Beckens zwischen der Sierra Nevada und den Rocky
Mountains.

Als Kalifornien um die Mitte des vorigen Jahrhunderts
amerikanisch wurde (bis dahin war es gut ein Jahrhundert
lang spanisch, dann mexikanisch gewesen), war es vor
allem das Gold, das im Tal des Sacramento gefunden
worden war, das aus dem Osten des Kontinents zu vielen
Tausenden Abenteurer und Glücksjäger nach Westen
lockte. Die Rockies waren über den South Pass verhältnismäßig leicht zu überwinden. Aber dann lagen viele Hunderte von Kilometern vor den sich mühselig voranquälen-
den Trupps von meist ungenügend ausgerüsteten und
unerfahrenen Männern, auf denen die Wasserstellen nur
sehr selten waren, nur ungenießbare Kakteen wuchsen
oder in unabsehbaren lockeren Dickichten die Wüstensalbei, wo jagdbares Wild nur äußerst selten anzutreffen war.
Je weiter die Scharen der Goldsucher nach Westen wanderten, desto trockener und unwirtlicher ließ das heiße Land
sich an, mit der wie mit Keulen dreinschlagenden grellen
Sonne und den eisigen Nächten. Sie erreichten schließlich
im Westen der nicht enden wollenden Ödnisse den tief
eingesenkten, langgestreckten Graben des Death Valley.
Wie viele der frühen Abenteurer in der wasserlosen, glut-
heißen Einöde umgekommen sind, wird nie mehr festzu-

stellen sein; fest steht lediglich, daß das Todestal seinen Namen zu Recht trägt.

Wie ein Hohn wirkt es und grenzt ans Groteske, daß an der tiefsten, heißesten Stelle des Tals ständiges Wasser ansteht. In einem klaren Teich von etwa der Größe eines Tennisplatzes tritt Grundwasser zutage, das auch in der größten Trockenheit und Hitze nicht versiegt. Es läßt sich gut vorstellen, mit welchen Hoffnungen, welcher Gier halb verdurstete Wanderer dem in der Ferne blinkenden Spiegel entgegentaumelten, sich an den Rand des Wassers hinwarfen, um das Naß zu schlürfen.

Aber das Wasser ist ungenießbar, so stark mit verschiedenen Salzen versetzt, daß man es sofort wieder ausspuckt, wenn man den ersten Schluck schmeckt. Trinkt man es doch, wie es viele der frühen Unglücklichen getan haben mögen, so verursacht es fürchterliche Übelkeit und Erbrechen und mag den geschwächten Wanderern den Tod gebracht haben.

Doch hat auch die Wüste des Todestals – genauso wie in seinem Südwesten die weit größere Mojave-Wüste – der unbekümmerten Lust der Amerikaner auf Beute nicht standgehalten. Im Death Valley wurden später Borax-Lager entdeckt und auch ausgebeutet, solange es sich lohnte. Ein Abenteurer, der sich der Wüste anzupassen verstanden hatte, soll im Norden des Todestals Gold gefunden haben; er wurde unter seinem Spitznamen Scotty bekannt. Wenigstens kam er auf eine bis zum heutigen Tage nicht recht aufgeklärte Weise zu Geld, viel Geld, fand auch in den Randbergen eine Stelle, wo frisches, trinkbares Wasser zu erschließen war, und baute sich hier in weltverlorener, gottverlassener Einöde ein großes Schloß, in dem es an nichts mangelte, was die damalige Zeit – vor hundert Jahren – an Komfort zu bieten hatte.

Scotty ist längst in der heißen Erde des Tals, der er schließlich sein ganzes Leben gewidmet hat, verdorrt, wie man wohl annehmen muß, denn daß ein toter Körper in der absoluten Trockenheit des Tals auf andere Weise vergeht, ist zu bezweifeln.

Heute ist »Scotty's Castle« zu einer gut ausgebauten und durchaus sehenswerten Attraktion für Touristen geworden und bringt einem tüchtigen Unternehmer Geld ein. Denn die Amerikaner haben sich auf die Dauer nicht schrecken lassen und eine Längs- und eine Querstraße durch das Death Valley getrieben, auf denen man sich, wenn auch nicht gerade im mörderisch heißen Sommer, durchs Autofenster einen Eindruck von einer der menschenfeindlichsten Landschaften der Erde verschaffen kann – und man kann sogar mitten im »Tal des Todes« sich den Tank wieder mit Benzin füllen lassen.

Sehr groß ist allerdings die Zahl der Touristen nicht, die sich in den Monaten des Herbstes und Winters durch das Todestal zu fahren trauen. Der Name und die düsteren Geschichten, die sich um die frühe US-amerikanische Zeit des Tals ranken, schreckt wohl auch heute noch die meisten Reisenden ab. Soweit sie aber doch das Gruseln lernen wollen, halten sie sich an die vorgebahnten und vom Straßendienst unterhaltenen zwei Routen, die sich in der Mitte des Tals kreuzen. Schon wenige hundert Schritte abseits davon ist die Einsamkeit, die uralt tödliche Verlassenheit, vollkommen ungebrochen.

Und doch sei darauf hingewiesen, daß selbst an den lebensfeindlichsten Orten auf unserem kleinen Dunkelstern die Einmaligkeit der irdischen Verhältnisse sich offenbart. Wenn das Leben nicht sozusagen in offener Feldschlacht siegen kann, dies wunderbare, zugleich zaubervolle und rätselhafte Leben, so setzt es sich auch noch an den unwahrscheinlichsten Orten auf verstohlene Weise durch, und mit großer List und einer fast unglaublichen Anpassungsfähigkeit.

In manchen Wüsten überdauern Pflanzen sogar oberirdisch lange Perioden der Trockenheit, leben von dem Tau, der gelegentlich fällt oder haben in großer Tiefe ein überaus weit reichendes Wurzelgeflecht entwickelt, das tief im Boden erhaltene Feuchtigkeit anzapft und so für das Überleben des kleinen, storren Strauches über der Erde sorgt. Wo aber über der Erde Gesträuch und Blattwerk erhalten ist, da können dann auch wieder einige besonders angepaßte Insektenarten ihr Fortkommen finden. Und wo es Insekten zu fangen gibt, kann vielleicht auch ein kleiner Vogel leben oder am Boden oder in den Zweigen ein Echslein. Es ist erstaunlich und wunderbar, wie das Leben, pflanzliches und tierisches, mit der Zeit jede Nische besetzt hat, die von der unbelebten Natur offengelassen wurde.

Gerade im Todestal, einer der bösesten Wüsten der Welt, ist dieser unerhörte Eroberungswille des Lebens besonders gut zu studieren gewesen, nachdem man erst einmal alle Risiken abzuschätzen gelernt hatte, die das Klima und die Bodengestaltung mit sich brachten, und nachdem einigermaßen brauchbare Wege durch die gähnend leeren Weiten des Großen Beckens und seiner wasserarmen oder gar wasserlosen Wüsten und Halbwüsten erkundet waren. Allein schon wegen ihrer räumlichen Begrenztheit wurde die verhältnismäßig leicht zu bewältigende Death Valley-Wüste, mochte sie auch auf den ersten Blick unbezwinglich erscheinen, ein Studienobjekt ersten Ranges für Geographen und Biologen. Zum Erstaunen der Wissenschaft wurden im Todestal etwa drei Dutzend Säugetierarten und über hundert Vogelarten entdeckt. Und selbst die umständliche und wenig anpassungsfähige Säugetierart Mensch hat es innerhalb von hundert Jahren gelernt, mit der Wüste Death Valley fertig zu werden und sie zu einer bloßen Sehenswürdigkeit für Touristen zu degradieren. Und Ähnliches gilt sogar für die ungeheure Sahara, wenn man hört und liest, daß diese allergrößte Wüste der Welt jedes Jahr von einer aberwitzigen Rennfahrt, der Rallye Paris-Dakar, durchbraust wird.

Auch weiß man längst, daß der Wüstenboden, wird er ausreichend bewässert, zu reichen Ernten fähig ist, wofür weite Bezirke gerade in Kalifornien auf beredte Weise Zeugnis ablegen. Im Wüstenboden haben sich seit Jahrhunderten Mineralsalze angesammelt, die nur darauf warten, durch Wasser gelöst und für die Pflanzen aufnehmbar zu werden. Ich habe einmal solche Experimente in der Nähe von Kairo im krassesten, dürrsten Wüstensand kennengelernt, und wollte meinen Augen nicht trauen, als mir die – deutschen – Biologen die ausgezeichneten Kartoffeln zeigten und sie mich schmecken ließen, nachdem sie gekocht waren. Sie hatten Nilwasser auf ein Stück elendester Sandwüste geleitet und völlig eindeutig hervorragende Ernten an Kartoffeln erzielt.

5. Kapitel

Wälder

Man sagt – oder sagte – den Deutschen nach, daß sie eine besondere Beziehung zum Wald hätten. Das »Schweigen im Walde«, das Dämmerlicht, das geheimnisvolle Rauschen in den Baumkronen, andererseits die geheime Vielfalt des Lebendigen in all der Stille, dies und manches andere spiegelte sich auch in der »deutschen Seele« – was immer man sich unbestimmt und ungefähr darunter vorstellen mochte.

Sieht man genauer hin, so ist schwer auszumachen, inwiefern das deutsche Wesen enger mit dem Wesen des Waldes verknüpft sein sollte als etwa das französische oder englische, dem ja auch eine gewisse Leidenschaft für die Jagd, für Hörnerklang, rote Reitröcke und Bewegung in frischer Luft nachgesagt wird.

Es gibt zwar deutsche Dichter, deren Poesie ständig um den Wald und seine grünen Schatten kreist. Joseph Freiherr von Eichendorff, der Romantiker, vertritt diese Spielart der deutschen Dichtkunst wohl am deutlichsten, und es mag stimmen, was behauptet worden ist, daß ein Lied wie »O Täler weit, o Höhen, o schöner, grüner Wald, du meiner Lust und Wehen andächt'ger Aufenthalt . . .« nur auf deutsch gedichtet werden konnte.

Aber natürlich können die Wälder nichts dafür, daß man ihnen die besondere Verwandtschaft mit dem Deutschtum andichtet. Und es fragt sich angesichts vieler Ereignisse und Entwicklungen dieses und auch der vorigen Jahrhunderte überhaupt, ob es der Wirklichkeit und Wahrheit entspricht, das deutsche Wesen mit dem Wesen des deutschen Waldes oder irgendeines Waldes in engere Beziehung zu setzen. Romantischer Schwindel wäre es, nichts weiter, meinen die Skeptiker, und vielleicht haben sie, wie so oft, auch weithin recht. In einer noch nicht industrialisierten Welt mag es richtig gewesen sein, Deutschtum und Wald in Verbindung zu bringen. Aber heute? – Die übergroße Majorität der Deutschen wohnt, lebt und arbeitet in mittleren und großen Städten und atmet statt kühler Waldesluft und Tannenduft Abgase von Autos und Heizungen ein. Statt Waldesrauschen liegt ihr das Geknatter vieler Arten von Motoren in den Ohren – und die seltenen Pausen werden mit Pop und Rock und Schnopp aus dem Radio oder Fernseher überbrückt.

Und doch war die Betroffenheit und Aufregung darüber, daß die überbordende technische Zivilisation, an der wir Deutschen ja besonders eifrig mitgebastelt haben, die Wälder krankgemacht hat, unter den Deutschen heftiger zu spüren als in anderen Bereichen Europas. Es ging uns wirklich nicht nur um den materiellen Schaden, den die Ausdünstungen der Autos und der Industrie an den Wäldern anrichteten. Gerade die deutschen Stadtbewohner fühlten sich bitter gekränkt, ja bedroht, als kein Zweifel mehr daran bestand, daß der Schwarzwald und andere Waldgebirge sich geworden waren – und noch sind. Und es stimmt wohl auch, daß die Deutschen, allerdings nur in Westdeutschland, sich gründlicher und aufwendiger darum bemühen, den Ursachen des Waldsterbens auf die Spur zu kommen und sie zu beseitigen oder zu mildern, als andere europäische Nationen.

Und wer es sich irgendwie leisten kann in diesen für uns krieglosen Jahrzehnten seit dem Zweiten Weltkrieg, in denen die (West-)Deutschen wohlhabender geworden sind, als sie es je waren, der beschafft sich so oder so neben seiner Stadtwohnung ein Ausweich- oder Wochenend-Quartier draußen im Land, am Wald oder im Wald.

Wald muß in der Nähe sein, sonst ist der Gegensatz zur oder die Erholung von der Stadt nicht mit der genügenden Deutlichkeit zu spüren!

Ich wohne selbst im Wald und am Rand weiterer großer Wälder, die bisher noch kaum oder gar nicht erkrankt zu sein scheinen, und habe in den vergangenen Jahrzehnten beobachten können, wie sich neben jedem der Wald- und Heidedörfer weit im Umkreis sozusagen Nebendörfer gebildet haben, in denen Leute aus den mittleren und großen Städten des Umlandes bis zu vier Autostunden Entfernung kleine oder auch größere Häuser als Zweit-Wohnsitze gebaut haben, um der immer unerfreulicher werdenden Stadtluft möglichst oft zu entgehen und doch in eigenen vier Wänden zu bleiben. Spricht man dann mit diesem oder jenem aus Bremen oder Berlin, aus Wolfsburg oder Hannover-Langenhagen, so heißt es mehr oder weniger übereinstimmend: »Wissen Sie, Herr Nachbar, ganz ohne Wald kommt man ja nicht aus. Im Wald hat man Ruhe und erholt sich am besten!« Vielleicht trifft es also doch zu, daß die Deutschen und ihre Wälder im Bereich des Unbewußten, sozusagen unterirdisch, miteinander in verwandtschaftlicher Zuordnung verbunden sind.

Denkt man darüber nach, so braucht eine solche Verknüpfung nicht allzu weit hergeholt zu erscheinen. Deutschland ist vor noch nicht allzu langer Zeit ein großes Waldland gewesen, in dem die Siedlungen als einzelne Rodungsgebiete verstreut lagen – und in manchen deutschen Regionen ist dieser Charakter noch bis zum heutigen Tage erhalten geblieben.

Könnte es also nicht so sein, als offenbarte sich in dieser deutschen Liebe zum Wald, in diesem Hingezogensein zu den grünschattigen Waldesgründen eine Rückerinnerung an die Lebensumstände, mit denen unsere Ahnen vor nicht allzu vielen Generationen als ihrer unausweichlichen Umwelt, der Grundlage ihrer Existenz, fertig zu werden hatten? Daß wir uns aus dieser engen Nachbarschaft, diesem Angewiesensein auf Wald und Baum und Holz lösten, begann ja erst vor nicht viel mehr als zwei Jahrhunderten, als sich mit der plötzlich auflodernden Entwicklung der Naturwissenschaften und der Technik Bauerntum und Handwerk immer stärker bedrängt sahen und den Fabriken, der Massengüter-Produktion, der Mechanisierung und Rationalisierung des Landbaus weichen mußten. Gleichzeitig damit begann die Zahl der Menschen, die in den »modern« werdenden Ländern leben, übernormal zu wachsen, als sei der Menschheit in den mit Technik und Naturwissenschaft gesegneten Staaten eine Überdosis von Wachstumshormon eingespritzt worden. Die schnell zunehmenden Bevölkerungen finden auf dem Lande, in den Wäldern keinen Platz mehr und sammeln sich in den wie Pilze aus der Erde schießenden, immer volkreicher werdenden Städten. Aber es bleibt in den Menschen, gerade in den an die Städte gebundenen, eine dunkle, sehnsüchtige Erinnerung an jene Jahrhunderte und Jahrtausende zurück, in denen die Welt aus Wäldern bestand, in denen die Menschen auf sehr eng begrenzten Lichtungen, auf Rodungsinseln lebten – und ganz verschwommen, ganz von fern und ungewiß wird diese längst und wahrscheinlich endgültig vergangene Zeit als ein verlorenes Paradies empfunden, für das man sich mit dem Ferienhäuschen in der Heide oder dem »Apartment« im Allgäu einen bescheidenen Ersatz zu erhalten bemüht ist.

Hier ist auch wahrscheinlich die Erklärung dafür zu suchen, warum für viele heutige Deutsche gerade Canada zum Land der Sehnsucht geworden ist. Ich bin ja auch dieser Sehnsucht erlegen und habe über Canada als dem Land der unermeßlichen Wälder und Waldeseinsamkeiten viel geschrieben. Was in Deutschland kaum noch irgendwo erhalten ist: Wald, Wald und nichts als wegloser, wilder Wald, so weit das Auge von meinem Berg aus reicht – in Canada ist es noch tausendfach, ja, als das allgegenwärtig Vorherrschende zu finden. Die Sehnsucht nach dem großen Wald – in Canada wird sie fast im Übermaß gestillt.

Auch der Osten der Vereinigten Staaten über den Mississippi hinweg bis an den Rand der großen Steppen, der Prärien, war ursprünglich – wie heute noch riesige Bezirke im kanadischen Osten und Norden – ein einziges, zusammenhängendes Waldgebiet. In den Staaten mit ihrer, verglichen mit Canada, sehr viel dichteren Bevölkerung, ist viel von der Ehrfurcht vor den »ewigen Wäldern« verloren gegangen, und auch in Canada hat die Geisteshaltung, die den Wald nur als Beute, als eine Quelle materieller Nutzung betrachtet, längst die Oberhand gewonnen. Allerdings ist Canada bis an die Grenze der arktischen Tundra ungeheuer reich an Wald, ist, von den Präriegebieten abgesehen, ein einziger großer Wald geblieben, der zwar vielfach »genutzt«, das heißt ausgebeutet wird – also ohne daß an seine Erneuerung gedacht wird –, aber aufs Ganze gesehen in seinem ursprünglichen Wesen nach wie vor erhalten geblieben ist. Das bietet, wie gesagt, sicherlich die Erklärung dafür, warum sich gerade so viele Deutsche nach Canada gezogen fühlen, warum sie gerade dort, wie ich aus Hunderten von Leserbriefen belegen könnte, sich wie heimgekehrt in ein hier in Deutschland nicht mehr vorhandenes, zerstörtes Traumland vorkommen. Sicherlich ist viel von diesen romantischen Gefühlen nichts weiter als verschwommene Schwärmerei, aber es weist auch darauf hin, daß sich in solchem uferlosen »Wald-Gefühl« offenbar ein spezifisch deutscher Wesenszug offenbart.

Wenn man so unbestimmte und fließende Zusammenhänge, wie eben diesen zwischen dem sogenannten deut-

schen Wesen und der Landschaftsform Wald, einigermaßen sachlich erfassen will, so habe ich es stets, anstatt
darüber zu phantasieren, als eine brauchbare Methode
empfunden, mich selbst mit möglichst kühlem Sinn zu
beobachten. Das habe ich auch in diesem Fall getan und
muß zugeben, daß ich, zweifellos ein ziemlich typischer
Deutscher, das heißt ein Mischling aus keltischen, germa-
nischen, romanischen und slawischen Bestandteilen des
Blutes, seit meiner frühen Jugend von einer deutlichen
»Hingezogenheit« zum Walde nicht frei bin (oder welchen
Namen ich sonst diesem keineswegs schwachen Gefühl
verleihen soll).
Wir wohnten ganz am Rande meiner ostdeutschen Heimatstadt. Bis zum Beginn des Waldes, der großen zusammenhängenden Waldgebiete des alten deutschen Ostens,
die weiter östlich nahtlos in die endlosen polnischen und
russischen Wälder übergehen, hatte ich es nicht weit. In
meiner bevorzugten Fortbewegungsweise, dem Lauf-
schritt (ich hatte schon damals ständig »keine Zeit«),
brauchte ich kaum fünf Minuten, um mich in die Umarmung der großen Kiefern-, Fichten-, Birken- und Buchen-
Forsten zu begeben, die teils in reinen, teils in gemischten
Beständen das jedem Geographen und selbst jedem damaligen Volksschüler wohl bekannte »Thorn-Eberswal-
der Urstromtal«, insbesondere seine abschüssigen Hänge
weithin deckten. Immer war es »heimlich« im Wald; man
wurde nicht schon wie auf den Wiesen und Feldern von
weither gesehen, konnte sich leicht verstecken, nahm
aber andererseits, wenn man die Augen offenhielt und die
Zeichen des Waldes zu deuten wußte, etwa das aufge-
regte Gekrächze des Eichelhähers, den Hauch einer Bewegung in den Schatten der Fichtenschonung, nahm jeden
anderen Waldgänger wahr, bevor man von ihm wahrgenommen wurde, konnte sich also seinen Blicken entziehen und irgendwohin im Unterholz wegtauchen. Denn –

und das gehörte ganz und gar zu dem Zauber, den der Wald auf mich ausübte – in seinem grünen, duftenden Schatten konnte und wollte man allein sein, auf sich gestellt, nur der eigenen Lust und Laune untertan. Die Zeit spielte dann keine Rolle mehr; jedem Gelüst durfte man nachgeben, sich den Mund mit Walderdbeeren oder Blaubeeren vollstopfen, einen Specht beobachten, wie er sich aus einem trockenen Stamm die Würmer herausklopfte, vom Waldrand her aus guter Deckung erspähen, wie auf der feuchten grasigen Lichtung im Wald ein zierliches Kitz mit stoßendem Mäulchen zwischen den Hinterbeinen der schlanken Rehmutter sich an der Milch erlabte, die ihm alleine vorbehalten war, durfte zuschauen, wie eine große Kreuzspinne zwischen den Zweigen einer jungen Fichte ihr Netz anlegte, Faden nach Faden zog in wunderbarer Ordnung, mit anscheinend höchst intelligentem Vorbedacht. Man entdeckte den giftigen Knollenblätterschwamm und sah ihn sich genau an: dieser verdächtige Pilz war also ein gefährlicher Heimtücker! Man hatte dem Vater aufmerksam zugehört und auch in der »Naturkunde«-Stunde in der Schule einiges mitbekommen. Man nahm auch wahr und zog, ohne es recht zu merken, eine Lehre daraus, wie auch im scheinbar so friedevollen Wald der Kampf ums Dasein unerbittlich im Gange war, wie in den noch nicht durchforsteten »Jagen«, den Abschnitten des Waldes in den staatlichen Forsten, die Stämme sich erbarmungslose Kämpfe um Raum und Licht lieferten, lautlose und langdauernde, die dann aber irgendwann doch damit endeten, daß dieser Baum seine Krone ins Licht und in die Höhe durchsetzte, und jener, mit dem zusammen er aufgewachsen war, zurückblieb, dünn und schwach mit magerem Gezweig sich reckte, nach Licht und Freiheit lechzte und doch nachgeben mußte, langsam starb und schließlich verdorrte.
Ich entsinne mich noch der merkwürdigen Erregung, die

mich überfiel, als ich eines schönen Sommertages des nie endenden Kampfes um Licht und Raum, um Leben also, inne wurde, den sich die Bäume in langgedehnten Atemzügen, aber mit großer Erbitterung untereinander lieferten. Wenn ich einem schmalen, dünnen Birkchen begegnete, das sich gestreckt und gestreckt hatte, um sich von den benachbarten Geschwistern und Kiefern nicht überholen zu lassen und die schmächtige Krone ins Freie, in die Sonne hinaufzurecken, dem aber die Kraft ausgegangen war, so daß es sich hatte beugen müssen, den Stamm mit dem Blätterwedel an der Spitze in einem großen Halbkreis zur Erde senkte und schon vom Tode gezeichnet war, dann fuhr mir ein Stich ins Herz: So jung noch, der überschlanke Baum, und hatte sich solche Mühe gegeben, am Leben zu bleiben und es den Gefährten gleichzutun – und war dann doch gescheitert! Sollte das nicht nur für die Welt der Bäume im Wald, sondern vielleicht für alles Lebendige, auch für die Menschen gelten?

Der Wald hatte mich gelehrt, nicht über das Hier und Jetzt, sondern über Werden und Vergehen, über das Schicksal nachzudenken, hatte mir klar gemacht, daß wir dem Schicksal alle unterworfen sind, ob uns das paßt oder nicht!

Aber das uferlose Schweifen in den Waldesgründen bot auch wunderbare Erleichterung, wie ich sie zu Hause nie zu empfinden meinte: Wenn ich müde wurde oder einfach zuviel in mich aufgenommen hatte, denn so ein kleines Quartaner-Gehirn ist nur begrenzt aufnahmefähig, dann suchte ich mir an verstohlener Stelle, die von keiner Seite her eingesehen werden konnte, eine Mulde mit weichem, herb duftendem Moos, streckte mich aus und war im Nu eingeschlafen.

Ich kann, glaube ich, von großem Glück sagen, daß mein Vater und meine Mutter nicht ängstlich waren, was ihren spät- und letztgeborenen Sohn anbelangte. Mein Vater

hatte mich auf ungezählten gemeinsamen Waldspazier-
gängen, schon, als ich noch ein winziger Dreikäsehoch
war, mit dem Wald vertraut gemacht und seine Liebe zu
den grünen Gründen auf mich übertragen. Er hatte mir
vor allen Dingen eingeprägt, daß man im wilden Wald
stets Wagemut und Vorbedacht in Übereinstimmung zu
bringen hatte, wollte man nicht riskieren, sich zu verirren,
aus einem Sumpfgebiet nicht mehr herauszufinden oder
einem Unwetter schutzlos ausgeliefert zu sein. Am und
im Wald lernte ich so eine Regel kennen, die mir mein
Leben lang außerordentlich gute Dienste geleistet hat.
Aber ganz und gar verwuchs ich mit den Wäldern meiner
Heimat erst, als meine Eltern endlich meinem sehnlichen
Wunsch nachgaben, nicht nur am Tage durch die kühlen,
manchmal auch schwülen Hallen unter dem Kronendach
schweifen zu dürfen, sondern auch die Nacht im Walde zu
verbringen.
»Du brauchst keine Angst zu haben, Mutter, mir passiert
nichts im Wald. Wenn es erst dunkel wird, findet mich
keiner mehr. Ich weiß ganz genau, wie und wo man sich
verbirgt. Und morgen spätestens um halb sieben bin ich
wieder da, muß mich ja waschen und umziehen und kann
dann mit euch Frühstück essen, wie sonst auch, brauche
dann nicht einmal mein Bett zu machen und meine Kam-
mer aufzuräumen, weil ich ja nichts in Unordnung gebracht habe.«
Und meine Mutter gab mit einem Seufzer nach; mein
Vater hatte sie mit einem Achselzucken getröstet:
»Laß ihn nur, Marie! Ich habe ihm Vorsicht beigebracht,
und außerdem: Der Bengel fällt sowieso immer auf die
Füße!« –
Wenn dann der letzte blendende Blitz der untergehenden
Sonne hinter dem Gitter der hohen Stämme erloschen
war, hatte ich mir mein Nachtlager längst erkundet, am
Rande einer Lichtung etwa, wo ein vergangener Sturm in

der Höhe aus erwachsenen Kiefern ein paar große Äste herausgebrochen und zur Erde geschleudert hatte. Die nadelreichen Zweigenden gaben eine federnde Matratze ab, wenn man das gröbere Holz herausgebrochen hatte. Man hatte ziemlich lange zu probieren, bis man die Unterlage so zugerichtet hatte, daß man angenehm darauf liegen konnte. Die dicken Moospolster des Waldes durfte man nicht für sein Nachtlager in Anspruch nehmen, es sei denn, es hatte für Wochen vorher Trockenheit geherrscht; sonst feuchteten sie mit der Zeit durch die Kleider, blieben zwar weich, aber machten mich glauben, ich läge in feuchten Windeln, ein peinliches Empfinden.

Eine alte Wolldecke hatte ich mir rechtzeitig organisiert, hatte sie in ein Stück wasserabstoßende Zeltplane gewikkelt, damit sie trocken blieb, und das kleine Paket unter einem dichten Brombeer-Gestrüpp versteckt. Zeltplane sowohl wie Wolldecke sollten mir helfen, die schon lange vorausgeplante erste volle Nacht im Walde zu bestehen. Dann brach sie endlich an, die erste, lang erhoffte Nacht im großen Wald nach Mieszlencinnek hinüber. Nun hatte ich den ganzen Wald für mich allein, war in meinem wohlgepolsterten Versteck bestimmt nicht mehr zu finden, hatte allerdings meinem vorsichtigen Vater genau beschreiben müssen, wo ich aufzutreiben wäre, sollte ich nicht wie versprochen pünktlich zum Frühstück wieder auftauchen.

Ich muß zugeben, daß ich in dieser ersten Nacht im Wald nicht viel zum Schlafen kam. Es war, so unglaubhaft es klingen mag, allzuviel zu sehen und zu hören. Zwischen den Zweigen über mir blinzelten die zahllosen Sterne einer warmen Sommernacht, glitzerten hier auf und da und lockten mich auf die Lichtung nahebei, wo ich, durch kein Kunstlicht gestört, wieder einmal versuchte, am samtdunklen Himmel die Sternbilder zusammenzufinden, die ich mir auf den Himmelskarten dutzendfach einzuprägen versucht hatte, aber dann im gedrängten Gewimmel der Sterne am klaren Nachthimmel über den Ebenen des Ostens nicht mehr ausmachen konnte. Auch in meinen Waldnächten wollte mir das nie zweifelsfrei gelingen – und es ist mir, wie ich zu meiner Schande zugeben muß, auch im späteren Leben bis in meine jetzigen alten Tage nicht gelungen. Außer dem Großen Wagen, der mit seinen beiden hintersten Sternen zum Polarstern hinweist, außer den Plejaden und der Kassiopeia und – im Winter – dem Gürtel des Orion habe ich die wahrscheinlich seit Jahrtausenden den Seefahrern vertrauten Sternbilder nicht mit eindeutiger Sicherheit zusammengebracht.

Aber ich ließ meinen kindlichen Ärger durch den Aufgang des schon nicht mehr runden Mondes über dem Ostrand der Lichtung trösten, die ich besonders liebte, zu jeder Jahreszeit und bei jedem Wetter. Blutrot und seltsam vergrößert stieg sie auf, die Scheibe des Nachtgestirns, funkte zunächst noch ganz ungewiß zwischen den Stämmen und Zweigen am Rande der Lichtung gegenüber mit ein paar Lichtzeichen herüber und schwang sich dann lautlos über die Wipfel hinaus, wenn man nur geduldig darauf wartete. Dabei blaßte das seltsam bedrohliche Rot des Aufgangs hinter dem lockeren Vorhang der Baumwipfel ganz allmählich zu stets hellerem Silberweiß ab, auch schien der Durchmesser der Scheibe, die einen Teil ihrer Rundung schon eingebüßt hatte, sich sachte zu verringern, bis schließlich der nun im Sternenraum aufschwebende Mond das Aussehen angenommen hatte, das ihm normalerweise zusteht. Ich saß im Gras und sah zu dabei, sah auch das Himmelsgewölbe langsam wandern und erkannte die Bahnen der sichtbaren Planeten, was mich merkwürdig stolz und glücklich machte.

Bis mich ein Rascheln im Unterholz ganz nahebei aus meiner versunkenen Himmelsbetrachtung aufschreckte;

es war nur ein kleines Geräusch, das mir am Tage wahrscheinlich gar nicht aufgefallen wäre. Jetzt in der tiefen Stille der Waldesnacht wirkte es beinahe überlaut. Ein kleines Tier mußte es gewesen sein. Was sich bewegt hatte, vielleicht vor Schreck, mich da hocken zu sehen, blieb mir verborgen.

Aber ich war abgelenkt von der Nacht und ihrer traumhaft sanften Sommermilde. Nein, ganz still war es gar nicht, ich hatte mich nur vom Mond, den Sternen und dem schwarzdunklen Samt des Nachthimmels gefangennehmen lassen. Jetzt mit einmal hörte ich ein Käuzchen in der Ferne rufen, und ein anderes viel näher bei mir gab Antwort – oder tauschten sie nur die Kennworte für ihre jeweiligen Reviere aus? Auch eine große Eule segelte über die Lichtung, als ein Schattenriß vor dem Mond für eine Sekunde deutlich abgezeichnet, ein so großer Vogel ohne einen leisesten Laut! Wieder rief das Käuzchen, wollte mich ermahnen, es für diesen Abend genug sein zu lassen und endlich schlafen zu gehen.

Doch dazu konnte ich mich noch nicht entschließen. Ab und zu bewegte ein kleiner Nachtwind, ein schlaftrunkener Seufzer nur, die Wipfel des Waldrands über mir, ließ sie leise raunen. Ich war gar nicht allein, sondern zu einem Bestandteil des Waldes geworden, der grenzenlosen Wälder, die von den heimatlichen Gefilden über ganz Nordost-Europa und dann als die sibirische Taiga bis zum Gestade des Stillen Ozeans hinüberreichen, Wald, Wälder, das größte zusammenhängende Waldgebiet der Erde, Nordwälder, die schließlich mit vereinzelten Zwergbirken in die baumlose Tundra übergehen, wo der ewig gefrorene Untergrund keinen Baumwuchs mehr zuläßt. Dieses pflanzengeographischen Tatbestands war ich mir schon als Knabe bewußt; er war nur einmal in der Erdkunde-Stunde nebenbei erwähnt worden, hatte sich aber mit vielen feinen Widerhaken in mein Gemüt verklammert und trug wesentlich dazu bei, mich meine erste einsame Nacht im größten Wald der Erde und manch eine nach ihr als eine weit über den Alltag hinausreichende Erfahrung nicht nur mit allen Sinnen genießen, sondern als einen Teil meiner Existenz erleben zu lassen.

Aus den großen Wäldern des alten deutschen Ostens vertrieb mich der Erste, aus der an Wäldern und verschwiegenen Waldseen so wunderbar reichen weiteren Umgebung von Berlin und Potsdam der Zweite Weltkrieg. Mehr durch Zufall als mit Absicht siedelte ich mich danach in der für deutsche Verhältnisse menschenarmen Lüneburger Heide an, wo ja von Heide nicht mehr allzuviel zu finden ist, an ihrer Statt aber große Wälder von Kiefern, Fichten und – die Fremden mögen es kaum glauben – von Eichen entstanden sind, wo auch noch nicht alle Feuchtgebiete mit ihren zum Teil mächtigen Torflagern entwässert sind und »landwirtschaftlich genutzt« werden.

Allmählich wurde mir das stille und anfangs, aber nur noch anfangs, sehr abgelegene und schwer zu erreichende Dörfchen in der Lüneburger Heide und mein Haus am »unbewirtschafteten«, das heißt noch einigermaßen naturbelassenen Wald mit vorwiegend Kiefern und Fichten, aber auch vielen Birken, Eichen, Rüstern, Ahornen und Wacholdern zu einer Ersatz-Heimat.

Doch fehlt mir hier, was ich ständig mit großer Deutlichkeit empfinde, durchaus das Bewußtsein, im westlichen Zipfel des ungeheuren, allergrößten geschlossenen Waldgebiets der Erde daheim zu sein, das seinen dichten, krausen Pelz von rauschenden Wipfeln bis ans Ochotskische, das Bering-Meer, bis an den Rand der Japan-See ausbreitet und mich so wie über eine nach Harz und feuchtem Laubwerk duftende Brücke mit dem riesigsten der Ozeane, dem Pazifischen, verbindet.

Ich weiß natürlich, daß solche Vorstellungen nichts weiter

sind als »dummes Zeug«, als Spintisierereien. Aber ich weiß auch, daß es sich um Empfindungen handelt, die das seelische und geistige Befinden mit großer Kraft beeinflussen, denen man sich nicht entziehen kann.

Die »dunkle« Fichtentaiga, die »lichte« Kiefern- und die »helle« Lärchen-Taiga Sibiriens haben mich seit Pennäler-Tagen und ihren knabenseligen Wäldernächten stets angezogen – eine Sehnsucht, der ich wegen der politischen Verhältnisse nicht nachgehen konnte. Aber immerhin habe ich den ungeheuren Wald zweimal durchfahren, auf der transsibirischen Bahn nach Chabarowsk und Wladiwostok, und bin dabei unter ziemlich abenteuerlichen Umständen in Abstechern so weit nach Norden vorgedrungen, wie es mir nur auf eigene Faust möglich war, und zwar von Swerdlowsk im Ural aus nach Norden bis nach Ssolikamsk und schon im Fernen Russischen Osten von Skovorodino hinauf bis zum mächtigen Aldan, einem rechten Nebenfluß der Lena.

Beide dieser »Ausflüge« fanden im Winter statt, also im Schlitten mit drei Pferden davor und mit einem bärtigen Kutscher im riesigen, zottigen Schafspelz. Und so quälte man sich, manchmal im Trab – Kling, Glöckchen, kling –, meistens im Schritt durch nie endenden, tief verschneiten Wald. Und wenn ich mich in dem aus Weiden geflochtenen, mit viel Stroh und selbstverständlich auch mit einem Schafspelz gepolsterten Schlittenkorb im geheimen sorgte, ich könnte aus dem Pelz die Läuse in meine bis dahin noch unverlauste Unterwäsche locken, und von dem Kutscher, dem wortkargen Eigner der kleinen, zähen Pferdchen wissen wollte, wie lange wir wohl noch bis zur nächsten Station zu fahren hätten, so zuckte er nur mit den Achseln, bugsierte die Pfeife in den andern Mundwinkel und knurrte:

»Weiß ich nicht. Wir kommen schon hin! Nur Geduld, Geduld!«

Nun gut! Ohne Geduld kam man nicht durch Sibirien und die ewige Taiga. Das hatte ich allmählich lernen müssen. Und er hatte ja recht: Wir würden schon hinkommen, wenn es soweit war.

Die Züge der transsibirischen Bahn haben es auch nicht eilig, und niemand regt sich auf, wenn sie mit einer oder zehn Stunden Verspätung in Irkutsk oder Tschita ankommen. Geduld, Geduld! Sie kommen schon an, irgendwann! So war es unter dem Zaren, und unter dem Sowjetstern ist es auch nicht anders. Aber die Deutschen, diese Verrückten, die haben sogar den Affen erfunden, die haben's mit der Pünktlichkeit und so weiter. Damit schafft man's nicht im großen Wald, in der Taiga ohne Ende, Geduld, Geduld!

Und so schuckelt man also weiter, einen Tag nach dem anderen auf der langen Strecke von Moskau nach Omsk, Krasnojarsk, Blagoweschtschensk nach Wladiwostok, rata-ta, rata-ta, rata-ta! Wald, Wald und in weiten Abständen eine kleine Station, wo der gemächliche Zug sich schnaufend ausruht und heißes Wasser zu haben ist für den Tee und wo man sich, wenn man Glück und Geld hat, ein halbes gebratenes Hühnchen auf dem Bahnsteig kaufen kann, auch Brot und gekochte Eier. In Sibirien ist das alles nicht so knapp wie in Moskau, und die Kontrolle, nitschewo, Rußland ist groß, und der Zar ist weit, und die Miliz von heute ist es auch, und man ersteht sich selber zwei prächtige gebratene Hühnerbeine und nagt sie ab, wenn die Bauersfrauen sie nun schon einmal an die Bahn gebracht haben, um ein bißchen Bargeld zu verdienen. Und keine Eile, Genosse, keine Eile! Der Zug hält solange, bis der letzte Teewasser-Holer mit seinem verbeulten Kupferkesselchen, aus dem es dampft in der trockenen Kälte, wieder sein Abteil im hintersten Waggon erreicht hat und umständlich wieder eingestiegen ist. Keine Eile, keine Eile! Wladiwostok läuft uns nicht weg. Wir kommen schon hin, vielleicht übermorgen, oder auch erst über-übermorgen. Man wird es ja erleben!

Als ich in Canada zum ersten Mal durch den großen Wald fuhr, der sich auch dort vom zweitgrößten, dem Atlantischen, zum größten, dem Pazifischen Ozean erstreckt, mit der Eisenbahn damals, der großspurig tüchtigen Canadian Pacific (denn die Transcanada-Straße gab es noch nicht!), wahrlich, da ging es anders zu als auf der jede unschöne Hast vermeidenden Trans-Sibir. Auch auf der endlosen Route durch den wilden, vielfach undurchdringlichen borealen Wald nördlich der großen Amerikanischen Seen mußte von Zeit zu Zeit gehalten werden, um Wasser für die Lokomotive nachzufüllen oder auf der eingleisigen Strecke einen Gegenzug abzuwarten. Bauersfrauen mit gebratenen Hühnern oder mit Käsebroten standen nicht auf dem Bahnsteig, und an heißes Wasser zum Tee war ohnehin nicht zu denken, einen Zapfhahn außen am Stationsgebäude mit dem Schildchen »Heißes Wasser« wie in Sibirien hatte sich noch niemand einfallen lassen. Aber drüben auf der anderen Seite der Bahnhofstraße gab es hinter hölzernen Fassaden ein oder zwei Geschäfte mit einer Tafel über der Tür und der Aufschrift »General Store«: Laden für alles. Aus den Waggons am Ende des Zuges mit der billigsten, der »Einwanderer-Klasse«, stürzten dann hastig Dutzende von Männern über die Geleise und die Straße, um sich drüben im Laden mit irgend etwas Eß- und Trinkbarem zu versorgen. Die frisch ins gelobte Land Canada gelangten Männer – kaum je eine Frau darunter – kannten sich in den Sitten Amerikas noch nicht aus, waren ohne Aufenthalt vom Schiff in Halifax oder St. John in die Waggons gestopft worden, um in den fernen Westen spediert zu werden, wo die Farmer um billige Arbeitskräfte sehr verlegen waren. Daß man auf der einige Tage langen Reise durch den großen Wald über Québec, Ottawa und North Bay nach den Prärie-Metropolen Winnipeg oder Edmonton auch etwas essen mußte – well, daran hatte jeder Reisende auf eigene Faust zu denken; und es tat ihm ganz gut, wenn er frühzeitig merkte, daß er sich in Amerika befand, wo jedermann für sich selber zu sorgen hat.

Viele der Einwanderer, der Ukrainer, Letten, Schweden, Deutschen, hatten das nicht sofort begriffen, hatten sich von der Weite und Leere des Landes keine Vorstellung gemacht und mußten sich nun unterwegs in aller Hast über Geleise und Straße hinweg notdürftig versorgen. Aber danach fragte der Zug- oder Lokomotivführer nicht. Sobald die Maschine wieder fahrfertig war, ein paar Kisten und Koffer aus dem Gepäckwagen aus- oder eingeladen waren, gab die große Glocke über der Stirn der Lokomotive ein paar nicht allzu laute Schläge von sich, Bimmelklänge nur, und die Wagenreihe, die endlos lange, ruckte an, sehr langsam zuerst, so daß die Männer, die sich beim Einkaufen nicht beeilt hatten, hinter den schon rollenden Wagen herstürzten, einen Griff, ein Trittbrett zu fassen kriegten und doch noch an Bord gelangten und mitkamen. Aber ich sehe es noch vor meinem inneren Auge, wie bei eigentlich jedem Halt einer oder zwei Passagiere die kümmerliche Bimmelei der Lokomotive überhört oder zu lange im Laden auf das Wechselgeld gewartet hatten und nun mit hängenden Armen zurückblieben oder auch, laut schreiend hinterherrennend, ihre geringe Habe, vielleicht auch ihre Papiere und ihr letztes Geld mit dem Zuge, der inzwischen Fahrt aufgenommen hatte, entschwinden sahen. Wie mir der Conductor, der Schaffner, versicherte, würden die Säumigen ihren Kram im Fundbüro in Winnipeg wiederfinden; gestohlen würde nichts: »In Canada auf der Bahn, der C.P.R., wird nichts gestohlen! Und die Brüder haben ihre Lektion weg! Amerika hat nämlich keine Ähnlichkeit mit einer Kleinkinder-

Bewahranstalt. Und der Lokomotivführer muß den Fahrplan einhalten, sonst bekommt er Ärger.«

So bekam auch ich ein wenig von der Lektion ab, was mir für meine späteren Jahre im großen Nordamerika sehr wertvoll wurde. In der Tat traf der Zug auf die Minute genau in Winnipeg ein, nach einer Reise von weit über viertausend Kilometern. Wenn zwischendurch einigen Bummelanten Beine gemacht worden war, so bedeutete das lediglich eine begrüßenswerte Einübung auf die amerikanisch/kanadische Wirklichkeit!

Schon beim ersten Mal wie später noch oft – und dann stets im Auto und nicht mit der Bahn – erschien es mir beinahe unglaubhaft, wie fast ohne jeden allmählichen Übergang die schwer passierbaren Waldgebiete nördlich der großen Seen auf dem uralten Laurentischen oder Kanadischen Schild an eine unsichtbare, aber ganz hart gezogene Grenze stoßen und plötzlich abbrechen und den tischflachen Unendlichkeiten der westlichen Grassteppen, Prärien genannt, Platz machen. Während man eben noch Stunde für Stunde die Welt vor dichtem, dunklem Wald nicht sehen konnte, nur zuweilen, wenn die Trasse an einem Hang entlangführte, sich den Blicken ein weites, weites Wipfelmeer, eine kraus wallende See offenbarte, durften nun die Augen bis zu allerfernsten Horizonten schweifen, die wie mit spitzer Nadel gezeichnet die unbegrenzt sich davonschwingenden Ebenen einkreisten.

Bald ist der ewige Wald, der die Route vom Atlantik her bis ins innerste Herz des Kontinents begleitet hat, ganz und gar vergessen. Die Welt besteht nur noch aus klarer, heller Luft, die den Blick für Dutzende von Meilen nicht behindert und immer wieder geringe Entfernungen vortäuscht, wo in Wahrheit noch meilenweite Strecken zum Ziel zurückzulegen sind. Über dieser Welt mit den wie Landmarken hoch an die Bahnstrecke gesetzten, leuchtend rot gestrichenen Getreidespeichern, den Wahrzeichen dieser unvergleichlich geräumigen Landschaft, schwebt wie eine strahlende Glocke der Himmel, in dem vom späten Vormittag bis in den Abend hinein – und dann vergehend – die großen, lockigen Wolkenschiffe treiben und das Licht blendend widerspiegeln von ihren ausgiebigen Bäuchen.

Lenkt man das Auto, um eine Weile zu verschnaufen und diese großzügig einfach gestaltete Welt auf sich wirken zu lassen, für zehn Minuten Pause an den Rand der schnurgerade zum Horizont zielenden Straße, auf der man schon seit einer Stunde keinem anderen Gefährt mehr begegnet ist (es sei denn, man hat unklugerweise den reichlich befahrenen Transcanada als Route gen Westen gewählt), dann nimmt den Rastenden ein seltsamer Gesang gefangen; die Ohren begreifen ihn erst nach einer kleinen Weile der Gewöhnung: Abertausende von Grillen im Gras und Kraut oder auch im sprießenden Weizen haben ihre kleinen Geigen auf den gleichen Ton gestimmt und fiedeln unisono darauf los; das Getön schwebt wie ein beinahe faßbarer oder sichtbarer Hauch über der Weite.

Im August rollt man über die zweitausend Kilometer der kanadischen Prärie wie über ein wogendes Meer von Gold. Denn dann reift der Weizen, so weit das Auge reicht, und kleidet das Land in das rötliche Gold der Abermillionen auf den Schnitt wartenden Ähren. Der Weizen ist ja auch ein Gras und hat auf der amerikanischen wie kanadischen Prärie das Gras und Kraut der ursprünglichen Steppen, die gewaltige Herden von schwarzen Büffeln ernährten, abgelöst.

Heute hat man sich zu fragen, ob diese im Grunde blitzschnelle Verwandlung einer Urlandschaft (wenn man die Geschwindigkeiten der natürlichen Wandlungen des Erdbildes zum Vergleich heranzieht) in eine erzwungene Einheitsnutzung, den Weizenanbau, auf die Dauer gut gehen wird, wie lange der seit Jahrtausenden an eine Vielfalt von

Gräsern und Kräutern gewöhnte und nie völlig entblößte Prärieboden es sich gefallen lassen wird, daß ihm die in die Ähren entsandte Kraft weggenommen, höchstens durch das Stoppel und vielleicht Düngemittelchemikalien unvollkommen ersetzt wird. Ich habe es Anfang der dreißiger Jahre in der großen Dürre, wie sie immer wieder von Zeit zu Zeit über die Steppen herfällt, erlebt, wie in himmelhohen Wolken von braunem Staub die Fruchtbarkeit davonflog; 1988 ereignete sich Ähnliches.

Unmerklich ist das Land angestiegen, während es unter den rollenden Rädern ostwärts zurückblieb. Aus den »Plains«, den Ebenen, wurde die »rolling Prairie«, die »rollende Prärie«, die in langhin schwingenden Wallungen wie ein Meer hinrollt, über das Tage zuvor ein Sturm hinweggeblasen ist. Die überkämmenden Wellen klangen jetzt zu glatten, flachen Hügeln ab.

Aber man darf sich nicht täuschen lassen: Sehr weit nach Norden breiten sich die kanadischen Prärien, die Weizensteppen von heute, nicht aus. Hundert Kilometer bis zweihundert nördlich der US-kanadischen Grenze enden die Steppen (südwärts reichen sie, immer trockener und wüstenhafter werdend, bis weit nach Mexiko hinein). Die Wälder umzingeln die Prärien im Norden und hören dann bis über den Polarkreis hinauf, doch immer ärmer und lichter sich bietend, nicht mehr auf, bis sie schließlich ganz verschwinden. Bis zu dieser fernen Grenze dehnt oder dehnte sich früher das Land der Indianer, jenseits davon hatten die Eskimos das Sagen. Blutige Streitigkeiten gab es in vergangenen Zeiten an dieser Völkergrenze genug. (Von Rassengrenze kann man eigentlich nicht sprechen, denn die Indianer ebenso wie die Eskimos gehen auf die Altmongolen Nordost-Asiens zurück). –

Nähert man sich von Osten her über die offenen Weiten des flach hin»rollenden« Prärielandes seinem westlichen Rand (man ist versucht, statt Rand Ufer zu sagen), so wird dem Reisenden, der im Auto unterwegs ist, eines der allerschönsten Erlebnisse geschenkt, wie sie ihm auch zuvor schon in reicher Fülle auf der sechstausend Kilometer langen Fahrt von Ozean zu Ozean geboten wurden: Früh morgens ist man an einem glasklaren Spätsommertage von Lethbridge, Calgary, Red Deer oder Edmonton (je nachdem, für welche Route westwärts über die Prärien man sich entschieden hatte) aufgebrochen, hat sich, noch ehe der morgendliche Berufsverkehr die Straßen füllt, aus der Stadt hinausgewunden und die kühle, schattenlos helle Leere der offenen Ebenen, der sanft gewellten, erreicht. Schnurgerade zieht die Straße vor dem Wagen genau nach Westen (denn auf der Prärie hinderte die Straßenbauer und Landmesser keine von der Natur diktierte Unregelmäßigkeit, ihre Linien und Wege genau Nord/Süd und Ost/West vorzuzeichnen).

Das Herz des einsamen Auto-Wanderers bebt ein wenig unter einer seltsamen Spannung, weiß doch der Fahrer, daß er an diesem Morgen aus den großen Ebenen ins Gebirge, die Rocky Mountains, eindringen wird. Irgendwann an diesem Morgen müssen also die Berge vor ihm in den Horizont hineinwachsen.

An den Tagen zuvor hatte er sich morgens stets um vier- bis fünfhundert Meilen weiter westwärts auf den Weg gemacht, war aber dabei dem lähmenden Eindruck ausgeliefert gewesen, überhaupt nicht vorangekommen zu sein, obgleich er doch zehn Stunden hinter dem Steuer gesessen hatte. Die schier grenzenlosen Flächen im Süden der Prärie-Provinzen Manitoba, Saskatchewan und Alberta hatten sich geglichen wie ein Ei dem anderen. Jeden Morgen, so konnte es scheinen, fand man sich wieder an den Anfang der gleichen Strecke zurückversetzt, die man schon am Tag zuvor bewältigt zu haben glaubte, in der Tat ein das Gemüt bedrückender, aber durchaus nicht abzuweisender Eindruck! An diesem Morgen aber wiederholte

er sich nicht! Dies wenigstens sagte mir der Verstand. Wie
würde es sich in der Wirklichkeit abspielen?

Ich brauchte auf die Antwort nicht allzu lange warten.
Hinter mir schickte sich die Sonne an, in alter Treue aus
einem Meer von purpurnen und goldenen Farben über
den Horizont her ihre ersten blendenden Blitze zu ver-
schleudern und die Nacht, die vor mir noch mit letzten
Schattentönen den westlichen Himmelsrand, wenn auch
nur noch zaghaft, besetzt hielt, endgültig ins Gewesene
zu vertreiben.

Und dann wurde ich mir – es geschah ganz plötzlich –
einer zunächst nicht glaubhaften Erscheinung bewußt, so
daß ich unwillkürlich die Fahrt meines Gefährts verlang-
samte:

Unregelmäßig, wie im spielerischen Zickzack über den
Horizont vor mir gezogen, tauchten silberweiße Linien
auf, mit allerfeinstem Griffel an die Unterkante der Him-
melsglocke gezeichnet. Ich gab es mir nach einer kleinen
Weile zu: Die aufsteigende Sonne hatte bereits die höchsten Erhebungen des Gebirges erreicht, das vor mir aus
den Ebenen wuchs, und ließ ihre eisigen und schneeigen
Umrisse gegen den dunkleren, sich gerade erst dem letzten Nachhall der Nacht enthebenden Horizont aufschei-
nen.

Ein Gefühl von Glück überflutete mein Herz: Ich hatte es
also geschafft; fast die ganze Breite des gewaltigen Kontinents lag bereits hinter mir; Fahrer und Auto hatten die
mächtige, im westlichen Europa so gar nicht darzustel-
lende Distanz unbeschädigt überstanden. Vor mir hoben
sich die silbernen Vorzeichen der letzten Etappe, die mich
noch vom Stillen, dem Großen Ozean trennten, sachte
und atemberaubend schön und herrlich in den Morgen-
himmel hinein.

Sie wurden immer deutlicher, waren schon nicht mehr zu
bezweifeln, etwa mit Wolkenschleiern zu verwechseln:

die Rockies, diese Ketten von schroffsten Kämmen und Graten, die in Nordamerika vom Herzen Alaskas her, dicht oder im Abstand der Ozeanküste folgend, nach Mexiko und Mittelamerika hinunterstreichen, sich südlich der Landenge von Panama in den eher noch wilderen und gewaltigeren Ketten der Anden fortsetzen und erst am Kap Hoorn ein sturmumtostes Ende finden.

Erstaunlich schnell wird aus der ersten silberblassen Ahnung des Gebirges unbezweifelbare felsige Wahrheit. Wie eine Mauer wächst der Wall des Gebirges über dem fernen Ende der immer noch pfeilgeraden Straße vor mir in die Höhe.

Es wird höchste Zeit, sich zur Ordnung zu rufen, denn die Ungeduld, zu sehen, ob und wo die »Felsigen Berge«, die »rocky mountains« sich öffnen, um mich und mein Auto einzulassen, hat mich längst zu einer Geschwindigkeit angespornt, welche die erlaubte weit übertrifft. Und dann ereignet sich schneller, als ich's voraussehen konnte, in der Tatsächlichkeit, was die angelesene Theorie versprach. Dort, wo der Fluß sich seinen Ausgang aus den Gebirgen erspült und ergraben hat, zwängt sich an seinem Ufer die Straße in den steilen Aufruhr der Erdoberfläche hinein. In einer Viertelstunde schon – viel länger dauert es auf keiner der das Gebirge querenden Ost/West-Routen – ist der Übergang vollzogen. Die Ebenen bleiben hinter mir so endgültig zurück, als hätte es sie gar nicht gegeben. Und sie hatten mich doch viele Stunden, im ganzen drei lange Tage gekostet!

In der Tiefe neben der Straße rauscht und schäumt der Fluß, der meiner Straße den Weg vorgebahnt hat – der Bow, der Saskatchewan oder der Athabasca –, und mir fällt all das ein, was sich in abenteuerlicher Frühe und Vergangenheit an diesen Strömen ereignet hat. Die Luft, die mir ins Auto dringt, duftet anders, als sie mir in den Tagen zuvor die Nase und Lungen füllte: Ich bin wieder im Wald. Kraftvoll und herrlich, angefüllt mit dichtem, grünen Unterholz steigt der Wald die Hänge hernieder, drängt an den Rand der Straße, kränzt die üppigen Wildwiesen, die neben dem Wasserlauf auftauchen, wo er weniger Gefälle aufweist und sich für eine halbe Meile oder mehr in die Breite dehnen und verschnaufen kann. Habe ich dann erst die Pässe hinter mir, den Crowsnest, den Kicking Horse oder den Yellow Head, und bin damit auf die Westseite der Hauptkette der Rockies geraten, so werden die Wälder dicht und herrlich, zu flüsternden, raunenden, rauschenden Paradiesen in unberührter Einsamkeit.

Selbst an Hängen, die sich schon der Senkrechten nähern, haben einzelne tollkühne Fichten Fuß gefaßt, klammern sich ins Gefels und recken ihre krausen, schwärzlich grünen Wipfel zum Himmel, lotrecht stets, mit dem Hang einen spitzen Winkel bildend. Ich muß gestehen, daß es mir nie einwandfrei gelungen ist, zwischen den vielen verschiedenen amerikanisch/kanadischen Fichten, Tannen- und Kiefernarten, Zedern dazu, zu unterscheiden. Nur eine habe ich schließlich zu identifizieren gelernt, vielleicht, weil ihr schöner Name mich zur Aufmerksamkeit verpflichtete: die Ponderosa-Pine, die Ponderosa-Kiefer. Ihr Stamm leuchtet rötlich auf am Tage. Im Morgen- oder Abendlicht aber scheint er wie von innen her zu glühen. Sie kommt mit wenig Wasser aus, die schöne, zähe Ponderosa, wird immer häufiger und schließlich vorherrschend, je weiter man längs der Küstenketten durch die drei pazifischen Staaten der USA, die sich südwärts an die pazifische Provinz Kanadas, British Columbia, anschließen, nach Süden vordringt, die Staaten Washington, Oregon und California.

In dem schmalen Streifen aber zwischen der Meeresküste und den ragenden, sehr unzugänglichen Wällen der kanadischen Coast Range, der Küstenkette, und den US-amerikanischen Cascades und der Sierra Nevada regnen die Wolken vom Pazifischen Ozean den Hauptteil der Feuchte ab, die sie mit den vorherrschenden Westwinden vom Meer hereintragen. So entstanden hier in meeresmildem Klima und bei weit überdurchschnittlichem Regenfall Urwälder, Regenwälder von wahrhaft tropischem Reichtum an Arten, einer überwältigenden Üppigkeit und Kraft, wie sie auf der Erde kaum irgendwo sonst in ähnlich vielgestaltiger Pracht anzutreffen ist.

Hier, an den Westhängen der nordamerikanischen Küstengebirge kann man die gewaltigsten und langlebigsten Lebewesen bewundern – mit Ehrfurcht im Herzen angesichts dieser Zeugen für die Dauerhaftigkeit und Stärke dessen, was als ungeheuer komplexe Erscheinung vielleicht unserem Planeten im All allein vorbehalten ist, eben dem Leben, das sich nach wie vor jeder »Erklärung« entzieht.

Die ganze Küste hinauf, von den Staaten an Canada vorbei bis ins wieder US-amerikanische Alaska, wiegen sie ihre gewaltigen Wipfel in den starken Winden vom größten aller Ozeane hoch über den minderen Geschlechtern der übrigen Baumarten: die Riesen-Zedern, die Sequoias, die Riesen-Redwoods. Tausend Jahre und mehr sind sie alt, manche werden auf dreitausend, ja viertausend Jahre geschätzt; sie wuchsen auf zu schon gewaltiger Höhe und mächtigem Umfang, ehe noch unsere Zeitrechnung beim Jahre 1 anfing. Sie überstanden unzählige Brände, die den geringeren Wald zu ihren Füßen vernichteten, sahen ihn wieder ergrünen; sie beugten sich nicht den ungeheuren Stürmen, die der Ozean von Zeit zu Zeit mit fürchterlicher Gewalt ins Land schickte; sie kümmerten sich nicht um die Erdbeben, die in dieser nicht besonders stabilen Region der Erdoberfläche den Grund erschüttern und verwälzen, und sie nahmen auch die Aschenregen hin, die von den vielen Vulkanen in weiten Abständen, aber doch ständig wiederkehrend, über das Land verstreut werden, wenn sich die fürchterlichen Pressungen im Untergrund des amerikanischen Westrands nach außen Luft verschaffen.

Zweitausend Jahre oder mehr haben sie allen Wechselfällen ihres irdischen Daseins standgehalten, haben Stämme gebildet, die von sechs oder zehn starken Männern mit ausgebreiteten Armen nicht umspannt werden können, blieben voll im Saft mit Kronen voller wehender Wipfel-Locken, Sinnbilder des unbezwingbaren Lebens, wie es sie in gleicher Überzeugungsmacht nirgendwo auf Erden sonst gibt – aber dann kam der Mensch mit der Motorsäge, und nach wenigen Stunden kreischender Arbeit sank die tausendjährige Herrlichkeit dahin, unzählige kleinere Bäume mit sich in den Tod reißend.

Regenwälder, von denen heute so viel gesprochen, um die gebangt wird, gibt es nicht nur in den schwül-heißen Tropen am Äquator, im Einzugsgebiet des Amazonas etwa, in Süd-Amerika, oder des Kongo in Afrika. Es gibt sie auch – und in unvergleichlicher Großartigkeit – in den gemäßigten Klimazonen der Erde, wenn auch nicht in gleich imposanter Ausdehnung. Nirgendwo sind sie – wie schon gesagt – großartiger als in dem schmalen Streifen zwischen der Küste des Pazifischen Ozeans und den hohen Ketten der Küstengebirge im äußersten Westen des nordamerikanischen Kontinents.

Heute sind von diesen uralten Bäumen und Wäldern im fernsten Westen der Vereinigten Staaten wohl kaum viel mehr als zehn Prozent übrig. Und wenn der Holzeinschlag im gleichen Tempo weitergeht wie bisher, wird in fünfzehn bis dreißig Jahren – die Schätzungen der Forstkundler gehen auseinander – von den großen alten Wäldern, die auf der Erde völlig einmalig waren, nichts mehr übrig sein. Die größten und ältesten Bäume der Welt enthalten Stamm für Stamm mehr Cellulose als viele Exemplare geringerer Stärke, lassen sich aber mit den Mitteln der modernen Technik in kürzester Zeit fällen, zerlegen und abtransportieren.

Die Schnelligkeit, mit der die Wälder verschwinden, hat in diesen Jahren ständig zugenommen. Es wird geschätzt, daß jetzt jährlich in Amerika etwa 24 000 Hektar eingeschlagen werden – das ist dreimal so viel, als während der Hochkonjunktur des Häuser- und Wohnungsbaus nach dem Zweiten Weltkrieg in Amerika eingeschlagen wurde. Als Ursache für die sprunghafte Zunahme des Einschlags der aus vergangenen Jahrhunderten und Jahrtausenden den heutigen Amerikanern zugewachsenen reichen Urwälder ist zweierlei zu nennen: die außerordentliche Entwicklung der Maschinen, Motoren und Apparate, mit denen selbst die riesigsten Bäume zu Fall gebracht und abtransportiert werden können, und

zweitens der seit dem Kriege schnell steigende Reichtum einiger nichtamerikanischer Länder, vor allem Japans, das lieber die eigenen, allerdings begrenzten und auch hoch geschätzten Waldbestände schont, als sie für den im gut verdienenden Japan rauschhaft ansteigenden Hausbau zu verbrauchen.

Zugleich mutet es beinahe grotesk an, daß zwar die großen Holzhandels- und Holzeinschlagsgesellschaften in den Staaten an den Holzexporten gut verdienen (denn die Japaner können es sich leisten, für amerikanisches Holz höhere Preise zu bezahlen als die durchschnittlichen amerikanischen Verbraucher), daß aber besonders mittlere und kleine Holzverarbeiter in den Staaten Schwierigkeiten haben, sich zu erträglichen Preisen mit genügend Rohmaterial einzudecken; sie drängen also die Regierung, noch mehr Staatswald für den Einschlag freizugeben.

Wenn auch viel mehr Holz eingeschlagen wird, als gesamtwirtschaftlich zu vertreten ist, so geht es der Holzindustrie im ganzen schlecht. In den vielen »Sägemühlen-Städten« (sawmill towns) des amerikanischen Nordwestens geht die Sorge um, und die Arbeitslosigkeit nimmt verhängnisvoll zu. Denn früher wurden die in den Urwäldern gefällten Stämme in den örtlichen Säge- oder Papiermühlen weiter verarbeitet. Jetzt aber gehen die Stämme, so wie sie im Walde fielen, in die Verladehäfen an der Küste, werden unbearbeitet verschifft und erst in Japan oder Taiwan für ihre späteren Zwecke aufgeschnitten. Den amerikanischen holzverarbeitenden Betrieben in Nord-Kalifornien, Oregon oder Washington bleibt das Nachsehen.

Es fordert zu bitterem Hohn heraus, wenn die großen amerikanischen Holzeinschlags-Gesellschaften versichern, daß sie längst dazu übergegangen sind, für jeden gefällten Baum einen jungen, neuen zu pflanzen. Das mag stimmen; man braucht es nicht zu beweifeln. Aber ehe solch ein frisch gepflanztes Bäumchen wieder einen Umfang und eine Höhe erreicht, die es »schlagreif« erscheinen läßt, vergehen je nach Baumart hundert bis zweihundert Jahre. Oder will gar irgendein auf »Gewinn jetzt!« bedachter Holzhändler zwei- oder dreitausend Jahre warten, bis wieder eine Sequoia, Douglas-Fichte oder Schierlings-Tanne herangewachsen ist, um kurzlebige Menschlein mit ihrer stolzen Gigantenhaftigkeit zu entzücken?

Ich habe den Untergang der an herrlicher Majestät nicht zu übertreffenden Urwälder im Norden Kaliforniens oder auf der Olympischen Halbinsel im äußersten Nordwesten des Staates Washington selbst unmittelbar erlebt. Als ich 1932 von San Francisco aus auf schmaler und schwieriger Straße längs der Küste nach Norden fuhr, standen die Riesenbäume am Wege Spalier.

Als ich fünfzig Jahre später die gleiche Route von Norden nach Süden befuhr (die Straße allerdings hatte sich unwahrscheinlich verbessert und bot keine Probleme mehr!), rollte ich zwar immer noch durch grünen, schönen Wald. Aber die uralten Baumgeschöpfe der Vergangenheit waren sehr rar geworden, waren nur noch zu finden, wenn man den Hinweistafeln folgte, die hier und da am Straßenrand auf die letzten Recken der einstigen Riesengeschlechter aufmerksam machten. Und es wird sicherlich nicht mehr lange dauern, bis nur noch in begrenzten Naturschutzgebieten, Museen einer nie wiederkehrenden Vergangenheit, Beispiele der ehrwürdigsten Lebewesen dieser Erde zu besichtigen sein werden.

Deutlich genug ist schon ausgesprochen worden, was den amerikanischen (ja fast überall noch jungfräulichen) Wäldern droht, wenn die gegenwärtige Entwicklung nicht abgefangen wird. Der US-amerikanische »Forest-Service«, die oberste Forstbehörde, hat 1989 eine Untersuchung veröffentlicht, daß auf amerikanischem Staatsland (von Privatland gar nicht zu reden!) in den nächsten zehn Jahren doppelt soviel Holz eingeschlagen werden wird, als mit neuen Bäumen nachwachsen wird. Entscheidend trägt zu dieser Situation bei, daß ein hoher Anteil des Einschlags nach Übersee, vor allem Japan, verschifft wird. In den letzten zehn Jahren ist ein Wald von 600 000 acres Umfang nach Übersee verschifft worden (1 acre = 4017 Quadratmeter). In den nächsten zwanzig, dreißig Jahren werden die ursprünglichen Urwälder, über die die USA heute noch verfügt, verschwunden sein, wenn nicht die oberste Staatsleitung Einhalt gebietet. Doch dies ist wenig wahrscheinlich. Noch im Januar 1989 hat der scheidende Präsident Reagan im Staatsbudget einen Export-Vorschlag abgezeichnet, nach welchem auch aus Staatswäldern unbearbeitete Baumstämme (bisher nur von Privatland) direkt nach Japan und anderen Ländern verschifft werden dürfen. Ob George Bush, der neue Präsident, diesen Vorschlag ausführen wird, ist noch nicht entschieden; doch steht es zu befürchten, denn Bushs Hauptanliegen muß es sein, die ungeheure Verschuldung der Vereinigten Staaten abzubauen – und da empfiehlt es sich offenbar, die natürlichen Reichtümer heranzuziehen, mit denen der liebe Gott Amerika gesegnet hat. Das ist »politisch« am ehesten zu verkraften.

Um es ganz deutlich zu sagen und um nicht lauter zu lamentieren, als sich durch Tatsachen rechtfertigen läßt: Die Wälder in Nordamerika sind nicht in Gefahr zu verschwinden (wie es dem tropischen Regenwald am Amazonas oder Kongo ergehen könnte, wenn er erst einmal durch die mit Riesenschritten fortschreitende Brandrodung beseitigt ist), aber die Gefahr ist sehr akut, daß der seit Jahrtausenden in unverminderter Kraft auf uns gekommene »jungfräuliche« Urwald, den keiner gepflanzt hat, verschwindet und mit ihm die großartigsten Sinnbilder und Denkmäler des organischen Lebens, die auf der Erde zu finden sind – oder soll man schon »waren« sagen? Auch nach den riesigen Waldbränden des Jahres 1988 sind die Wälder im amerikanischen Nordwesten und Westen nach den ersten Regen schnell wieder ausgeschlagen; die schwarz verkohlten Böden haben sich wieder begrünt; die Samen ruhten tief in der Erde und wurden von den Flammen nicht erreicht; und die Asche der verbrannten Hölzer und Kräuter bildete eine kräftige Düngung. Anders als im tropischen Regenwald ist im Wald der gemäßigten Zonen der Boden nicht ausgelaugt, hat nicht nur lediglich die Aufgabe, den Wurzeln der Bäume Halt zu geben, ohne am Kreislauf der Nährstoffe zwischen den Kronen der Bäume und dem am Boden verrottenden Laub beteiligt zu sein. Die US-amerikanischen Wälder werden nachwachsen, auch wenn die verwert- und verhandelbaren Stämme herausgeschlagen sind, was heute gründlicher und rücksichtsloser geschieht als je zuvor. Und wenn die großen Holzindustrie-Firmen wie etwa Weyerhäuser jeden geschlagenen Baum durch ein junges Bäumchen ersetzen, so bringt das zwar die tausendjährigen Redwoods oder Riesenzedern nicht wieder ins Leben zurück, aber es trägt dazu bei, das Land grün zu halten.

Nordamerika wird damit ein weiteres Stück seiner großartigen Ursprünglichkeit verloren haben, die sich für jeden das Land bereisenden Europäer so eindrucksvoll darbietet. Es wird dann nur noch Nutzwälder haben und damit dem älteren Europa ähnlich werden, in dem es ja auch schon längst keine Urwälder mehr gibt – von manchen Gegenden im hohen Norden und Osten vielleicht abgesehen. Die nach Amerika ausgewanderten Europäer haben von Anfang nur daran gedacht, die großen Möglichkeiten eines von wenigen primitiven Menschen bis dahin kaum »genutzten« Erdteils so konsequent wie möglich ohne Rücksicht auf das Bestehende auszubeuten, »to get something for nothing«, wie man heute noch im Amerikanischen sagt: »Etwas für nichts zu kriegen!« In Europa haben die Menschen im Laufe der Jahrhunderte und Jahrtausende lernen müssen, daß »to get something for nothing« auf die Dauer eine die eigene Existenz bedrohende Forderung darstellt. Wir haben uns also daran gewöhnt, der Erde nach Möglichkeit wieder zurückzugeben, was wir ihr entreißen oder ablisten. Die Äcker blieben also fruchtbar, die Flüsse und Seen fischreich, und die Wälder wuchsen in Etappen wieder nach. Erst die Moderne mit ihren gierig steigenden Bedürfnissen, ihrer hypertroph angewachsenen Menschenzahl und ihrem Verlust an Verantwortung gegenüber dem gewachsenen Leben hat auch bei uns vieles ins Schwimmen gebracht. Auch wir haben die lebensbejahenden Eigenschaften des Bodens, des Wassers, der Luft in Frage gestellt – und wir erleben heute den Kampf, diese verhängnisvolle Entwicklung aufzuhalten und nach Möglichkeit rückgängig zu machen – ein schwieriges Geschäft, das viele Gegner hat und dessen Ausgang noch keineswegs entschieden ist.

Wenn heute der Untergang der Riesenwälder im Fernen Westen der USA beklagt wird, wenn die fortschreitende »Auspowerung« des amerikanischen Staatswalds in den verantwortungsbewußten Zeitungen und Zeitschriften des Landes angeprangert wird, so muß man sich darüber klar sein, daß überhaupt mit der Besiedlung des Kontinents durch die Europäer die Wald-Rodung, d. h. Vernichtung, in gleichem Ausmaß einhergegangen ist. Nicht nur der Ferne Westen, sondern ganz Nordamerika (von den Wüsten und Steppen in der riesigen Senke zwischen den Küstengebirgs-Ketten und dem Felsengebirge abgesehen, und auch den Prärien zwischen dem Felsengebirge und dem Mississippi) ist ein riesiges Waldland gewesen. In den frühen Berichten wird immer wieder deutlich, wie die »unermeßlichen Wälder« des neuen Erdteils den ersten Siedlern Furcht einflößten, wie diese Wälder die große Herausforderung darstellten, der man sich gewachsen zu zeigen hatte, wenn man sich und den Kindern und Enkeln eine neue Heimat schaffen wollte. In Europa ist tausend Jahre vorher Ähnliches vorgegangen, als Germanen und hinter ihnen Slaven nach Westen vordrangen, dann wieder nach Osten zurückschwappten, heute wieder westwärts abgedrängt sind. Stets mußten dabei die Wälder Platz machen und nahmen an Ausdehnung ab. Aber die Zahl der Menschen war gering, ihre technischen Hilfsmittel wenig wirksam; die Wälder wurden nicht entscheidend in Frage gestellt, wohl aber immer bewußer gepflegt und in der Substanz erhalten.

So blieb in Deutschland der Wald, der große, grüne Wald, bis in die Gegenwart erhalten. Und als sich in unseren Tagen herausstellte, daß weite Bezirke der deutschen Wälder krank geworden, ja, im Süden der DDR und in der Tschechoslowakei schon gestorben waren, da ging ein

Schrecken durch die große Mehrheit der Menschen mit deutscher Muttersprache (denn auch in Österreich und der Schweiz geht die Sorge um die Wälder um; wenn sie absterben, was hält dann die Lawinen von den Bergen auf?). Die wunderbar schöne Mutter Erde – wir sollten sie nicht nur weiter ausbeuten –!

Wir sollten sie lieben, wie sie es verdient!

Daß sich eine weltweite Bewußtseinsänderung anbahnt, daß einzelnen Völkern und Staaten nicht mehr die Freiheit zugebilligt werden kann, mit ihren von der Natur gewährten, also ohne Verdienst geschenkt erhaltenen Vermögen nach Gutdünken – oder Schlechtdünken – zu verfahren, ist offenbar geworden, seit die Brasilianer angefangen haben, dem größten tropischen Regenwald der Erde, dem im riesigen Einzugsgebiet des weitaus wasserreichsten Stroms der Erde, des Amazonas, den Lebensfaden abzuschneiden.

Die Sache begann damit, wie so vieles, was das Bild der heutigen Zeit bestimmt, mit einer Entwicklung auf technischem Gebiet. Es wurden die Apparate und Maschinen erfunden, mit denen man hundertmal schneller und müheloser als früher mit der Kraft menschlicher oder tierischer Muskeln schwierige Arbeiten verrichten konnte: Bäume fällen, Unterholz forträumen, Erdreich bewegen, Sümpfe entwässern, Brücken bauen und Dämme aufschichten. Jahrhundertelang hatte der Regenwald als undurchdringlich gegolten. Nun endlich hatte man die Mittel in der Hand, das Hinterland mit seiner ungeheuren Pflanzenfülle und seiner noch immer unabsehbaren Tierwelt aufzuschließen. Man konnte Straßen durch die »Grüne Hölle« bahnen, und diesen Straßen würden dann die Siedler und Unternehmer folgen; die wild verwucherten Unendlichkeiten würden endlich planvoll »genutzt« werden.

In großer Geste war ja bereits eine neue Hauptstadt Brasiliens, des fünftgrößten Landes der Erde (nach der UdSSR, Canada, China und den USA), die funkelnagelneue, futuristisch gestaltete neue Kapitale Brasilia gegründet worden, und zwar weit von der Küste weg, von der ehemaligen Hauptstadt Rio de Janeiro, im tiefsten Innern, im Staat Goias. Brasilien brachte damit zum Ausdruck, daß es sein Antlitz vom Atlantischen Ozean, auch von Europa ab und ins eigene Innere wenden wollte, womit der riesige tropische Regenwald am Amazonas sich in den Blickwinkel schob. Bis dahin war er, und immer nur für begrenzte Zeitspannen, nur zur Kenntnis genommen worden, wenn er plötzlich Gelegenheit zu schneller Beute bot.

Den neu von riesigen Maschinen durch den Regenwald gesprengten Straßen folgten die halb verhungerten Siedler aus dem »Armenhaus Brasiliens«, seinen Nordost-Provinzen, in Scharen. Sie hegten die Hoffnung, auf freiem, jungfräulichem, vom Urwald befreiten Land ein neues Leben für sich und ihre Familien beginnen zu können. So radikal wie möglich wurde die Pflanzenhülle beseitigt und schließlich verbrannt, was in der heißen Tropensonne notdürftig getrocknet war. Die Asche düngte dann den so gut wie sterilen Urwaldboden, schnell nachlassend, für drei bis fünf Jahre; dann waren die Nährstoffe verbraucht; das allermeiste davon war zuvor mit den Glut- und Rauchschwaden des Brandes in die Atmosphäre entwichen. Der Siedler mußte weiterziehen und das jämmerliche Spiel an anderer Stelle wiederholen, wenn er eine neue Ernte erzielen wollte, um die hungrigen Mägen seiner Kinder zu füllen.

Viel rücksichtsloser jedoch als die stets nur an die eigene Notdurft denkenden armseligen Siedler gingen große Kapital-Gesellschaften aus den USA und Europa dem Regenwald zu Leibe. Es sah so verlockend aus, sich riesenhafte Gebiete des in seiner Üppigkeit fast erstickenden

Tropenwaldes zuschreiben zu lassen, den Pflanzenwuchs mit den Mitteln der modernen Technik abzuräumen, die schnell trocknenden Pflanzenmassen in ungeheuerlichen Feuersbrünsten zu vernichten und auf dem »geklärten« Boden entweder unabsehbare Monokulturen von gewinnbringenden Nutzpflanzen anzulegen oder die freigelegten Flächen mit geeigneten Steppengräsern einzusäen und auf den so entstehenden Fluren Tropenrinder, Zebus etwa, weiden zu lassen, um dann sie oder ihr Fleisch in alle Welt zu verkaufen.

Eine ganze Reihe der größten Industriefirmen aus den entwickelten Staaten der westlichen Welt haben an das große Geschäft im brasilianischen Amazonien geglaubt und sich im alten, engen Europa in solchem Umfang niemals vorstellbare Urwaldgebiete von der Regierung zur Nutzung überschreiben lassen. Der größte Chemiekonzern der Vereinigten Staaten, Du Pont, der internationale Hersteller von Autoreifen, Goodyear, der Schweizer Nestlé-Konzern, die französischen Großfirmen Liquigaz und Gobain, der deutsche VW-Konzern und viele andere beteiligten sich in größtem Stil an der Vernichtung des Regenwaldes. Der amerikanische Automobilproduzent Henry Ford gründete »Fordlandia« am Rio Tapajós in der Meinung, hier seinen eigenen Kautschuk für die Räder seiner weltweit angebotenen Autos erzeugen zu können. Alle diese großangelegten Versuche, den Regenwald mit modernen Mitteln in Groß-Plantagen oder riesige Viehfarmen zu verwandeln, sind fehlgeschlagen, endeten in ökonomischen sowohl wie ökologischen Katastrophen. Kein einziger der gigantischen Pläne, den »nutzlosen« Regenwald in ein profitables Unternehmen zu verwandeln, hat Erfolg gehabt. Fordlandia mußte ebenso aufgegeben werden wie die Unternehmung eines der größten Landeigentümer in Brasilien, der »Volkswagen do Brasil«. 1974 hatte VW auf seinen Besitzungen südlich von Tacurui an die achttausend Quadratkilometer Regenwald in Flammen aufgehen lassen. Das Feuer wütete viele Wochen lang über einem Gebiet von annähernd der halben Größe des deutschen Bundeslandes Schleswig-Holstein. Zuvor war der Wald mit chemischen Mitteln von der Luft her entlaubt worden, mit Giften, wie sie auch von den Amerikanern im Vietnam-Krieg benutzt wurden, um dem Gegner, den Vietcong, die Deckung duch das Laubdach des Waldes zu nehmen. In Amazonien allerdings wollte man den Wald nur entlauben, damit die Blätter und das Holz unter der heißen Sonne schnell trockneten und entsprechend besser brannten! Und all die anderen Vernichter des Waldes verhielten sich nicht anders.

Weder die Regierungen der Länder, die einen Anteil am tropischen Regenwald besitzen, weder die neunmalklugen Direktoren der Großunternehmen wie Goodyear, Ford oder VW, weder die Besitzer der großen, schnell verelendenden Großfarmen und Viehzuchtbetriebe, noch die unzähligen armseligen Kleinsiedler längs der Transamazonica mochten daran glauben, daß vom Regenwald, ist er erst einmal radikal vernichtet, nichts mehr übrigbleibt, was noch zu verwenden wäre. Dabei haben es kluge und gewissenhafte Wissenschaftler schon gewußt und gesagt, daß die Regenwald-Welt von winzigsten Pilzen und Moosen bis zu den hundert Meter hohen Baumriesen einen in sich geschlossenen Lebens- und Nahrungs-Kreislauf darstellt, der nicht in hundert oder zweihundert Jahren, wahrscheinlich überhaupt nicht wiederhergestellt werden kann, wenn er erst einmal in den künstlich bewirkten ungeheuerlichen Feuersbrünsten abgewürgt worden ist. Die Böden am Grunde der Regenwälder enthalten – ganz anders als die Böden in unseren gemäßigten Zonen – keine Nährstoffe mehr, die sie, nachdem der Wald verschwunden ist, an vom Menschen angesetzte Kulturen abgeben könnten; sie sind so gut wie tot.

Deswegen versagen alle späteren Anpflanzungen, sobald die Asche als Düngemittel verbraucht ist.

Diese Tatsache ist heute durchaus nicht mehr anzuzweifeln, wird aber vom Verstand der durchschnittlichen Zeitgenossen noch immer ebensowenig begriffen wie von den Regierungen vieler Tropenländer. Auch die Brasilianer fühlen sich in ihrem beträchtlichen nationalen Stolz gekränkt, wenn man ihnen heute sagt, daß der Regenwald, wenn überhaupt, nur mit äußerster Vorsicht »genutzt« werden darf, daß er schnell zu zerstören, aber praktisch nie wieder hervorzuzaubern ist – ganz abgesehen davon, daß ihre Regenwälder wie alle Regenwälder der Tropen auch in Afrika und Asien nicht nur den jeweiligen Staaten gehören, sondern in der Tat für die gesamte übrige Welt lebenswichtig sind.

Denn die Regenwälder haben in ihrer über Jahrtausende gedehnten Geschichte nicht nur einen, zwar den Boden völlig verarmenden, sich selbst aber großartig genügenden Kreislauf der Nährstoffe entwickelt, sondern sorgen auch ebenso für einen ebenfalls so gut wie geschlossenen Kreislauf des Wassers, ohne das die abgefallenen Blätter und abgestorbenen Hölzer nicht zerfallen, ohne das die abertausend Pflanzen und Bäume die in der Verrottung und Verwesung wieder freiwerdenden Nährstoffe gar nicht aufnehmen könnten. Das Wasser verdunstet aus der unermeßlich großen Oberfläche der Blätter, Blüten und Stämme, sammelt sich über dem Wald zu neuen Wolken und fällt von neuem herab. Forschungen haben ergeben, daß nur etwa ein Viertel der in den Regenwäldern gebundenen Wassermenge über die Flüsse und Ströme ins Meer gelangt. Drei Viertel dünsten im und über dem Regenwald auf und regnen wieder in die grüne Tiefe. Was verloren gegangen ist, wird vom Weltmeer in den Wolken erneut herangetragen. Wird jedoch der Regenwald über weite Bezirke zerstört und in kümmerliche Grassteppe verwandelt, um Herden von Zeburindern für begrenzte Zeit zu ernähren, so wird weiten Bezirken das Wasser entzogen: Sie trocknen aus.

Erst seit wenigen Generationen verbrennt die Menschheit, vor allem jene der sogenannten »entwickelten« Länder, die Kohlenstoff-Reserven, die sich in vergangenen Erdzeitaltern angesammelt haben; Kohle, Holz, Erdgas und vor allem Erdöl. Der Kohlenstoff verbindet sich – das bedeutet Verbrennung ebenso wie Verrottung – mit dem Abfallprodukt aus der Photosynthese der Pflanzen, dem Sauerstoff der Luft, zu Kohlendioxyd. Ein großer Teil davon wird von den Pflanzen der Erde zum Aufbau ihrer organischen Substanz benötigt. Das Problem besteht darin, daß durch die Eingriffe des Menschen in die natürlichen Abläufe seit dem Beginn der industriellen Revolution viel mehr Kohlendioxyd erzeugt wird, als durch die pflanzliche Photosynthese wieder gebunden werden kann; es reichert sich also in der Erdatmosphäre an.
Die Vernichtung der Regenwälder trägt zu dieser übermäßigen Zunahme des einerseits lebensnotwendigen, andererseits sehr gefährlichen Gases ganz entscheidend bei. Noch nie haben die Menschen so wahnwitzig ihre eigene Lebensgrundlage in Frage gestellt, wie es heute in dieser Zeit der triumphierenden Naturwissenschaft und Technik geschieht. Als Alexander von Humboldt, der große deutsche Naturforscher, zu Beginn des vorigen Jahrhunderts die damals schier unglaubhaft erscheinenden Wunder des Regenwaldes in Europa dem gebildeten Publikum bekannt machte, war noch etwa ein Achtel des festen Landes auf der Erde von Regenwäldern bedeckt. Heute, so wird geschätzt, ist nicht einmal mehr die Hälfte dieser immergrünen, von abertausend, zum großen Teil längst nicht erforschten Formen tierischen und pflanzlichen Lebens erfüllten Gefilde noch vorhanden. Und diese Hälfte

nimmt rasend schnell weiter ab, insbesondere seit den fünfziger Jahren dieses Jahrhunderts.

Es kann als vollkommen gesichert angenommen werden, daß schon 1979 (nach einem Bericht der Vereinten Nationen) jährlich an die 60 000 Quadratkilometer Regenwald vernichtet wurden, eine Schätzung, die schon ein Jahr danach auf Grund von Satelliten-Fotos von der amerikanischen Wissenschaft auf 200 000 Quadratkilometer angehoben wurde. (Zum Vergleich sei daran erinnert, daß die Bundesrepublik Deutschland 248 707 Quadratkilometer umfaßt).

Seitdem hat die Zerstörung der Regenwälder nicht etwa ab-, sondern Jahr für Jahr zugenommen, und niemand weiß zuverlässig anzugeben, welches Ausmaß sie heute erreicht hat. Fest steht jedoch, daß Länder, die sich noch vor einem halben Dutzend von Jahrzehnten großer Regenwald-Zonen rühmen konnten, inzwischen mehr oder weniger ihrer Feuchtwälder verlustig gegangen sind, was etwa für Ceylon (Sri Lanka) und Indien, für Bangladesch und Haiti gilt. Thailand, Malaysia, Sierra Leone, Nigeria, die Ivory-Coast befinden sich auf dem besten Wege zu diesem Zustand.

Wenn man den internationalen Statistiken trauen darf, so verbrauchte die westliche Welt im Jahre 1950 rund vier Millionen Kubikmeter tropischer Harthölzer, die so gut wie ausnahmslos aus den Regenwäldern stammten. Drei Jahrzehnte später war der Verbrauch auf 66 Millionen Kubikmeter gestiegen!

Die Hälfte der aus den Feuchttropen stammenden Holzmengen wird übrigens von den holzhungrigen Japanern verbraucht, etwa ein Drittel geht nach Europa, der Rest vor allem nach den Vereinigten Staaten. Es läßt sich ohne jede Übertreibung feststellen, daß vier Fünftel der »Ernte« an tropischen Harthölzern von nur einem Fünftel, dem »entwickelten« der Erdbevölkerung, beansprucht wird.

Dabei haben sich im Laufe der Jahre vielfach groteske Mißverhältnisse ergeben. Da den meisten Lieferländern die technischen Einrichtungen fehlen, die Hölzer, die auf ihrem Grund gewachsen sind, zu verarbeiten – sie werden also als rohe Stämme in den industrialisierten Norden ausgeführt –, reichen die Gewinne aus dem Holzverkauf nicht einmal aus, die Einfuhren von Holzprodukten, vor allem von Papier, aus den Industrieländern zu bezahlen. So muß, um nur ein Beispiel zu nennen, das afrikanische Nigeria, das seine wertvollen Hölzer bereits so gut wie vollständig an den Mann gebracht hat, heute annähernd das Hundertfache seiner Einnahmen aus Holzexporten für den Import von Holzprodukten, insbesondere von Papier, aufwenden. Solche Fälle ließen sich häufen.

Die ärgsten und bedenkenlosesten Vernichter der tropischen Wälder sind in unseren Jahren in Japan zu suchen. Eine Zweig-Gesellschaft der Honshu Paper Comp. hat in dem jungen, sich mühselig und nicht besonders geschickt aus der Primitivität in die anspruchsvolle Gegenwart hinaufhangelnden Staat Papua-Neuguinea wertvolle Konzessionen für die Nutzung riesiger Gebiete des Regenwaldes der großen Tropeninsel erworben und – anders kann man es nicht nennen – raubt seit der ersten Hälfte der siebziger Jahre diese bis dahin nie angerührten, ungeheuer holzreichen Gefilde schonungslos aus. Die Wälder, die zum größten Teil noch unerforscht sind, werden unter Einsatz modernster Maschinen bedenkenlos niedergemacht und gleich an Ort und Stelle zu Holzschnitzeln zerkleinert. Diese bequem zu verschiffenden Cellulose-Mengen (an die 20 000 Tonnen im Monat) werden dann in Japan von den Honshu-Papier-Werken zu Papier, vor allem Zeitungspapier, verarbeitet – von dem das meiste wie auch in Europa und Amerika irgendwann und -wo in Flammen aufgeht: eine in die Länge gezogene Feuersbrunst der Regenwälder.

Japan ist es, das heute 40 Prozent aller Ausfuhren tropischer Hölzer für sich beansprucht. Das meiste davon wird für Beton-Verschalungen im Hochbau-Gewerbe, für Wohnbauten und für die Möbelfertigung verbraucht, nachdem unzählige Bäume in den Tropenwäldern abgeschlagen worden sind. Saburo Okita von der japanischen Gruppe des World Wildlife Fund hat darauf verwiesen, daß es in Asien in 15 Jahren keine nutzbaren Hölzer des Regenwaldes mehr geben wird, wenn die japanische Wirtschaft in gleichem Tempo weiterwuchert wie bisher.

Es wird fast bis zum Überdruß darüber geredet und geschrieben, daß die gesamte Erdatmosphäre durch die Überproduktion von Kohlendioxyd verdorben wird. Es stimmt, daß mindestens die Hälfte dieser Überproduktion von unseren geliebten Autos, aus unseren Heizungsanlagen, aus den Schornsteinen der Fabriken und Kohlekraftwerke stammt, mit einem Wort: aus dem Verbrauch fossiler Brennstoffe. Die andere Hälfte aber der verhängnisvollen Überschuß-Produktion des viel berufenen Gases aus Kohlenstoff und Sauerstoff entsteht in den Tropen, wenn die Regenwälder in Flammen aufgehen – bis zu zweihunderttausend Quadratkilometern pro Jahr! Wenn man den Berechnungen des wohl bedeutendsten amerikanischen Fachmanns George W. Woodwell trauen darf (und es würde sich empfehlen, ihnen zu trauen!), dann tragen die verbrennenden Regenwälder, vor allem jene Südamerikas im Amazonas-Gebiet, zum wachsenden Überschuß an Kohlendioxyd in der Lufthülle der Erde in höherem Maße bei als sämtliche Autos, Heizungen, Fabriken auf der Erde insgesamt!
Wieso ist der anschwellende Ausstoß von Kohlendioxyd in den ja relativ nur hauchdünnen Luftmantel der Erde, unseren sehr eng begrenzten Lebensraum, so gefährlich? Kohlendioxyd läßt zwar die wärmenden Strahlen der

Sonne zur Erdoberfläche durchdringen, verhindert aber gleichzeitig die Rückspiegelung der längerwelligen Infrarotstrahlen (Wärmestrahlung) in den außerirdischen Raum um unseren Planeten. Das in langen Zeiträumen der Erdentwicklung gewonnene Gleichgewicht zwischen Einstrahlung und Abstrahlung der Sonnenwärme auf Erden wird also durch die übermäßige Zunahme des Gases gestört. Es bleibt wie in einem Gewächshaus oder Treibhaus laufend etwas mehr Wärme in der Luft um die Erde zurück, als wieder loszuwerden ist. Seitdem mit dem massenhaften Verbrauch von fossilen Brennstoffen wie Kohle und Öl im vorigen Jahrhundert begonnen worden ist, hat sich die Erd-Atmosphäre langsam, aber gleichmäßig erwärmt. Und diese Entwicklung hat sich verhängnisvoll beschleunigt, seit nach dem Zweiten Weltkrieg das wahnwitzige brutale Abbrennen der Tropenwälder immer noch mehr wärmestauendes CO^2, Kohlendioxyd, in die Atmosphäre hineinpreßt.

Dieser sogenannte »Treibhaus-Effekt« ist imstande, die Existenz des menschlichen Lebens auf dieser Erde in noch nie so in der menschlichen Geschichte erlebtem Umfang zu gefährden. Hier liegen die wahren Probleme dieses vergehenden und des kommenden Jahrhunderts, und wenn die Regierungen der Welt sich nicht einigen, ihre Einzelinteressen und Alltagszänkereien vergessen und begreifen, was wichtig und was unwichtig ist, dann werden unsere Kinder auf einer überfüllten, verdorbenen, verwüsteten Erde leben (oder sterben) müssen, auf der das Dasein keine Freude mehr bereitet.

Großartig sind diese gefährdeten tropischen Regenwälder – aber auch unheimlich. Mit den Wäldern der gemäßigten Zone, also den Wäldern in Deutschland oder Canada, in Finnland, Oregon oder Montana fühle ich mich durchaus innerlich verwandt; in ihren kühlen, grünen Hallen habe ich das Gefühl, daheim zu sein, das heißt an einem Ort, wo ich »hingehöre«. Die tropischen Regenwälder dagegen sind mir stets fremd und feindlich vorgekommen. Von irgendeiner Sehnsucht zurück in ihre dunstige, ewig dämmrige, stickige Schwüle kann bei mir keine Rede sein. Die beängstigende Fülle, die sich selbst übersteigernde Vielfalt der pflanzlichen Erscheinungen, ein unübersehbarer Artenreichtum der Tierwelt, angefangen von den sonderbarsten Säugetieren über kleine und große Reptilien, verschiedenste Schlangen zu merkwürdigsten Vögeln und einer noch nicht annähernd erforschten oder auch nur benannten, unbeschreiblich bunten Vielfalt von Insekten, dieser wahrhaft atemberaubende Reichtum an Lebensformen hat mich von jeher eher erdrückt und beängstigt, als mir zu jener Gehobenheit und Lebensfreude zu verhelfen, die eine großartig weite Landschaft, die Heimlichkeit nordischer Wälder mit ihrem Duft und ihrem sanften Rauschen in den Kronen dem empfindsamen Menschen der gemäßigten Zonen zu schenken vermag. Den Amazonas und seine amphibischen Gefilde (sie stehen in der Regenzeit weithin unter Wasser; in Manaus unweit der Einmündung des Rio Negro in den Amazonas steigt der Wasserspiegel in der Regenzeit um durchschnittlich vierzehn Meter!), diese bedrückend schwülen und in der Tat höchst ungesunden Gegenden haben mich stets abgestoßen, wenn ich sie, sozusagen nur pflichtgemäß und der Vollständigkeit halber, kennenzulernen versuchte.

Ganz anders fühlte ich mich an den *Quell*flüssen des Amazonas, die sich glasklar und schäumend ihre tiefen Täler durch die hohen Anden gegraben haben, am Marañon, am Apurimac, Urobamba, am mächtigen Ucayali, am Huallaga. Zwischen steilen Felswänden strömten und sprangen sie dahin, unbändig und in jagender Hast, als könnten sie es nicht erwarten, sich im östlichen Tiefland mit vielen andern Wasserläufen zum ungeheuren Amazonas zu vereinen und um sich her, nur noch träge sich fortwälzend, das größte und menschenfeindlichste Dschungelgebiet, den Regenwald Amazonien, zu bilden, in dem die gemächlich schleichenden Wassermassen nicht mehr ahnen lassen, daß sie in den hohen Gebirgen am Westrand des südamerikanischen Kontinents, an den Zungen der Gletscher, in den über steilste Hänge aufwärts kletternden Bergwäldern der Cordillera Azul oder der Cordillera Vilcabamba ihren Ursprung hatten. An ihren Ufern, solange sie noch nicht in die großen Ebenen ausgetreten waren, habe ich mich nie so völlig fremd und fehl am Platze gefühlt wie im Regenwald.

Und doch gibt es eine große Anzahl von Indianerstämmen, die seit Jahrhunderten und Jahrtausenden den Regenwald zu ihrer Heimat gemacht, sich ihm großartig angepaßt haben, ohne ihn zu beeinträchtigen und seine empfindlichen Kreisläufe zu stören. Nicht wenige dieser erstaunlich entwickelten Stämme beweisen uns, daß durchaus eine sinnvolle, pflegliche Nutzung des Regenwaldes möglich ist, wenn man sich seinen Gesetzen mit Aufmerksamkeit und Verständnis einfügt.

Hat nicht auch das verschollene Volk der Maya in den Regenwäldern von Yucatan – im Südwesten des heutigen Mexiko – in den Jahrhunderten vor und nach der Zeitenwende sogar eine hohe Kultur entwickelt, deren gewaltige, nun vom Regenwald wieder überwucherten architektonischen Zeugnisse wir Heutigen bewundern, soweit wir es fertig gebracht haben, sie aus der Umarmung durch die Tropennatur zu befreien? Bis heute wissen wir nicht, warum die Urwaldstädte und Dörfer verlassen und vergessen wurden, warum es zwar heute noch an die zwei Millionen Menschen gibt, die als die Nachfahren der Maya zu gelten haben, warum diese aber bis auf die Methoden des Tropen-Feldbaus die Erinnerung an die seit tausend Jahren vergangene Spätblüte der Maya-Kultur vollkommen verloren haben.

Als die Spanier sich mit unerhörter Gewalt und Bedenkenlosigkeit in Mittel- und Südamerika durchsetzten, bestand das Maya-Reich schon nicht mehr. Es war den aus dem mexikanischen Hochtal eindringenden Tolteken bereits erlegen. 1441 war die Stadt Mayapan, von der aus die Maya-Länder noch einmal zusammengefaßt worden waren, von den Eindringlingen erobert worden; das Reich zerfiel und vermochte den Spaniern, die seit 1527 einrückten, keinen Widerstand mehr zu leisten.

Kulturen kommen und vergehen. Auch unsere abendländische Kultur und die von ihr abgeleitete, heute die ganze Erde beeinflussende moderne Zivilisation hat keine Gewähr dafür mit in die Wiege gelegt bekommen, daß sie ewig fortbestehen wird.

Wir sollten etwas bescheidener werden: Was wir mit den aufwendigen Mitteln moderner Wissenschaft und Technik nicht fertigbekommen haben, nämlich den Regenwald der Erde so zu nutzen, daß sein Fortbestand nicht in Frage gestellt wird, das ist in der Vergangenheit dem Maya-Volk in Yucatan durch viele Jahrhunderte hindurch wie selbstverständlich gelungen.

Es geht also. Man müßte sich nur der Natur und ihren Gesetzen in den Tropen geduldig einfügen und den biblischen Grundsatz »Machet euch die Erde untertan!« ins Raritäten-Kabinett der Geschichte verbannen – wohin er gehört!

Und doch möchte ich meine vielfältigen Bekanntschaften, die ich mit den Regenwäldern der Erde im Laufe vieler Jahre zu schließen Gelegenheit hatte, nicht missen. Sie haben mir wie nichts auf dem weiten Erdenrund sonst mit nicht zu überbietender Eindringlichkeit die außerordentliche Macht des Lebens bewiesen. In den Regenwäldern ist

mir seine bedrängende, überwältigende Kraft am allerstärksten zu Bewußtsein gekommen. Wenn wir sie wie in
der Gegenwart mit so wütender Inbrunst vernichten, verbrennen, verarmen, veröden, wie es geschieht, löschen
wir damit unzählige Lebensformen an Pflanzen und Tieren
für alle Zeiten aus, die sich nur in der überreich brodelnden
Lebensküche des Regenwaldes entwickeln konnten, die
vielleicht einen ganzen Musterschrank voller heilender
Medizinen, von noch unbekannten Nutzpflanzen und
züchtbaren Tierarten, von wertvollen und noch längst
nicht voll begriffenen Umsetzungen der Nährstoffe im
Boden und im Laub- und Astwerk der Wälder darstellen.
Die Fülle dieser Erscheinungen, ihre für den aus »gemäßigter« Zone stammenden Menschen schier erdrückende
Vielgestaltigkeit und verwirrende Buntheit mag es gewesen sein, die es mir nahelegte, dem ungeheuren Amazonien stets wieder schleunigst zu entfliehen, wenn ich es
wieder einmal mit ihm versucht hatte. Es kam dann stets
wie eine Panik über mich; ich spürte wie eine Schlinge um
den Hals, daß ich in diese schwüle, schwellende Welt nicht
hineingehörte, daß dieser nicht endende Rausch von über-
brodelndem Wachstum, von sich unlöslich durchdringen-
dem Leben und Absterben nicht die Weise war, auf die ich
leben konnte und wollte. Und ich atmete wie befreit stets
erst auf, wenn die Blutegel, die zudringlichen Insekten, die
lautlos durchs Gezweig gleitenden Schlangen, die aberwit-
zig hallenden Donnerschläge der so gut wie täglichen
Gewitter, die Regengüsse wie stürzende Wasserwände,
die ewig schweißtreibenden schwülen Lüfte, von denen
man dick umpreßt wurde wie von einem voll Feuchte
gesogenen Schwamm, die ganze »Schmierigkeit« dieser
Welt im Gebiet des gewaltigsten Stroms der Erde – ich kann
es nicht anders benennen – wieder hinter mir lagen, und
ich wieder leichtere Luft atmen konnte.
Dabei war mir stets gegenwärtig und bedrückte mich min-

destens ebenso stark wie die körperlichen Beschwerden, daß wir Menschen des Abendlandes – ob nun Engländer, Deutsche, Portugiesen oder Brasilianer – in der Regenwaldwelt kein Heimatrecht haben, daß diese Welt von alters her den Waldindianern gehört, die es gelernt haben, in ihr und von ihr zu bestehen, ohne sie zu kränken oder gar zu zerstören. Die Lebensräume der Indianer werden heute mit dem amazonischen Regenwald ständig weiter eingeengt und schließlich ebenso vernichtet wie der Wald selbst. Wenn wir schon Menschen sind, nachdenken können, Gut und Böse unterscheiden, woher nehmen wir dann das Recht, andere menschliche Lebensformen, ja, die Menschen selbst, die in diesen Formen leben, einfach auszulöschen? Zwar wird immer wieder davon geredet und geschrieben, daß große Organisationen sich der Lebensrechte der Regenwald-Indianer annähmen und ihnen große Gebiete vorbehalten wollen, in denen sie nicht weiter belästigt werden dürften, aber in der Praxis bleibt das meiste davon auf dem Papier, das hier noch geduldiger zu sein scheint als anderswo. Es bleibt nur festzustellen, daß in weiten Teilen des amazonischen Regenwaldes wie Brasiliens und anderer südamerikanischer Länder überhaupt die Indianer schon verschwunden sind oder ständig abnehmen. Sie werden nicht nur abgeschoben – das mag als selbstverständliches Radikalmittel vorbei sein –, sie vergehen an den Krankheiten der Zivilisation, gegen die sie keine Abwehrstoffe im Blut tragen, massenweise, sie vergehen an den Lasten der Zivilisation, an Alkohol, Geschlechtskrankheit und ungewohnter, falscher Ernährung.

Die Portugiesen, die Brasilien aufschlossen, kannten zwar kaum irgendein Rassenvorurteil, sind aber felsenfest davon überzeugt, daß ganz Brasilien den »Brasilianern« zu gehören hätte. Daß die Indianer des Regenwalds noch viel ursprünglichere »Brasilianer« sind, hat in Brasilien so gut wie keine Geltung; sie haben sich anzupassen oder unterzugehen. Aber sie gehen auch unter, *wenn* sie sich anpassen.

Im afrikanischen Regenwald am Lualaba, der von seiner mächtigen Wendung aus Nord nach West Kongo heißt, bin ich von dem sonderbaren Widerwillen und der Atemnot, die mich in Amazonien niemals aus ihren leise würgenden Fesseln entließ, nicht befallen worden. Allerdings war ich im Kongo zumeist auf guten, sauberen Schiffen unterwegs, fuhr an den nicht endenden Galerien der weit über das wandernde Wasser der Ströme hinaushängenden Waldfronten nur vorbei, manchmal zum Greifen nahe, so daß man die Orchideen in den Astwinkeln, bizarre Märchenwesen, genau erkennen konnte, manchmal um Meilen von ihnen entfernt, so daß sie nur wie Bordüren aus dunklem Samt den Horizont bekränzten. Am Kongo oder Lualaba brauchte man auch nicht um das Schicksal der eingeborenen Stämme zu fürchten, die in weiten Abständen voneinander ihre luftigen Dörfer aufgebaut hatten. Die schlanken Einbäume, wunderbar schnittige, allerdings sehr schwankende Fahrzeuge, lagen zu Dutzenden an den hohen Uferwällen aufgereiht, um dann, wenn das weiße Motorschiff mit seinen vielen schwarzen und wenigen weißen Passagieren sich näherte und womöglich durch einen Sirenenton seine Ankunft ankündigte, beladen mit Früchten, gefesselten Hühnern, Bananen, Maniok- oder Maiskuchen, gerudert von zwei aufrecht stehenden, fehlerlos balancierenden schwarzen Männern, denen die Muskeln unter der blanken kakaofarbenen Haut spielten, wie schmale Pfeile in den Strom hinauszuschießen, sich in geschickter Kurve längsseits an den großen Eisenkahn zu legen und unter lautem Geschnatter die frischen Eßbarkeiten anzubieten.

Der Urwald blieb immer vorhanden, nicht nur als Kulisse, sondern unablässig als bewußt bleibende Wirklichkeit. Über viele, viele Tausende von Quadratmeilen an beiden Ufern des großen Stroms verhüllte er das Land am Äquator unter seinen dichten, hochgetürmten Pelzen aus uralten mammuthaften und unzähligen minderen Bäumen, aus Gebüschen und undurchdringlich verwachsenen Kräutern, aus Lianen, Schlingpflanzen und Würgerfeigen, die selbst noch die allerstärksten Bäume ersticken und dann als riesige Schlingenröhren selbst zu mächtigen Bäumen zusammenwachsen – ein im Grund nur von den Wasserläufen erschlossener Pflanzen-Ozean, der sich bis in die Gegenwart gegen feste, verläßliche Straßen wehrt. (Auch die vielberufene Transamazonica in Brasilien ist ja in Wahrheit nur eine breite, nicht befestigte Lehmpiste, die die meiste Zeit des Jahres zu Morast wird und nur unter großen Schwierigkeiten befahren werden kann, auf Kosten der Lebensdauer der Autos, die sich durch ihren Schlamm zu wühlen haben).

Des Nachts wurde ich des großen Waldes am Kongo zumeist noch stärker inne als am Tage. Seltsame Laute drangen aus den Wälderwänden herüber, wenn das Schiff sich unter ihnen vorantastete, und erst recht, wenn es in der Strömung vor Anker lag, weil gefährliches Fahrwasser die Weiterfahrt bei mondloser Dunkelheit verbot. Ein Nachtäffchen keckerte erschrocken auf, übermäßig laut, war vielleicht von einer marodierenden Schlange oder einer lautlos durchs Blätterdach streichenden, scharfsichtigen Eule überrascht worden. Andere dumpfe Laute, hohl und unwirklich, schollen auf im gestaltlosen Pflanzenmeer; man hörte sie wohl, aber man vermochte sie nicht zu benennen. Es mußten ja Tiere sein, die diese Töne von sich gaben, aber was für Tiere? Das blieb ein Rätsel Nacht für Nacht – und auch der gute flämische Kapitän, der diese Gewässer im Ozean der Pflanzen schon seit Jahren befuhr, wußte die geisterhaften Töne und Geräusche nicht zu deuten.

Ich lag dann mit offenen Augen bei weit offener Tür, der Nachtwind über der weiten Wasserfläche und das Moskitonetz hielten die Plagegeister fern, und lauschte auf das leise Glucksen und Murren des an den Schiffswänden vorbeigleitenden Wassers, fühlte mich sicher hinter ihrer stählernen Unnachgiebigkeit und konnte mich doch eingebunden fühlen in die dünstende Welt der Tropen, wo sie am allerüppigsten und verschwenderischsten, berstend von Leben jeder Art, sich dem Beobachter aus kühleren Bereichen darbietet.

Aber noch intensiver läßt sich das Wesen der üppigsten Wälder der Welt, der Regenwälder, an den Hängen hoher Berge erleben, die in den Tropen vielleicht aus trockenen Steppen oder nur locker bewachsenen Savannen aufragen. Ich habe dies am Pare-Gebirge, am Kilimandjaro, am Oldeani und Ngorongoro im Riesenkrater-Hochland, auch am Mount Kenya in Ostafrika bewundernd in mich aufgenommen. Die hohen Berge, vulkanischen Ursprungs, steigen aus dem heißen, dürren Tiefland durch sämtliche Klimazonen bis hinauf in den Schnee und das Eis der Arktis – wie der Kibo-Gipfel des Kilimandjaro. Wenn man die etwa 6000 Meter des Kibo besteigt, wozu nicht viel bergsteigerisches Können gehört, dann wandert man durch alle Klimate der Erde in gedrängter Abfolge von den Tropen bis zum Pol.

So ist auch ein breiter Gürtel um das Kilimandjaro-Massiv oder die einsamen Hänge am Oldeani zu durchqueren, in dem sich die feuchten Passate vom Indischen Ozean her abregnen und so einen begrenzten, aber äußerst dichten und üppigen Regenwald entstehen lassen.

Der seit alters gebahnte Wanderpfad windet sich durch die eng verwachsenen, unbeschreiblich vielgestaltigen

Gründe, deren Boden fast nie von einem Sonnenstrahl erreicht wird, allmählich weiter und weiter bergauf. Elefanten kann man hier begegnen oder sogar einem scheuen Leoparden; wie ein Schatten ungewiß mag er auftauchen und wieder davonhuschen. Langschwänzige Affen machen sich unvermutet bemerkbar in den hundertfach verschränkten Baumkronen über dem Wanderer, sind erstaunter noch und überraschter als er selbst, beschwatzen die Fremdlinge in der Tiefe unter sich und turnen für eine Weile über ihrem Wege mit – so unendlich viel leichter und geschickter als der schwerfällige Mitteleuropäer sich auf dem groben Pfad aufwärts befördert. Bis es ihnen langweilig wird und sie auf ein nicht bemerkbares Zeichen plötzlich durch das Labyrinth der Zweige und Äste davonschaukeln und im Nu abhanden geraten, ohne eine Spur zu hinterlassen.

Überraschend war mir stets, wie der Regenwald an den Hängen der hohen Berge sich bis zu einer gewissen Grenze in der Höhe ganz einheitlich erhielt, um dann fast ohne Übergang in die Almenregion und schließlich in die kahlen Schutt- und Felsgebiete überzugehen. Bis zu dieser Obergrenze blieb der Berg-Regenwald sich gleich, was mir ein Beweis dafür zu sein schien, daß er allein in sich selber schwingt, eine in sich geschlossene Lebensgemeinschaft darstellt, die sich aus sich selber erhält.

In den hohen Vulkangebirgen auf Java in Indonesien wohnte ich lange mitten im Tee, am oberen Rand einer großen Teeplantage. Dort war man schon auf etwa fünfzehnhundert Meter Höhe, es gab keine Moskitos mehr, und die Nächte wurden, obgleich ich mich noch dicht am Äquator befand, auf etwa sieben Grad südliche Breite, angenehm kühl, so daß man des Nachts eine Wolldecke kaum entbehren konnte.

Die Teegefilde grenzten an die Unterkante des Bergregenwaldes. Ich hatte knapp zehn Minuten sachte bergan zu steigen und trat in die dämmerigen Gewölbe des Regenwaldes ein. Es gab auch ein paar holprige Pfade auf dem Grunde des Pflanzenmeeres, denn weiter oben am Berg, so wußte man in der Gegend, hielten sich Rebellen versteckt, Feinde der Regierung in Djakarta, die ab und an herniederstiegen und den staatlichen Einrichtungen, der Polizei, der Post, der Bahn, Abbruch taten, ohne allerdings viel auszurichten. Manchmal, wenn ich in der duftenden Kühle der frühen Nacht (dem Duft von abertausend Teesträuchern) auf der Veranda saß und in die schattendunkle Tiefebene hinunterblickte, bemerkte ich rötliche Lichtpünktchen, die sich von der Höhe der Gebirge zu Tal bewegten. Die Bauern in der Nachbarschaft gaben mir gern Auskunft, was es mit diesen hier und da auftauchenden, verschwindenden, wieder auftauchenden Lichtpünktchen auf sich hatte:

»Oh, Herr, das sind die Rebellen. Die kommen des Nachts mit Fackeln aus ihren Verstecken im Wald herunter, um sich zu verproviantieren und den Polizisten oder den Beamten irgendwo einen Streich zu spielen. Von hier aus kann man das gut sehen, da wir ja hier auf hohem Berge sitzen, dicht am Waldrand. In den Wald traut sich die Polizei sowieso nicht hinauf. Uns tun die Rebellen nichts und Ihnen, einem Deutschen, würden sie auch nichts tun. Es sind ja auch zumeist unsere Söhne da oben in den Bergwäldern.«

Nun gut, ich hatte die »Rebellen« ohnehin nie sehr ernst genommen. Die Sanftmut und Freundlichkeit der malayischen Menschen hatten für mich von jeher festgestanden (sie mündete allerdings später in ein furchtbar blutiges »Aufräumen«). Ich konnte in dem Jahr, das ich in den zentraljavanischen Bergen verbrachte, nie der Versuchung widerstehen, durch den leise wispernden Tee, dem jeden frühen tauigen Morgen ein kleiner Teil seiner jungen Blätter von ewig vergnügten jungen Mädchen, die mich unermüdlich beschwatzten und belächelten, abgezupft wurde, zum Urwald hinaufzuwandern und in die dunkelgrün verschatteten, dicht verwachsenen Gründe einzutauchen. Der Übergang aus den weit offenen, sachte talwärts schwingenden Hängen der großen Teeplantage mit dem unermeßlich strahlenden Tropenhimmel darüber in die tiefe Dämmerung des Berg-Regenwaldes vollzog sich stets so unvermittelt, daß die Augen ein paar Minuten brauchten, ehe sie sich von der blendenden Helle über den Teegefilden an das Dämmerdunkel des tropischen Waldes angepaßt hatten.

War das aber dann geschehen, konnte ich also die Konturen der riesigen alten Bäume, die vielgestaltige Fülle des minderen Pflanzenvolks, das dem schmalen Kletterpfad nur widerwillig Raum gewährte und sich offenbar viel Mühe gab, ihn wieder zu verwachsen, das dicht geschlossene Dach des Laubes über mir nach gelegentlichen Durchblicken des tiefblauen Himmels abtasten und mich daran freuen, so senkte sich auf mein damals nicht sehr heiter gestimmtes Gemüt (ich hatte einen kritischen Bericht über die Zustände im »entkolonialisierten« Indonesien anzufertigen!) derselbe aufatmende Gleichmut herab, der gleiche Friede, der mir auch im heimatlichen Deutschland geschenkt wird, wenn ich mich von unseren weitaus bescheideneren Wäldern in der Heide oder in der Fränkischen Schweiz umfangen lasse.

6. Kapitel

Berge und Gebirge

Unter den verschiedenen Gesichtern, aus denen uns die alte Mutter Erde anblickt, sind sie die einzigen, die der vorwitzige Mensch kaum zu verändern oder zu beeinträchtigen fähig gewesen ist. Menschen haben die Flüsse und Ströme verbaut und gefesselt, haben sie ins Joch gezwungen, auch bösartig verdreckt; die Menschen vergehen sich an den Meeren, indem sie sie mit fürchterlichen Fluten klebrigen Erdöls in Todesfallen für Vögel und Fische verwandeln. Menschen sind es, die für das schleichende Wachstum der Wüsten verantwortlich sind und dem Ausufern der Steppen Vorschub leisten.

Aber daß Menschen imstande wären, die Sierra Nevada zu versetzen oder auch nur den Harz oder den Berg Ararat abzuräumen, davon hat man noch nichts gehört und wird wohl auch nie etwas hören. Die Berge, die Gebirge sind ewig, so scheint es, gemessen an der Lebensdauer der Menschen. Wir können sie vielleicht hie und da durchbohren, um die ungeheuren Hindernisse zu bewältigen, wir können die tiefen Täler zwischen den ragenden Wänden an einigen passenden Stellen mit hohen Mauern verbauen, um das Wasser von den Bergen anzustauen und in mächtige Turbinen zu pressen; wir mögen Stahlseile zu den Gipfeln spannen, um auch den Leuten ohne bergsteigerische Talente die hinreißenden Fernblicke aus der Höhe zu öffnen oder um die Skiläufer bergauf zu heben, damit sie dann auf ihren Brettl'n wieder bergab sausen können, schneller, als sie in die Höhe gelangt sind. Aber all diese und andere Späße ändern nichts daran, daß die Gebirge in uralter Riesenhaftigkeit und auch Unnahbarkeit beharren, als gäbe es den Menschen gar nicht, und auch noch beharren werden, wenn es ihn einmal nicht mehr auf Erden gibt – wie es ja schon vielen Formen in der langen Geschichte des Lebens auf unserem Planeten ergangen ist.

Dabei wissen wir heutzutage längst, daß es gerade die hohen Gebirge sind, die sich auf der Oberfläche der Erdkugel vergleichsweise am schnellsten und nachhaltigsten verwandeln, sich bis zur Unkenntlickeit umgestalten. Wir wissen, daß sich die ungeheuer gewaltigen Gesteinsplatten, aus denen sich die Erdoberfläche zusammensetzt, in einem zwar nach menschlichen Maßstäben äußerst langsamen, aber zugleich unwiderstehlich gewaltsamen Prozeß gegeneinander verschieben und an ihren aufeinander prallenden Fronten Gebirge aufdrücken, hochfalten, anderswo Platten zum Abtauchen zwingen. Wir wissen, daß dort, wo sich die großen Bruchstücke der Erdkruste an ihren Kanten reiben und bedrängen, Ketten von Vulkanen den grausigen Drücken mit ihren den Stein schmelzenden Temperaturen sozusagen als Ventile dienen, über welche die glühende Wut unter den einander bedrängenden Gesteinsplatten nach außen abgelenkt wird.

Die Zonen dieser bis zu 700 Kilometer Tiefe in der Erdkruste wühlenden Unruhe sind uns wohl bekannt und in die Weltkarten eingezeichnet. Zugleich sind diese die Erde von Nord nach Süd überziehenden Bänder vulkanischer Tätigkeit die Gegenden, in denen ständig mit Erdbeben gerechnet werden muß. Denn wenn sich die wandernden Erdplatten wieder um ein größeres oder kleineres Stück gegeneinander verschieben, dann geht das nicht ohne Erschütterungen vor sich, die ganz verschiedene Stärken haben können. Mit den empfindlichen Meßinstrumenten, die heute weltüber ihre Aufzeichnungen machen, werden jährlich über eine Million Beben gezählt, von denen etwa 150 000 vom Menschen unmittelbar, also auch ohne Instrumente, wahrgenommen werden können, ohne allerdings in jedem Fall zu Verwüstungen im Lebensraum der Menschen zu führen. Beben, deren Groll rings um die Erde gemessen werden kann, Weltbeben sozusagen, bringen in ihren Zentren Häuser und ganze Städte zum Einsturz und kosten Hunderte von Menschenleben; sie ereignen sich nur etwa zwei- bis dreimal im Jahr, so letzthin zum Beispiel in Sowjet-Armenien.

Die wohl am deutlichsten ausgeprägte Kette von Vulkanen – und zugleich hoch aufgefalteter, unruhiger Gebirge – zieht sich am Westrand der beiden amerikanischen Kontinente entlang; sie reicht von Alaska im hohen Norden Nordamerikas bis hinunter zum Feuerland im äußersten Süden Südamerikas, von wo ein Ausläufer auch noch nach Antarktika hinübergreift.

Der Atlantische Ozean andererseits weist in seinem Untergrund wie in einem großen Haken, der etwa dem Westumriß Afrikas folgt, eine Spalte auf, die unvollkommen durch ein längst gut kartographiertes Unterwasser-Gebirge verklebt wird. Längs dieser Spalte quillt zuweilen in vulkanischen Ausbrüchen unter den Lasten von Seewasser glutflüssige Lava hervor. Die Spalte erweitert sich und drängt den amerikanischen Erdteil nach Westen ab, womit der Atlantik ständig breiter wird – und zwar um vier Zentimeter im Jahr, wie man gemessen hat, was man nur mit Staunen und Ehrfurcht vor den Leistungen der Wissenschaft zur Kenntnis nehmen kann.

Vier Zentimeter im Jahr – das erscheint dem Laienverstand kaum der Rede wert zu sein, aber nur, weil wir Menschen nicht viel mehr als Eintagsfliegen auf der Erde sind. Geht man indessen von dem allgemeinen Tempo aus, in dem sich das Antlitz unseres heimatlichen Himmelskörpers ständig verändert, so bildet eine Bewegung von vier Zentimetern im Jahr in Wahrheit eine sehr schnelle Veränderung, und es läßt sich leicht ausrechnen, zu wie großen Verschiebungen eine solche globale Rutschpartie etwa in einer Million von Jahren führen muß – und eine Million von Jahren ist angesichts des Gesamtalters der Erde von über vier Milliarden Jahren nur ein kurzer Zeitraum.

Der in der Tiefe des Atlantik sich ständig verbreiternde Riß in der Erdkruste verschiebt die Amerikas auf breiter Front nach Westen. Die so abdriftenden Erdteile stauchen sich an ihrer Vorderfront, ihren Westküsten, zu Gebirgen hoch und drücken gleichzeitig den Boden des Pazifischen Meeres in die Tiefe ab. Es entsteht also an dieser Front einerseits auf dem Lande die schon erwähnte Kette von Vulkanen (mit gesteigerter Wahrscheinlichkeit von Erdbeben), andererseits wurde und wird der Meeresboden zum Atacama-Graben abgesenkt.

Es ist ein Beweis für die Kurzatmigkeit des menschlichen Gedächtnisses, daß sich auf dieser Linie von Vulkanen und stark gesteigerter Erdbeben-Häufigkeit in der Neuzeit große Städte gebildet haben, Seattle etwa, San Francisco, Los Angeles, Mexico City, Lima, Santiago de Chile. San Francisco krachte im Jahre 1906 zusammen – inzwischen hat man es weiter mit stolzen Wolkenkratzern und himmelhoch sich aufschwingenden Hängebrücken über Meeresstraßen hinweg ausgestattet. 1939 kamen bei einem starken Beben in Chillan (Chile) an die 30 000 Menschen um, 1970 in Peru 70 000, 1985 in Mexico-Stadt weit über 10 000. Auch ist der Ausbruch des zur Kette der westamerikanischen Vulkane gehörenden Mount St. Helens im Staate Washington der USA vor einigen Jahren noch in frischester Erinnerung. Daß bei diesem fürchterlichen Rülpser der alten Mutter Erde im wunderschönen Gebirgszug der Kaskaden nicht mehr Menschen umkamen, als es damals geschah, ist nur dem Umstand zuzuschreiben, daß der Berg St. Helens, dem bei der terrestrischen Explosion die Kuppe abgesprengt wurde, in einer so gut wie menschenleeren, dicht bewaldeten Berglandschaft gelegen ist, wo der Glut- und Aschenausbruch nicht allzuviele Menschen erreichen konnte.

Als ich zwei Jahre nach dem Ausbruch des Vulkans durch das östliche Washington südwärts fuhr, etwa dreihundert Kilometer ostwärts des Mt. St. Helens, wurde ich – im Monat August – einen ganzen Tag lang von dem schmutzigen »Schnee« in den Straßengräben und gelegentlichen Senken des hügeligen Landes genarrt, bis ich schließlich begreifen mußte, daß es sich um weißliche Asche handelte, die von den vorherrschenden Westwinden über das Land getragen worden war. Ich verstand dann auch, warum die Landschaft, die ich dort durchfuhr, zu einer der ergiebigsten Weizen-Gegenden Nordamerikas hat werden können: Die Ascheregen von den sich in verhältnismäßig kurzen Abständen wiederholenden Vulkanausbrüchen haben den Boden stets wieder mit frischen Mineralsalzen und sonstigen Düngemitteln versehen, und solche Asche war von diesem einen Ausbruch nur eines der vielen Vulkane in der Küstenregion so reichlich über das Land verschüttet worden, daß sie noch zwei Jahre nach dem Ereignis wie schmutziger Schnee längs der Straße zu erkennen war. Und Vulkane, die morgen schon sich rühren und ihre schönen Kegelspitzen absprengen mögen, gibt es in dieser Gegend im äußersten Westen Amerikas zu vielen Dutzenden. Zwischen dem kanadischen Vancouver und dem kalifornischen San Francisco allein sind als nach wie vor ausbruchsverdächtige Vulkanberge zu nennen der Mount Baker, der Mt. Olympus, Mt. Rainier und Mt. Adams (der Nachbar des Mt. St. Helens); in Oregon dann der Mt. Hood und der riesige, von einem tiefen, glasklaren See ausgefüllte Vulkan des »Crater Lake«; in Californien schließlich neben anderen der Mt. Shasta, der sich schon seit Jahren verdächtig rührt, der Lassen Peak, der Mt. Ritter – bis schließlich weit hinunter über die mexikanischen, mittelamerikanischen Vulkankegel – manche von herrlicher Großartigkeit – zum Volcán Minchinmávida und dem Volcán Corcovado im südlichen Chile.

Die zweite der beiden allerunruhigsten Gegenden der Erdkruste ist am Ostrand und am Südost-Zipfel der asiatischen Landmasse zu finden und erstreckt sich hier als dicht verschlungene Kette von Kamtschatka über die Kurilen, Japan, die Ostküste Chinas, Formosa (Taiwan) und die Philippinen nach Celebes und den Molukken hinunter. Dort begegnet sie einer weiteren, zunächst sehr viel lockereren Kette, die durchs Mittelmeer über die Türkei und Iran am Himalaja entlang nach Südost-Asien hinunterstreicht, wo sie auf Sumatra, Java, Bali, Timor, Neu-Guinea bis in die Südsee und nach Neuseeland hinein wieder sehr viel dichter wird. Auch aus dieser zweiten Erdgegend mit häufigen Beben und Vulkanausbrüchen sind einige besonders grausige Katastrophen bis in unsere Tage unvergessen geblieben. Messina und Kalabrien wurden 1908 heimgesucht und meldeten 108 000 Tote; 1923 wurden Yokohama, große Teile Tokyos und das Land um die Sagami-Bucht auf der japanischen Hauptinsel Honschu in einen Trümmerhaufen verwandelt, der längst noch nicht völlig aufgeräumt und geflickt war, als ich 1928 zum ersten Mal Yokohama und Umgegend erlebte; hier hatte es 145 000 Tote gegeben. Die schlimmsten Verluste (655 000) ereigneten sich in jüngster Zeit (1976) in der Gegend von Tangshan in China (etwa östlich von Peking [Beijing] und gut hundert Kilometer nordöstlich von Tientsin). In den letzten achtzig Jahren, das heißt in der Spanne eines einzigen Menschenlebens von »biblischer« Dauer lassen sich an die vierzig schwere Erdbeben zählen, die insgesamt etwa 1,7 Millionen Menschen das Leben kosteten. Das ist eine Zahl, die auch in unserem menschenhungrigen Katastrophen-Jahrhundert ins Gewicht fällt und die uns darüber belehren sollte, daß wir nicht »gar so sicher leben« auf diesem Erdenrund.

Als Beispiel für die verheerende Wirkung von Vulkanausbrüchen sei jener des Krakatau auf der gleichnamigen Insel in der Sunda-Straße zwischen Sumatra und Java im Jahre 1883 angeführt. Die entsetzliche Explosion verkleinerte die Insel von 32 auf ca. 11 Quadratkilometer. Etwa zwanzig Kubik-*Kilo*meter Erdreich wurden in die Luft geblasen. Der Aufruhr des Meeresbodens um die kleine Insel erzeugte eine riesige Flutwelle, die sich bis zu 36 Metern hoch aufsteilte, die Westspitze Javas und die Südspitze Sumatras überspülte und etwa 50 000 Menschenleben vernichtete; sie wurde noch in Südamerika und auf Réunion und Mauritius verspürt. Die in die Luft geblasene und dann wieder absinkende Asche wurde über gut 800 000 Quadratkilometer der Erdoberfläche festgestellt. Jahrelang beeinträchtigte der in der Atmosphäre schwebende Aschenstaub den Sonnenschein, verschleierte ihn noch in weit entfernten Erdgegenden. Auf der Insel selbst lagerte sich die Aschenschicht siebzig Meter hoch ab; die Rauch- und Staubsäule über dem Ausbruch hob sich etwa zu dreißig Kilometern Höhe auf und war noch aus einem Abstand von siebenhundert Kilometern sichtbar. – All diese Angaben machen bei einiger Phantasie, wenn man sie sich als die Begleiterscheinung eines einzigen Vulkanausbruchs vorstellt, die ungeheure Gewalt der Bewegungen in der Außenhaut unseres kleinen Dunkelsterns Erde deutlich. Die Menschen sind im Vergleich damit nur winzige Milben, die den Pelz von kleinen und großen Pflanzen bevölkern, der die Erde deckt.

Wir in Deutschland brauchen uns vor lebensbedrohenden Erdbeben oder Vulkanausbrüchen nicht zu fürchten; hier regt sich der Boden unter unseren Füßen nur mäßig und gelegentlich im Gebiet der Schwäbischen Alb, im Rheintal bis in die Kölner Bucht und in der Hessischen Senke.

Immerhin ist im Vergleich zur Dauer eines Menschenlebens die Geschwindigkeit, mit der sich die Erdkruste, auf der wir leben, verwandelt, zu gering, als daß sie uns die Lust und das Staunen beim Anschauen der mächtigen Auffaltungen der Erdrinde verdürbe. Tatsächlich sind diese Falten und Fältchen kaum der Rede wert, wenn wir sie in einem maßstabgerechten Vegleich zur Größe der gesamten Erde sehen. Trügen wir die Gebirge, selbst die höchsten wie die Anden, die Rockies, den Himalaja auf einen großen, sagen wir einen Meter Durchmesser aufweisenden Globus in genau echtem Maßstab auf, so wären sie gerade erst als leichte Kräuselung zu spüren, wenn wir mit der flachen Hand über einen solchen Globus strichen (der Umfang der Erde über Nord- und Südpol gemessen beträgt etwas über 40 000 Kilometer, die Höhe der zehn höchsten Gipfel im Himalaja liegt zwischen acht und neun Kilometern, beträgt also nur etwa ein Fünftausendstel des Erdumfangs!)

In der Tat, es kommt hier wie überall sonst auf Erden auf die richtigen Relationen an, die richtigen Verhältnismäßigkeiten. Für ein winziges Menschlein ist das Matterhorn von atemberaubender Großartigkeit; im Verhältnis zu den Alpen ist es nur eine Spitze unter vielen gleichartigen oder eindrucksvolleren Erhebungen – und im Verhältnis zur ganzen Erde stellt es nur eine leichte Kräuselung des Erdmantels dar.

Und doch kann einem nachdenklichen Zeitgenossen gerade bei dieser Gelegenheit das eigentlich größte Wunder bewußt werden, mit dem wir dauernd umzugehen haben, ohne uns über seine Wunderlichkeit je Gedanken zu machen: In dem winzigen Lebewesen Mensch steckt ein noch winzigeres Klümpchen Gehirnsubstanz und irgendwo auch ein von Person zu Person sehr verschieden empfindsames Gemüt, und innerhalb dieses Flöckchens von grauer Hirnmasse vermögen wir nicht nur die Beziehung zwischen uns und der ragenden Schönheit und drohenden Unnahbarkeit des Matterhorns herzustellen, sie aufzunehmen und sie in der Erinnerung fortan zu bewahren, sondern sind auch weit darüber hinaus imstande, uns den ganzen Zug der Alpen ein-zu-bilden, dazu die unerhörten Kräfte, von denen der mächtigste Gebirgszug Europas hochgedrückt, aufgefaltet wurde und wird – wenn auch nach menschlicher Uhr äußerst langsam.

Und das ist längst noch nicht alles: Wir sehen vor unserem geistigen Auge, wie die Schollen der Erdkruste unter und über den Wassermassen der weltumspannenden Meere ihre Lage ständig verändern, auseinander, übereinander driften, ihre Ränder zu Gebirgen aufstauchen, wie sie sich unter den Wasserbergen der Meere auseinanderzerren und Spalten bilden.

Und wir erkennen auch, daß solches Geschehen sich abgewandelt, aber doch vergleichbar, auf anderen Planeten unter anderen Verhältnissen, aber ähnlichen Gesetzen ebenso abspielt, allerdings ohne daß Leben in irdischem Sinne bisher irgendwo vermutbar erschienen wäre.

Schließlich vermögen wir, wenn auch nur in der Theorie, das heißt auf dem unermüdlich flackernden Bildschirm unseres Verstandes, uns die ungeheuren, ungeheuerlichen Entfernungen und Zeiträume vorzustellen, die uns von den unglaublich vielfältigen und sich nirgendwo genau wiederholenden Erscheinungen in der gähnenden Tiefe, Höhe und Weite des Weltalls für ewig abtrennen – und die wir doch in scharf umschriebene Formeln, Aussagen und Zahlen einzufangen fähig sind. Und ständig wird unser Wissen größer, denn unser Wissensdurst ist unersättlich, und unsere Sehnsucht, die Rätselhaftigkeit des Lebens, des Alls und unseres Begreifens dieser beiden zu entschleiern, wird nie ein Ende nehmen.

Nur weil wir Menschen so eintagsfliegenhaft kurzlebig sind, scheint die Sternenwelt in »ewiger Ruhe und Harmonie« zu verharren und scheinen die Gebirge in unerschütterlicher Dauerhaftigkeit über Land und Meer zu wachen. Aber in Wahrheit bestimmen Wandlung und Veränderung, ja chaotische Unordnung das Bild der Welt.

Doch finden wir uns mit unserer Kleinheit, unserer kümmerlichen Begrenztheit ab und überlassen uns dem ehrfürchtigen Staunen vor den im Grunde ebenfalls sehr kümmerlichen Falten der Erdrinde, den Gebirgen! Sie bestehen zwar alle aus mehr oder weniger dauerhaften Gesteinen, sind ausgeformt zu Spitzen, Graten, Kämmen, Wällen, Mauern, Klötzen, ähneln sich also alle auf den ersten Blick, sind aber, schaut man genauer hin, nirgendwo einander gleich, sondern handeln sozusagen das gleiche Thema in gar nicht endenwollenden Variationen tausendfach ab, als stände ihnen eine unendliche Phantasie zur Verfügung. In dieser nie ermüdenden Vielfalt, die mit zahllosen Überraschungen aufwartet, liegt wahrscheinlich der Reiz begründet, den die Gebirge auf die Mehrzahl der Menschen ausüben, gerade auch auf solche, die aus den großen Ebenen stammen.

In der Tat habe ich immer wieder feststellen können oder unmittelbar erlebt, daß die großen Gebirge dieser Erde jedes für sich einen jeweils besonderen Charakter haben, so daß man sie mit ihren Namen müßte benennen können, wenn man mit verbundenen Augen plötzlich von weither in sie hineingezaubert würde.

Die abweisend leeren braunen Hänge des Hindukusch im Norden Afghanistans und Pakistans wären, meine ich, unverkennbar und ließen sich kaum mit anderen Gebirgen verwechseln. Die wenigen breiten Straßen, die sich in tiefen Tälern zwischen steilen, so gut wie baum- und buschlosen Hängen hinwinden, folgen gewöhnlich reißenden Wasserläufen, die zwar am Ende der trockenen Sommer nur wenig, aber auch dann noch sehr ungebärdiges Wasser führen, die aber im Frühling und Frühsommer, wie die unverkennbaren Marken an ihren Ufern beweisen, gewaltig schwellen, dann wohl auch bis an die Straße oder über sie hinweg, mit wilder Gewalt riesige Wassermassen bergab wälzen und sicherlich das ganze, dann vielleicht schüchtern begrünte Tal mit ihrem donnernden Gesang erfüllen.

Ganz selten nur begegnete ich damals einer wandernden Nomadensippe, die mit Sack und Pack auf dem Wege von einem traditionellen Weideplatz für die Schafe, Ziegen, Pferde und Kamele zum nächsten war. Je höher diese Wildweiden in den Bergen lagen, desto später im Jahr konnten sie aufgesucht, desto früher mußten sie wieder verlassen werden. Die Männer gingen dabei meist zu Fuß und schonten ihre schönen Pferde, denen nur leichte Lasten, wenn überhaupt, aufgebürdet waren. Die Kamele schleppten das meiste und trugen obenauf noch die Frauen mit kleinen Kindern, während das halbwüchsige Jungvolk die Ziegen und Schafe zusammenzuhalten hatte, die sich ohne Aufsicht sofort zerstreuten und ihre eigenen Wege gingen. Die Männer, ragende, bärtige, meistenteils lederdürre Gestalten mit scharf geschnittenen, furchtlosen Räubergesichtern, trugen alle ein Gewehr am Riemen über der Schulter, blickten keineswegs sehr freundlich oder auch nur neugierig und schienen allesamt mißtrauisch zu fragen, was der unbekannte Fremde im Jeep mit dem schwarz-rot-goldenen Fähnchen auf dem vorderen Kotflügel in ihren Bezirken zu suchen hatte. Trotzdem befand ich mich damals auf einer Straße, die es schon seit mehr als zwei Jahrtausenden gegeben haben muß, über der noch heute unsichtbar, aber für den Wissenden spürbar die Geister großer Vergangenheit ihr Spiel treiben.

Inzwischen hat der Einfall der Sowjetmacht nach Afghanistan der bewegten Geschichte dieser Straße durch den Hindukusch ein weiteres und nicht sehr erfreuliches Kapitel hinzugefügt. Wenn ich von den erbitterten Kämpfen der muslimisch/nationalistischen Mudjaheddin gegen die völlig unafghanisch-kommunistischen Machtergreifer fremdländischer und einheimischer Couleur in den Zeitungen und Zeitschriften lange Berichte las, so standen mir stets die braunen kahlen Bergwände des Hindukusch vor Augen, die hohen Staubwolken, die ich hinter meinem wackeren Gefährt herschleppte. Ganz besonders deutlich aber erinnerte ich mich der irgendwie gefahrenschwangeren Leere und Einsamkeit dieses weitläufigen Gebirges. Mit dem Hindukusch läuft der ungleich gewaltigere Himalaja westwärts fort, nachdem er sich, nordwärts ausbeulend, im überaus unzugänglichen Pamir wirr verknotet hat.

Aber der Hindukusch hat in mir, wenn auch gedämpfter, noch eine zweite Melodie hinterlassen, auch sie eine trauervolle und von Tragik und Untergang durchzitterte, jedoch wie von einer Abendsonne milde überglänzt. Sie trägt den Namen Bamian.

Um Bamian zu erreichen, muß man von der alten Hauptroute von Kabul über Äybak, Kohlm und Termez zur afghanisch-sowjetischen Grenze etwa fünfundzwanzig Kilometer nach Südwesten abfahren, dem Qonduz-Fluß aufwärts folgend, der auch Bamian-Fluß genannt wird. Die engen Wände, die die Seitenstraße bedrängen, öffnen sich dann nach einigen Meilen, der Fluß zieht dem Reisenden sachter und breiter entgegen, und das Tal erweitert sich herrlich zu einer weiten, gut bewässerten Mulde, in welcher heute nur noch ein bescheidenes Dorf mit seinen offenbar fruchtbaren Äckern, Wiesen und Weiden, mit langhin gedehnten Pappelalleen und dem munter und klar sein Bett erfüllenden Fluß Platz findet.

Zu beiden Seiten des Tals hat das Gebirge steile, beinahe senkrechte Flanken aufgerichtet. Ich wohnte in einer verstaubten und seiner früheren Aufgabe mangels Gästen längst nicht mehr genügenden, sonderbar großzügigen, aber schon verkommenden alten Herberge, von der ich die ganze Breite und Tiefe des Tals und die mächtige Front der senkrecht aufsteilenden Felsflanke auf der gegenüberliegenden Talseite überblicken konnte.

Nachdem mich mein orts- und sprachkundiger Begleiter, der in dieser Gegend zu Hause war, mit einem bescheidenen, aber durchaus genießbaren Abendessen versehen hatte (denn in meinem ehemals staatlichen »Hotel« war – als Wachmann – nur noch der frühere Gärtner tätig), war ich ganz allein in dem großen Haus und verwilderten Park zurückgeblieben. Mein Mann wie der alte Gärtner hatten es vorgezogen, sich für die Nacht irgendwohin ins Tal zu ihrer Verwandtschaft zurückzuziehen.

Da ich nicht zu Platzangst neige, konnte ich mich dem goldenen Abend und der großen Stille über dem mir wie verwunschen vorkommenden Tal ohne Rückhalt hingeben, durfte mir klar machen: Du stehst auf einem Boden, über den große Geschichte hingegangen ist seit den Tagen des großen Makedonen-Königs vor gut zweitausenddreihundert Jahren – und das ist lange her!

Jetzt schwebten nur noch vergangene Träume über dem wie erstorbenen Tal. Ich hatte bisher keinen Menschen außer einem Mann mit einem Eselchen, das einen gefüllten Sack zu tragen hatte, auf der flach hingebreiteten Sohle des Tals mit seinen zwei sich kreuzenden, weidenbestandenen Straßen entdecken können. Auch wohin eigentlich meine beiden dienstbaren Geister entschwunden waren, ließ sich von meiner Felsenkanzel am Ende des märchenwild verwucherten Parks nicht ausmachen.

Aber allein war ich in Wahrheit nicht! Die beinahe senkrecht aufragende Bergwand auf der anderen Talseite gegenüber der Bergkuppe, der Shari-i-Ghulghula, auf der
sich mein »Hotel« erhob, die aber vor vielen hundert
Jahren die stolze Burg über dem damals blühenden Bamian getragen hatte – so hatte mich mein kundiger Gefährte dieser Reise durch den Hindukusch belehrt –, die
riesige Klippe dort drüben vor meinen Augen, vom
Abendlicht mit rotgoldenen Tönen überhaucht, war wie
durchsiebt von kleinen und größeren Löchern, lauter
Fenster oder auch Einlässe zu Kammern oder Wohnräumen, die dahinter aus dem offenbar sehr weichen Gestein gegraben waren. Auf eine Länge von ungefähr
zehn Kilometern ist die Felswand, die das Tal im Norden
flankiert, von vielen Zellen durchhöhlt, die alle eine Öffnung nach außen haben, also zu mir auf meinem Ausguck herüberblickten. Alle diese kleinen und größeren in
den Fels gegrabenen Räume sind durch enge Gänge im
Innern des Bergklotzes miteinander verbunden und besitzen auch einige Ausgänge auf der dem Tal abgewand-
ten Seite.
Beherrscht aber wurde die ganze mächtige Bergfront mir
gegenüber von zwei aus dem gewachsenen Fels heraus-
geschlagenen Statuen des Buddha in zwei hoch über-
wölbten Felsnischen. Eine dieser kolossalen Figuren erreichte, wie mir schon vor dem Abendessen mit spürba-
rem Lokalstolz mitgeteilt worden war, die respektable
Höhe von dreiundfünfzig, die andere von fünfunddrei-
ßig Metern – als ob mein Begleiter ein persönliches Verdienst an den ragend in den Berg gehauenen Bildwerken
vorzuweisen hätte. Dabei war er ein strenggläubiger
Muslim, der sich mehrmals am Tag, nach Mekka ge-
wandt, zur Erde warf, um die vorgeschriebenen Gebete
zu murmeln (ich hatte dann den Jeep anzuhalten und
meinen Beifahrer aussteigen zu lassen), mein wildbärti-

ger und glutäugiger Mustapha Jalalar, in Wahrheit ein höchst friedlicher und umgänglicher Helfer.

Ein leiser Wind rustelte sachte im Laubwerk der alten Bäume über mir, sonst kein Laut. Die sinkende Sonne schien sich vor lauter Glut und Gold nicht lassen zu können, ihren bevorstehenden Untergang in einem wahren Rausch von Glanz und leuchtenden Farben zu feiern, als wollte sie mir diesen Berg Athos, diesen Monte Cassino des Buddhismus gebührend vor Augen führen.

Denn in diesem nun ganz vergessenen, weltverlorenen Tal von Bamian im hohen, abweisend wüstenbraunen Hindukusch haben vom zweiten bis zum neunten Jahrhundert nach Christi Geburt buddhistische Mönche ein schließlich weithin berühmtes Zentrum der buddhistischen Lehre entstehen lassen, zu welchem jedes Jahr, wenn der Schnee vergangen, die Brücken über die hochgehenden Flüsse repariert und die Straßen wieder passierbar geworden waren, viele Tausende von Gläubigen pilgerten, um sich in geistiger Versenkung zu üben, dem Nirwana einige Schritte näher zu kommen und dem Zuspruch und den Predigten der Mönche zu lauschen.

Denn die hohe Nordwand des Tals bildete für einige hundert Jahre ein riesiges buddhistisches Kloster. Die Mönche mochten, wenn sie wollten, untereinander oder auch mit der Außenwelt in Beziehung bleiben oder auch in ihren Zellen hoch im Berg, hoch über der »bunten Welt der Erscheinungen« ihre Tage verbeten und verdämmern.

Der Überlieferung nach soll ein Bildhauer aus Griechenland das Antlitz der größten Buddha-Statue geformt haben, er gab ihr unverkennbar griechische Züge. Die beiden größten Standbilder (es gab und gibt noch viele, ebenfalls aus dem Fels gehauene kleinere) sind ursprünglich von Kopf bis Fuß vergoldet gewesen und haben die den Fluß stromauf strebenden Pilger schon weit vor dem Ziel mit schimmernden Blitzen gegrüßt.

Doch im Laufe der Jahrhunderte ermüdete die ohnehin für Alltagsmenschen schwer nachvollziehbare Lehre des Schakjamuni, des »Weisen aus dem Schakja-Geschlecht«, des Gautama Buddha. Etwa zweihundert Jahre, nachdem die größte Buddha-Statue aus der Nordflanke des Bamian-Tals geschlagen war, etwa gegen das Ende des neunten Jahrhunderts, ließ sich der damalige Herrscher im Tal – und in ganz Afghanistan – aus der alten Dynastie Kuschan, die ursprünglich aus dem Osten Chinas stammte, zur Lehre Mohammeds bekehren, dem, verglichen mit der Buddhalehre, soviel einfacheren, auch für simple Gemüter ohne Schwierigkeiten begreiflichen Glauben an Allah – es ist kein Gott außer Allah, und Mohammed ist sein Prophet!

Der Übergang vom Buddhismus zum Islam hat sich allem Anschein nach sonderbar schnell und reibungslos vollzogen. Das große Kloster leerte sich, und zu den gigantischen Buddha-Bildern schaute niemand mehr anbetend empor. Ihr Gold blätterte ab und wurde nicht mehr erneuert.

Doch Bamian blieb eine für damalige Verhältnisse sehr große und auch stark befestigte Stadt, ein bedeutender Rastpunkt an der damals wohl etwas anders als heute verlaufenden wichtigen Handelsstraße über den Hindukusch. Bamian vermochte damals die Route nach Osten ebenso zu sperren wie nach Süden. Diese für Handel und Herrschaft wichtige Lage bildete schließlich die Ursache für seinen Untergang. So dicht war damals das Tal, das ich fast geisterhaft still und leer erlebte, von geschäftiger Menschheit besiedelt, daß nach der Legende (die ich gleichfalls von meinem geschichtenreichen damaligen Beifahrer erfuhr) ein Knabe, der seiner Familie abhanden geraten war, erst als ein Greis von fünfundsiebzig Jahren seine Geschwister wiederfand, obgleich sie wie er ihr ganzes Leben lang das Tal nie verlassen hatten.

An die vier Jahrhunderte lang erfreute sich Bamian, das unter der Herrschaft der muslimischen Saffariden als Ghulghula zu hoher Blüte gelangte, seines Friedens und seiner Wohlhabenheit. Von dieser Stadt ist nur der Name des ehemaligen Burgbergs Shar-i-Ghulghula übriggeblieben, auf dem meine schon leicht verfallene Herberge, mein damaliges »Hotel« stand.

Dann erlag es, wie es den Chinesen und den hochkultivierten Staaten in SW-Asien, in Turkestan, schon ergangen war, der »Geißel Gottes«, dem fürchterlichen Djingis-Khan, der die ungestüme Kraft der mongolischen Reitervölker zu einem unter damaligen Verhältnissen schier unwiderstehlichen Angriffs- und Eroberungsinstrument zusammengeschmiedet hatte.

Im Osten, Norden und Westen gab es für den erbarmungslosesten Völkerschlächter aller Zeiten nichts mehr zu erobern. Aber im Süden lockte das reiche Indien, von dem die mongolischen Steppensöhne Wunderbares gehört hatten.

Über den Oxus, den heutigen Amudarja, dessen Oberlauf die Grenze zwischen Afghanistan und der UdSSR bildet, brach der Groß-Khan mit seinem Reiterheer nach Süden auf, die Pässe über den Hindukusch zu erzwingen und dann am Kabul-Fluß abwärts über den Khaiber-Paß nach Indien einzudringen.

Die Burgen und Mauern von Bamian/Ghulghula stellten sich ihm entgegen. Djingis-Khan selbst mit seinem ganzen Heer, das sich zwischen den steilen Bergflanken nicht entfalten konnte, hat die starke Stadt belagert. Bamian wurde von seinen Bürgern und den Soldaten Jalaluddins, dem Sohn des choresmischen Schahs, dem die Stadt inzwischen zugefallen war, verteidigt; der Schah selbst war weiter im Norden dem Ansturm der Mongolen bereits erlegen.

(Übrigens: Mit dem choresmischen Reich war eine Welt

untergegangen, von der heute nur noch einige grandiose Ruinen im jetzt sowjetischen Samarkand, Buchara, Merw künden, Namen, die wir nur noch mit teuren »echten« Teppichen verbinden. Es lohnt sich, ein paar Zeilen darüber zu verschwenden. In jenem verklungenen Reich hatte der berühmte Arzt und Philosoph Ibn Sina gelebt und gewirkt, der in die abendländische Medizin-Geschichte unter dem Namen Avicenna eingegangen ist. Dort hatte der Mathematiker Al-Chwarismi die indischen Ziffern dem damals sich entwickelnden »modernen« Rechnen angepaßt. Aus dem muslimischen Turkestan, das den Choresmern gehorchte, wanderten diese Ziffern über die ebenfalls muslimische Welt im Osten und Süden des Mittelmeers, die unter arabischer Herrschaft stand, in den Südwesten Europas und schließlich ins gesamte Abendland. Und bis zum heutigen Tage sprechen wir von »arabischen« Ziffern, den jeden Tag von uns verwendeten – im Gegensatz zu den älteren, aber viel unhandlicheren »römischen« oder »lateinischen«, die keine Null kennen. Aber die »arabischen« Zahlen stammen in Wahrheit aus dem fernen Turkestan, aus Choresmien, das von Dschingis-Khan zerstört wurde, aus dem einst überaus prächtigen Samarkand, das auch heute noch dem Reisenden aus dem Westen mancherlei zu bestaunen und bewundern bietet, wie ich selbst bestätigen kann).

Bamian hielt sich damals – im Jahre 1222 – länger, als sich viele andere, stärkere Städte gehalten hatten. Als ein Lieblingsenkel des großen Khans vor den Mauern der Stadt einem Pfeil der Verteidiger erlag, steigerte sich die Wut des Mongolenherrschers zur Raserei. Erbarmungslos trieb er seine Krieger in den Kampf. Ihrer weit überlegenen Zahl gab die Abwehr schließlich an einigen Stellen nach, und die rasenden Horden ergossen sich über die Hügel ihrer eigenen Gefallenen in die Stadt.

Der Großkhan machte den Schwur wahr, den er nach dem

Tode seines Enkels getan hatte: Nicht Mann, nicht Frau, noch Kind und auch kein Tier, kein Baum, keine Blume und kein Beerenstrauch sollten in Bamian noch am Leben sein, wenn er mit seinem Heere weiterzog.

So geschah es! Selbst die Mongolen, für die damals das Grauen und die Grausamkeit gleichsam ein Lebenselixier bildeten, sprachen fortab von Bamian nur noch als von Mao-Baligh, der »Stadt des Entsetzens«.

Ich saß auf dem ehemaligen Burghügel über der herb und angenehm heraufduftenden Talebene. Die vielen Öffnungen im Fels gegenüber blickten als zahllose kleine schwarze Flecken zu mir herüber; hinter jedem hatte vor mehr als tausend Jahren einmal ein Mönch gesessen und dem Ewigen hinterhergesonnen; vielleicht hatte auch er über Tag daran gearbeitet, die eine oder andere turmhohe Buddha-Statue aus der Felswand zu hauen, die auch zu meiner späten Zeit starr und unbewegt zu dem Fluß hinunterblickte, der von je das Tal durchströmte mit glasklarer Flut. Auch das mächtige Kho-i-Baba-Gebirge, das sich über der Südflanke des Bamian-Tals erhebt – seine schneeigen Gipfel reichen weit über Mont-Blanc-Höhe hinaus! –, hat sich nicht gewandelt. Aber das grüne, stille Tal und das Lehmhütten-Dörfchen darin ist längst wieder der Geschichtslosigkeit anheimgefallen.

Die Sonne war schon untergegangen, hatte einen westlichen Himmel voll von goldenem, langsam erblassendem Rot zurückgelassen; ein paar allererste Sterne blinzelten schon zu mir hernieder; es wurde merklich kühler. Hier ereignete sich nichts mehr; ich konnte beruhigt schlafen gehen in meinem kahlen Herbergszimmer, das sich nicht verschließen ließ – vor wem oder was auch?

Was ich nicht ahnte, war, daß nicht allzu lange danach eine neue Eroberer-Welle, diesmal unter dem Sowjetstern, wie die des Dschingis-Khan von Norden her ins

Land branden und im Bamian-Tal genauso Unheil anrichten würde wie im ganzen übrigen Afghanistan. Doch ich bin überzeugt, daß auch heute noch, obgleich der Frieden längst noch nicht gesichert ist, ein letzter Hauch uralter Heiligkeit das Tal durchweht. An die tausend Jahre buddhistischer, weitere tausend islamischer Gebete haben ihre unsichtbaren, aber leise fühlbaren Spuren hinterlassen.

Ich wundere mich über mich selbst: Jedesmal, wenn ich mir in irgendeinem Zusammenhang die Landschaftsform »Gebirge« vorstelle, fällt mir als erstes der Hindukusch ein, das Westende des Himalaya – mit dem Bamian-Tal in seiner Mitte. Vielleicht, weil ich im Bamian-Tal die Weiterreise nach Norden vergaß. Denn die hohen, stillen Berge ringsum (der Küh-e-Fuladi im Koh-i-Beba steigt auf 5143 Meter an), die blassen Felder und Weiden am blanken Fluß entlang, der sanfte Nebel uralter Geschichte, der zwischen den uralten Bergen geisterte, die ernsthaften, sehr selbstbewußten Brüder und vielen Vettern meines Begleiters, mit denen ich bekannt wurde – stolze, furchtlose Männer von den Bergen. Die Männer am Koh-i-Baba waren ebenso ernst und abweisend wie ihre Berge; aber wenn es gelang, ihr Vertrauen zu erwerben, dann ließ sich gut mit ihnen auskommen und man konnte sich auf sie verlassen! Das habe ich im hohen Afghanistan erfahren. Wahrscheinlich hängt ja der Eindruck, den eine große Landschaft auf den Menschen macht, der sie wißbegierig kennenlernen will, nicht nur von dem ab, was sich seinen Augen an Formen und Farben bietet, sondern entscheidend auch davon, ob und welchen Kontakt er zu den Menschen solcher Landschaft aufzunehmen imstande ist. Freundliche, aufgeschlossene Menschen lassen dem Beobachter auch eine vielleicht abweisende Landschaft angenehm erscheinen.
So habe ich den schroffen Himalaya zuerst von Kaschmir

aus erlebt. Und Kaschmir, das fruchtbare üppige Tal des Jhelum mit der alten, von vielen Kanälen durchflossenen, an Venedig erinnernden Haupstadt Shrinagar, mit dem großen, wie ein Juwel in grüne Matten und Gärten gebetteten Dal-See, ist eines der liebenswürdigsten Länder dieser Erde und betont seine Anmut und Freundlichkeit wie mit einem starken Akzent noch dadurch, daß über seine beinahe lieblich zu nennende Pracht hinweg einer der Riesen des Himalaya, der Nanga Parbat, seine 8128 Meter eisig strahlend in den tiefblauen Himmel hinaufsteilt.

Ich wohnte damals abseits der Stadt am Dal-See hinter hohen Mauern in einem breit hingelagerten Hotel, zu welchem ein früheres Fürsten-Sommerschloß umgebaut worden war. Deutliche Spuren alter Würde und Großzügigkeit hatten sich darin erhalten. Die Bedienung, an der kein Mangel war, funktionierte lautlos und schien die Wünsche der Gäste schon vorauszuwissen, bevor sie überhaupt geäußert waren. Die Tage waren, wie eine Reihe kostbarer Perlen, warm und sonnig, und, abgesehen von den zwei, drei Stunden des frühen Nachmittags, von schöner Milde, sie förderten angenehmstes Nichtstun, das sich noch angenehmer unterbrechen ließ, indem man mit dem Händler für Teppiche, Antiquitäten und Kunsthandwerk im Hintergrund der Eingangshalle eine Stunde oder mehr verschwatzte, mancherlei über Land und Leute erfuhr und manchmal auch dies oder das kaufte, was mich bis zum heutigen Tage erfreut – und an Kaschmir und den Nanga Parbat erinnert, einen der Achttausender im Himalaya, das seine acht höchsten Gipfel höher hinaufreckt als irgendein anderes Gebirge der Welt (den höchsten, Mount Everest, auf 8848 Meter über den Meeresspiegel!)

Ich habe nie friedlichere und zugleich erfülltere Tage erlebt als die in Kaschmir. Ich mietete schließlich auch eins der vielen Wohnboote, die seit der englischen Zeit Indiens vielen Leuten, die nach der Hitze des indischen Tieflands der Erholung bedurften, als höchst komfortable Urlaubsquartiere gedient haben. Die Engländer wußten zu leben in ihren Kolonien, und was sie einrichteten, um das Leben in einer sehr fremden Fremde wie Indien erträglich zu machen, das haben sie als Erbschaft uns Nachgeborenen hinterlassen. Und die großen Wohnboote mit vier, fünf geräumigen Zimmern und breiten Deckterrassen über dem Vorder- und Hinterende des stabilen hölzernen Kahns gehören wie etwa das Moskito-Netz, Gin and Tonic und Malaria-Prophylaxe zu dem Besten, was auf englische Erfindungsgabe zurückgeht.

Man mietet ein solches, sehr bequemes Boot vom Eigner, der mit seiner Familie ebenfalls, wenn auch deutlich abgetrennt, auf dem geräumigen, ungefügen Fahrzeug wohnt. Der Eigner mit seiner Familie stellt unterwegs nicht nur den »Kapitän« und die Leute, die das Boot – sachte, sachte! – voranstaken, wenn es nicht in irgendeiner verschwiegenen Bucht oder auch mitten im See oder im Jhelum-Fluß vor Anker gegangen ist, sondern er teilt sich mit der Familie in die Bedienung seiner Gäste, macht den Koch, wäscht die Wäsche, hält das schwimmende Apartment in Ordnung, kauft ein für den täglichen Bedarf von den Gemüse- und Obst-Booten, die den See und die Wasserstraßen in der Stadt Shrinagar befahren – und fungiert in seiner Freizeit als allwissendes Auskunftsbüro für seine Gäste. Und das alles für ein Geld, das dem, der aus Japan oder Thailand ganz andere Preise für einfachste Dienste gewöhnt ist, verhältnismäßig bescheiden vorkommt.

Die ganze übrige Welt mit ihrer Unruhe, ihrem ewigen Gezänk, ihren zahllosen ungelösten »Problemen« ist dann weltenweit entfernt!

Du bist auf einem anderen Stern namens Dal-See, flüstert man sich glückselig zu, wenn man morgens erwacht und in einigen tiefen Zügen die taufrische, unbestimmt duftende Luft einatmen, die durch die offenen Fenster hereinweht. Die Sonne ist noch nicht auf über den hohen Bergen im Osten, aber das Licht ist bereits stark. Der Schiffseigner ist draußen auf dem Achterdeck schon im Gange, schöpft an einer Leine mit einem Eimer Wasser aus dem See und wäscht das Deck; man erkennt es an den plätschernden, wischenden Geräuschen, die der fegende Besen verursacht. Ach, nichts und niemand zwingt dich, auf der Stelle aufzustehen; du kannst noch ein Weilchen liegen bleiben und mit dir und der übrigen Welt – wo immer die auch liegen mag! – einverstanden sein.

Es klopft an der Tür. »Come in!« ruft man. Leise knarrend schwingt die Tür auf, und es erscheint Jussuf, der älteste Sohn meines Wirtes, ein schlanker, dunkeläugiger Knabe von zwölf Jahren mit einem schmalen Antlitz so zart und einem so feingliedrigen Körper, als wäre es der eines jungen Mädchens. Jussuf lächelt zu mir herüber, scheu und liebenswert zugleich:

»Morningtea, Sir!« läßt er sich vernehmen, »Morgentee, Herr!« Als wären England und die englischen Sahibs noch in vollem Flor. Ich nehme den Morgengruß und das duftende Getränk, das meine Lebensgeister vollends wecken wird, mit einem »Good morning, Jussuf, and thanks for the tea« huldvoll zur Kenntnis, während der zierliche Knabe das Tablett mit der kleinen braunen Kanne und dem Glas auf dem Tischchen neben dem Kopfende meines Betts abstellt und mir vorsichtig das Glas füllt mit dem dampfenden Getränk, dessen Zutaten am anderen Ende des Himalaya, in Darjeeling unter dem gewaltigen Kangchendjönga gewachsen sind – auf der Grenze zwischen Nepal und Sikkim gelegen und als drittgrößter Berg der Erde, 8586 Meter hoch, so gewaltig aufragend, daß er bis zu den Teegärten Darjeelings hinunterblickt. Das siebengipflige Bergmassiv des Kangchendjönga – der Name aus dem Tibetischen bedeutet »Fünf Schatzkammern des großen Schnees« – speist von seinen sechs bis zu dreißig Kilometer langen Gletschern die Quellbäche der gewaltigen Tista, die dem noch viel gewaltigeren Brahmaputra in Assam zuströmt, dem äußersten Ostzipfel Indiens.

Dies geht mir gemächlich durch den Kopf, während ich, mich völlig reuelos als britischer Sahib fühlend, den heißen Tee schlürfe und mir überlege, was ich mit dem strahlend über dem großen See aufsteigenden Tag anfangen werde. Ich entscheide mich wie schon an den Tagen zuvor für weiteres seliges Nichtstun, das ich mir nach Monaten angestrengter Arbeit und nervenkostender Anspannung verdient zu haben glaube.

Wenn ich mich geduscht, meinen Porridge und einige Früchte verzehrt habe, wird der Eigner und die Frau das ungefüge große Wohnboot gemächlich eine Meile am Seeufer entlang weiterstaken, damit ich ein anderes Panorama, eine neue Aussicht zum anderen Ufer hinüber mit den prangenden Gärten aus einer vergangenen Zeit und den strahlenden Gipfeln in der Ferne genießen kann. Ich habe zwar nie auch nur eine Spur von Verlangen gefühlt, den eisigen Gaurisankar oder irgendeinen anderen der zehn höchsten Gipfel der Erde zu besteigen im großen Himalaya-Bogen, dessen Westende der Nanga Parbat bezeichnet. Aber es hat mich schon vor meiner höchst geruhsamen Wasserfahrt auf dem Dal-See im Herzen Kaschmirs sehr bewegt, daß der Nanga Parbat zur zweifelhaften Ehre gelangte, »Schicksalsberg der Deutschen« genannt zu werden. Wohl kein anderer Berg in den höchsten Gebirgen der Erde hat so viele Opfer auf dem Gewissen wie der Nanga Parbat, darunter mehrere Deutsche. Die Eislawinen, die von den vergletscherten Graten des Berges abbrechen und donnernd in die Tiefe stürzen, machen den außergewöhnlich großartig, ja erschreckend wirkenden Gipfel ganz besonders gefährlich. Dem Österreicher Hermann Buhl gelang es am 3. Juli 1953, den Nanga Parbat als erster endlich zu bezwingen – und unversehrt in den Alltag der Niederungen zurückzukehren. Aber sind Österreicher Deutsche? Und mit solcher Frage bin ich schon wieder mitten in den peinlichen Ungereimtheiten der Gegenwart. Ich will sie nicht zur Kenntnis nehmen, nicht hier auf dem friedevollen, leuchtenden See im Herzen der allerschönsten Landschaft des indischen Subkontinents.

Und ich beschließe, mich später von meinem freundlich dienstwilligen Bootseigner in die Stadt rudern zu lassen – ein schmales Beiboot schleppt er stets hinten nach – und mir die Werkstätten anzusehen, in denen alte persische und indische Handwerke bis zum heutigen Tag mit aller Sorgfalt gepflegt werden, indem sie sich von Generation zu Generation vererben. Ich soll dann den Vettern und Onkeln meines »Kapitäns« dies oder jenes ihrer wirklich wunderschönen Erzeugnisse abkaufen und werde schwerlich darum herumkommen, und der Bootseigner wird seine Provision dafür kassieren, daß er seinen Fahr- oder besser Wohngast, der »natürlich« Geld haben muß, angeschleppt hat.

Was ich dann da erwarb in den schattendunklen Werkstätten in den Nebengassen von Shrinagar, bildet noch jetzt einen kostbaren Schmuck meines Domizils im Heidewald.

Stets aber hatte ich nach zwei, drei Stunden genug von der alten Stadt und drängte wieder auf den See hinaus, wo nur die Wellchen leise an der Bordwand murmelten, die Vögel im Rohr am Ufer sich mit heiteren Rufen zuweilen bemerkbar machten, ein Fischadler hoch in der blauen Luft seine weiten Kreise zog, um dann plötzlich jäh wie ein Stein ins Wasser zu stoßen – und unverwandt von weither die Grate des hohen Berges – silbern gleißendes Wunder wahrlich! – ihre jähen Linien in den nördlichen Horizont zeichneten.

Und dann hatte irgendwer auf meinem schwimmenden Heim schon das Mittagessen zubereitet; es gab wieder einmal Lammkeule in brennend scharfer Curry-Soße, umringt von süß duftendem, blendend weißem Reis – vorzüglich!

Glückhafte Tage inmitten des Himalaya! Angenehmere habe ich kaum jemals in meinem Leben erlebt. Und immer, wenn ich an das große Gebirge und seine freundlichen Menschen zurückdenke, wird mir warm ums Herz.

Das etwa zweieinhalbtausend Kilometer lange und nur ein Zehntel davon breite Gebirge des Himalaya setzt sich aus vier parallel verlaufenden Streifen zusammen, die von vielen tiefen Quertälern in einzelne Massive aufgeteilt sind. Der Name kommt aus der Sprache Nepals und bedeutet etwa »Heimat des Schnees«.

Gewöhnlich werden die tief eingeschnittenen Durchbrüche des Indus im Westen, des Brahmaputra im Osten als die Grenzen des Gebirges angesehen. Im Grunde ist das jedoch eine sehr willkürliche Festlegung. Denn Hindukusch wie Himalaya – wie ein Blick auf eine entsprechende Karte mit aller Deutlichkeit zeigt – bilden nur ein, allerdings besonders hervorstechendes, Glied in dem langgestreckten Faltenwurf des Erdmantels, der in Europa am Atlantik auf spanischem Boden mit dem Kantabrischen Gebirge und den Pyrenäen beginnt, sich in den Alpen zum ersten Mal zu großer Höhe aufwirft, dann ostwärts in den Karpaten, den balkanischen und türkischen Bergen, dem Kaukasus fortschreitet (wo der Elbrus und der Ararat, Noahs Berg, sich weit über fünftausend Meter aufrecken). Das Elbrus- und das Sagros-Gebirge im Iran weisen dann schon zum Hindukusch hinüber, der in den Himalaya übergeht. Dieser aber bildet nicht das Ende der gewaltigen Verwerfung der Erdrinde, sondern setzt sich nach Nordosten und Südosten in zwei vielfach ver-

winkelten Gebirgszonen fort. Im Norden reicht diese
Zone über den Tienschan und den Altaï, weiter über die
Stanovoj-, Werchojansk- und Tscherski-Gebirge bis nach
Kamtschatka hinüber und hat damit, an der Westküste
Europas am Atlantik beginnend, die Nordostecke Asiens
und damit den Pazifischen Ozean erreicht.

Die vier Hauptketten des Himalaya werden verschieden
bezeichnet: In Tibet liegt als nördlichste der Transhima-
laya; ihm folgt nach Süden der Hoch-Himalaya, dann der
immer noch bis zu 4000 Metern aufragende Vorder-Hima-
laya und schließlich die das indische Tiefland begrenzenden Siwalik-Ketten, die nur noch 1300 Meter erreichen.
Zehn der Gipfel des Gebirges übersteigen, wie schon erwähnt, achttausend Meter; nicht weniger als zweihundert
sind höher als siebentausend Meter; die Sechstausender
hat sich keiner mehr die Mühe gemacht zu zählen.

Der Himalaya bildet eine überaus scharfe Klimascheide
zwischen den tropisch warmen Zonen Indiens und denen
des hochgelegenen, winterkalten Zentralasiens. Dem indischen Tiefland gewährt im Sommer der Monsun reiche
Regen, da dann über den trockenen, sich schnell erwärmenden Hochebenen in Tibet, in Hochasien, die Luft
aufsteigt und feuchtigkeitsschwangere Wolken vom Indischen Ozean ins Land saugt, die sich am Gebirge über
dem indischen Tiefland entladen. Im Winter ergibt sich
der umgekehrte Prozeß: Über dem immer noch warmen
Indik steigt jetzt die Luft auf und saugt aus den im Winter
grimmig kalten Hochebenen jenseits des Himalaya, aus
Tibet und der Takla Makan kühle, trockene Lüfte nach
Indien hinunter, die dem Lande zu seinen vielfach sehr
angenehmen und erträglichen Wintermonaten verhelfen.
Ohne das große Wechselspiel der Monsune wären in
Süd-, Südost- und Ostasien niemals jene Gefilde größter
Fruchtbarkeit entstanden, welche die dichtesten An-
sammlungen von Menschen auf der Erde mehr oder weni-

ger ausreichend ernähren. Und die Monsune wiederum verdanken die Getreulichkeit ihrer Wiederkehr dem Nebeneinander des warmen Indischen Ozeans und der zentralasiatischen Hochebenen, die nur durch die verhältnismäßig schmale, aber sehr lange Barriere des Himalaya voneinander abgetrennt sind.

Zieht sich die eine langgestreckte Gruppe von Gebirgen zwischen dem Südwesten Europas und dem äußersten Nordosten Asiens im wesentlichen von West nach Ost, so streicht die zweite mächtige Auffaltung der Erdrinde von Nord nach Süd; sie bezeichnet den Westrand der beiden Amerikas.

Wenn ich an die südamerikanischen Anden denke, die als eine verhältnismäßig schmale, aber lang gedehnte Kette von der Landenge von Panama bis zum Feuerland gespannt sind, so kommt mir wie im Hindukusch oder in Kaschmir der Eindruck in die Quere, den die Menschen auf mich gemacht haben, mit denen ich in der hohen Cordillere, in den Hochanden, in Ecuador, Peru und Chile, umzugehen hatte. Mein Bild von den Hochanden wurde am stärksten geprägt, als ich mich in einer viele Wochen dauernden Fahrt vom abschreckend häßlichen Minenort Cerro de Pasco über Huancayu, Ayacucho nach Cuzco bewegte, dann weiter am Titicaca-See entlang nach Puno vordrang, um dann zur Küste abzubiegen und mit meinem vorzüglichen Reisegefährten im unverwüstlichen VW schließlich wieder in die peruanische Hauptstadt Lima einzulaufen.

Es war eine Reise, eine abenteuerliche Fahrt von etwa zweieinhalbtausend Kilometern auf jämmerlichen, zerfahrenen Straßen, auf denen man stets auf übelste Überraschungen gefaßt sein mußte. Ob und wo man zur Nacht unterkommen würde, war nie vorauszusagen, von den wenigen größeren Orten wie Cuzco oder Puno abgesehen. Bald senkte sich die Straße in tief eingeschnittene, brütend heiße Täler hinunter, an deren Sohle einsam tosende Flüsse über grobe Felsen sprangen, bald schob sich der einspurige Fahrweg, tief ausgewaschen vielfach, auch von Quellen am Rande zerweicht, endlos, Stunde für Stunde bergauf, als wollte er in den Himmel steigen, nur um schließlich dem abgrundtiefen Stromtal zu entgehen und auf fast schon Montblanc-Höhe eine kahle Hochebene zu erreichen, auf der in den Senken sich noch Schnee vom letzten Winter hielt, sonst aber spärliches Gras und Kraut aufgesprossen war. Stets weidete dann dort, nah am Wege oder auch weit entfernt, gerade noch zu erkennen in der dünnen glasklaren Luft, eine Herde von Lamas, sehr viel seltener kleineren Alpakas, die vor allem wegen ihrer feineren Wolle von den peruanischen und anderen Hochland-Indios gehalten werden. Die merkwürdig zierlichen und zugleich auch stets ein wenig staksig wirkenden Tiere (sie gehören zur Rasse der Kamele, bilden aber keinen Höcker) zeigten sich überall scheu und ließen uns nicht nahe herankommen, als wären sie Wildtiere. Jedoch schienen sie ihre gegen die Kälte dick vermummten Hirten, halbwüchsige Indianerlein, ohne Ablehnung in ihrer Nähe zu dulden, ihnen auch zu gehorchen. Die etwas kräftigeren Lamas dienen den Hochland-Indios als Lasttiere und auch als Fleischlieferanten. Wir haben damals Lama-Braten mehrfach gegessen, ohne daß uns die fremde Speise groß zu Bewußtsein kam; ich konnte keinen großen Unterschied zu Rindfleisch entdecken, allerdings erhebe ich keinen Anspruch darauf, ein Feinschmecker zu sein.

4000 Meter über Meereshöhe wird es den Lasten-Lamas zu kalt; auch ist ihnen die Luft dann zu dünn. Ihre zierlichste und anmutigste Spielart aber, das Vicunja, fühlt sich noch auf 6000 Meter wohl. Es ist gegen Kälte und Wind durch wunderbar feine und dichte Wolle geschützt, aber um dieses kostbaren Kleides willen nun beinahe schon ausgerottet. Für Vicunja-Pelze wurden in Nordamerika und Westeuropa allzu märchenhafte Preise gezahlt!

Nun, wir haben damals auf der waghalsigen Fahrt entlang der Hochanden keine Vicunjas zu Gesicht bekommen, nur Lamas und gelegentlich Alpakas. Aber die abweisende Fremdartigkeit der hohen Puna, der Hochsteppen in den Anden Nordchiles, Boliviens und Perus kam uns bei ihrem Anblick kraß zu Bewußtsein.

Das geschah auf die Dauer jedoch noch viel stärker durch die wie verholzte Unbeweglichkeit der Indio-Gesichter. Ob ich die Indios auf den kleinen Märkten beobachtete, die ganz und gar ohne den Lärm und das quirlige Getreibe anderer Märkte auszukommen schienen, wo die Frauen in dick gewebten, rotbunten und braunen Gewändern aus Lamawolle stumm und regungslos hinter ihren bescheidenen Auslagen saßen – Kartoffeln, Zwiebeln, Lauch, Beeren –, ob uns Indios unterwegs begegneten und mein sprachkundiger Gefährte sich nach dem Weg zum Mantaro hinunter oder nach Pucaro erkundigen wollte, ob uns eine Herde von Lamas unversehens über den Weg gelaufen war und der Hirte versuchte, die verwirrten Tiere mit heiseren, abgehackten Rufen wieder in die Steppe hinauszutreiben, wir dann anhalten mußten und schuldbewußt versuchten, ein paar freundliche Worte mit dem jungen Burschen zu wechseln – immer und überall begegneten uns die Indios mit der gleichen seltsam maskenhaften Unbewegtheit ihrer wie mit dunkelbraunem Leder straff bespannten Gesichter. Nie ein Zeichen des Verstehens, der Freundlichkeit, nie auch nur die Andeutung eines Lächelns. Allerdings gaben sie auch nie ein Zeichen von Feindschaft oder grober Abweisung von sich. Es kam mir stets so vor, als sähen sie mich zwar, erblickten oder erkannten mich indessen nicht – oder vielmehr: Sie wollten es nicht! Als gäbe es mich gar nicht!

Ich sprach mit meinem höchst landeskundigen Gefährten, der sich leidenschaftlich um das Verständnis indianischen Wesens bemühte, dem er mit allen Mitteln bester europäischer Bildung nachzuspüren versuchte. Unablässig diskutierte ich mit ihm darüber, wie die offenbar undurchdringliche Fassade indianischen Verhaltens aufzulockern, zu öffnen wäre. Sie sind ja Nachfahren der hohen Kultur des Inka-Reiches, das bis ins 16. Jahrhundert hinein schließlich den größten Teil der heutigen südamerikanischen Staaten Ecuador, Peru und Bolivien, sowie Teile von Argentinien und Chile umfaßte. Der Spanier Pizarro eroberte mit nur einer Handvoll von furchteinflößenden Berittenen das äußerst streng und nüchtern organisierte Großreich (1532), wobei ihm der jahrelange Streit zwischen zwei Halbbrüdern um die Königsherrschaft zu Hilfe kam. Die zwei der vielen Söhne des letzten unbestrittenen Herrschers Huayna Capac (1493–1527), Huascar und Atahualpa, begriffen die Gefahr nicht, die ihnen von den Spaniern drohte. Huascar unterlag seinem Halbbruder. Aber schon kurz danach wurde Atahualpa von den Spaniern gefangengenommen und hingerichtet, nachdem er vergeblich versucht hatte, sich freizukaufen – mit zweimal der Menge an Silber und einmal an Gold, die das Zimmer zu fassen vermochte, in dem Pizarro ihn gefangen hielt.

Es dauerte dann noch sechsunddreißig Jahre, bis die Spanier sich in wirr hin und her wogenden Kämpfen endgültig als die Herrscher des großen Hochanden-Staates der Inka durchgesetzt hatten.

Der Untergang ihres großen Reiches, verursacht durch eine lächerlich geringe Zahl fremder weißhäutiger Abenteurer, hat die Indianer auf eine durch die Vernunft kaum erklärliche Weise sonderbar erstarren lassen. Alle Versuche, die spanische Herrschaft wieder abzuschütteln, die der vorausgegangenen Kulturhöhe, Organisation und Ordnung des Inkareiches keineswegs gleichkam, endeten mit eigentümlich kläglichen Mißerfolgen. Weder der Gottkönig, »der« Inka im ursprünglichen Sinn, noch der Schöpfergott, Viracocha, noch seine Untergötter, allen voran der Sonnengott Inti, waren imstande, den bedeutendsten aller indianischen Staaten, das riesige Inkareich, vor den grausamen Männern von niemand-weiß-woher, ihrem gekreuzigten Gott und seiner jungfräulichen Mutter zu bewahren.

Die Untertanen der Inkas, obwohl sie sich aus vielen besiegten Stämmen zusammensetzten, hatten schon alle zur Reichssprache, dem Quechua, übergehen müssen. Wenn sie nicht zu grausam ausgebeuteten Sklaven werden wollten, hatten sie jetzt Spanisch zu lernen, und es gab viele, die den strikten Gehorsam, den sie zuvor den Beamten und Soldaten des Inka hatten zollen müssen, auf die Spanier übertrugen, als die Inka-Herrschaft zerfiel, als wäre sie ein Kartenhaus.

Heute will es so scheinen, als ob die Indianer in ihrem innersten und dicht nach außen abgeschirmten Wesen die Fremdherrschaft durch die Europäer, die Spanier, niemals anerkannt haben. Zwar nahmen sie das Christentum der Eroberer oberflächlich an; es blieb ihnen kaum eine andere Wahl. Sieht man aber genauer hin, so sind es immer noch ihre alten Gottheiten, die sie verehren, mit großer Inbrunst, sie haben ihnen nur einige christliche Kostüme und Abzeichen umgehängt.

Im Laufe der Jahrhunderte seit seinem Fall 1632/33 ist der alte Bereich des Inka-Volkes und der Inka-Herrschaft scheinbar vollständig unter spanische Kontrolle geglitten. Tatsächlich aber haben sich spanische Männer und indianische Frauen von Anfang an tausendfach miteinander vermischt; es entstand eine ständig breiter werdende Schicht von Menschen, in denen indianisches und spanisches Blut unlöslich vereint war und die seelisch und geistig bald indianisch, bald europäisch reagierten. In den äußerst unzugänglichen Regionen des Hochgebirges jedoch, auf den unwirtlichen Hochsteppen des Inneren bis zum kalten Titicaca-See hinunter und darüber hinaus hielt sich mit unheimlicher Zähigkeit indianisches Wesen, das sich dem spanischen zwar scheinbar unterwürfig zeigte, in Wahrheit jedoch in seiner uralt indianischen Besonderheit gar nicht zu beeinflussen war. Dies um so mehr, seit im vergangenen Jahrhundert der Nachschub spanischen Blutes aus dem Mutterland allmählich versiegte und das im Grunde ungebrochene indianische Wesen wieder hervordrängte.

Heute steigt der Aufstand der Hochland-Indianer aus den Bergen von Jahr zu Jahr deutlicher zur Küste hinunter, wo in der peruanischen Hauptstadt Lima die Spanier ihre Paläste und ihre goldstrotzenden Kathedralen gebaut haben. Die Ausbeutung der Indianer, der Nachkommen der Inkas, funktioniert nicht mehr. Die fürchterlich gewaltsame und keine Greuel scheuende Bewegung des »Leuchtenden Pfades« (Sendero Luminoso), die den Indianern, insbsondere denen des Hochlandes, ihr lange vorenthaltenes Recht erneut verschaffen will, ohne daß sich bisher erkennen läßt, was dabei herauskommen soll, ist längst bis in die Hauptstadt vorgedrungen, vermengt sich hier mit der Wut über die unbeschreiblich üblen sozialen Zustände, die von einem versagenden politischen System nicht verbessert werden können, und bedroht, so scheint es, die Grundfesten des Staates.

(Ähnliche Auflösungserscheinungen sind in vielfachen Abwandlungen in der großen Mehrzahl der lateinamerikanischen Staaten festzustellen. In ganz Mittel- und Südamerika scheinen die politischen und gesellschaftlichen Strukturen brüchig geworden zu sein. Eine verhängnisvolle Rolle spielen dabei die Produzenten und Großhändler von Drogen, Kokain vor allem. Diese Rauschgifte lassen sich mit riesigen Profiten insbesondere nach Nordamerika verkaufen, Profite, welche die Regierungen und Verwaltungen mancher lateinamerikanischer Staaten so widerlich korrumpieren, daß der Drogenhandel zum eigentlichen Staatszweck zu werden droht. Die Indianer haben seit ungezählten Jahrhunderten gelernt, mit den Drogen umzugehen, die in ihren Ländern hervorgebracht werden. Die Nordamerikaner verstehen sich auf solchen Umgang ebenso wenig wie die Europäer. Es hat wenig Sinn – meine ich –, die Peruaner, Bolivianer, Columbianer usw. zu verurteilen, weil sie Drogen produzieren, wenn in Chicago oder San Francisco, in Frankfurt oder London ein gieriger Bedarf an eben diesen Drogen besteht und ständig wächst. Die Produktion und den Handel von Drogen zu bekämpfen, heißt das Pferd beim Schwanze aufzuzäumen; die Verbraucher sind es, die sich vergehen, an sich selbst und an ihrer Mitwelt!).

In den hohen Anden bis hinunter nach Südchile boten sich mir hundertfach Ausblicke auf Landschaften von atemberaubender Großartigkeit, furchterregender Gewalt. Meine sogenannte Straße, ein schmaler Kies- und Geröllweg, hing irgendwo hoch in den Wänden, die zur einen Hand so gut wie senkrecht aufstiegen, zur anderen jäh in große Tiefen abstürzten, hinunter auf den Grund eines vor Stunden von uns verlassenen Tals, in welchem ein schäumender Fluß um große Felsen gurgelte und donnerte. Wenn ich dann anhielt und zurückblickte, so erkannte ich die zahllosen Windungen und Kehren, auf denen ich mich langsam bergauf geschoben hatte, und erschrak nachträglich vor den zahllosen Möglichkeiten, die sich mir geboten hatten, einen Fehler zu begehen und abzustürzen. Wenn man die Aufmerksamkeit angespannt stets nur auf die nächsten dreißig, fünfzig Schritte voraus richtete, ließen sich Fehler im allgemeinen vermeiden. Zuweilen erspähte man fern auf der anderen Talseite über dem Mantaro, dem Urubamba oder Apurimac deutlich

die Umrisse und Verlauflinien früherer Acker-Terrassen, Siedlungen, auch von ehemaligen Straßen, die aber nicht für rollende Fahrzeuge bestimmt gewesen sein konnten, denn sie führten steile Hänge hinauf und stiegen in Schluchten hinunter, die nur von Menschen zu Fuß und von Lasttieren zu bewältigen waren. Die Hängebrücken allerdings, welche die Inkas mit ebensoviel Kühnheit wie Geschick über abgrundtiefe Flußtäler zu spannen wußten und für deren Pflege und Erhalt eine besondere Beamtenschaft von Brückenpflegern verantwortlich war, sind längst verrottet und nicht mehr vorhanden. Mir fiel dann ein, daß die Inkas in ihrem Reich, das sich an die viertausend Kilometer weit in den Anden längs der Küste über eine der wahrlich unwegsamsten Gegenden der Erde erstreckte, mehr Straßen gebaut haben und sich über diese Straßen eine schnellere Nachrichtenübermittlung schufen, als die Römer in der stolzesten Zeit ihres Weltreichs. Und dann stand mir unerwartet ein Indio im Wege, der mit einem oder zwei bepackten Lamas über den gleichen tückenreichen Weg vom Tal des Mantaro über den Gebirgsriegel in das der Pampas unterwegs war – und ich atmete auf, denn wir waren also doch nicht ganz allein in dieser unerhört schroffen und zerklüfteten Bergwelt. Mein Gefährte sagte:
»Selbst hier, endlos weit von jeder Siedlung entfernt, sind sie unterwegs, barfuß, langsam, mühselig. Er drängt mit seinen Tieren ganz an die Außenkante, scheint sich vor unserem Auto zu fürchten. Wir müssen dicht an die Wand heranfahren, um ihn nicht zu gefährden. Er und seine Tiere sind gewiß schwindelfrei. Wir könnten anhalten und ihm ›guten Tag‹ sagen und ›guten Weg‹ wünschen.«
Das taten wir dann auch. Aber ich kann es nicht vergessen, wie bei dieser und ähnlichen Gelegenheiten anderswo die Indios unsere harmlosen Freundlichkeitsversuche beantworteten: Überhaupt nicht! Weder zustim-

mend noch ablehnend! Die braunen Gesichter blieben ausdruckslos, blickten durch uns hindurch, als gäbe es uns gar nicht, wollten durchaus nicht angesprochen sein. Die Gesichter verharrten steinern ernst, rührten keinen kleinen Muskel. Keine Braue hob sich, kein Mundwinkel, kein Nasenflügel zuckte. Sie blieben fremd, ganz fern und fremd; ich sagte es schon und sage es wieder.

Verhält sich so ein Menschenschlag, der fürchterlich geschunden und getreten worden ist wie diese Indios aus den hohen Anden? Wird dann, sich erst gar nicht anrühren zu lassen oder überhaupt irgendwie auf eine Annäherung einzugehen, zum einzigen Schutz vor einer völlig anderen, überlegenen Welt, der man nichts entgegenzusetzen hat?

Nun, die weiße, westlich/europäische Welt hat überall in den Andenstaaten, von Venezuela und Columbia bis nach Argentinien und Chile hinunter, versagt, ist zumindest nicht imstande gewesen, ihre Versprechungen zu erfüllen. Die über den Erdteil gebreitete spanische Decke wird rissig und fadenscheinig. (Auch das portugiesisch bestimmte Brasilien erlebt einen ähnlichen Prozeß, doch sind die Voraussetzungen andere.)

Wenn mich die regungslosen Indio-Gesichter anstarrten, wenn ich heute verfolge, wie die Hochland-Indios in Peru und anderswo den blutigen Aufstand proben, wenn sie in Bolivien oder Columbien mit dem Anbau von Drogen (denen sie selbst *nicht* erliegen) Staaten im Staat errichten, finanzielle und politische Macht in ständig steigendem Umfang in unkontrollierbaren Händen konzentrieren – dann drängt sich mir der Gedanke auf, daß das für Jahrhunderte unterdrückt gehaltene indianische Wesen unter der Decke geschlafen haben mag, aber nie erstorben war. Heute läßt der Druck nach, da die Eroberer schwach geworden sind, als Mestizen halb und halb zu Indios wurden, ihres bedenkenlosen Herrschaftswillens verlustig gegangen sind und mit der Gegenwart nicht fertig werden. Und das Indianische reckt sich wie ein Riese, der lange wie betäubt geschlafen hat und nun wieder erwacht. Wohin das führen wird, welche Formen diese aus der Tiefe aufdringende mächtige Gewalt annehmen wird, wenn das nächste Jahrtausend anbricht – wer wollte da Prophezeiungen wagen!

Ich muß der Vollständigkeit halber bekennen, daß es mir in einigen, ganz wenigen Fällen gelungen ist, die indianische Abweisung zu überwinden und zum eigentlich Menschlichen vorzustoßen. Und dann offenbarten sich Indios, Nachkommen der Inkas, Aymará-Indianer, als ernsthaft kluge, verläßliche und sehr treue Menschenkinder. Aber Heiterkeit und Leichtigkeit ist mir auch bei diesen nicht begegnet.

So sind mir denn die Kordilleren Südamerikas, die Anden, zwar als ein überwältigend grandioses, die Brust vor Ehrfurcht – und Furcht – dehnendes Erlebnis in die Erinnerung gepflanzt worden. Dabei macht es keinen Unterschied, ob ich an die kolumbianischen, peruanischen oder chilenisch/argentinischen Anden zurückdenke. Ich kann ihr Bild nicht von dem der armseligen, starrgesichtigen Indios trennen, die in den von der Welt abgeschiedenen, abgründigen Tälern ein hartes, kaltes Dasein aus dem zumeist steinigen Boden erkämpften und unbestimmt darauf hofften, irgendwann zur Küste hinunterzuwandern, um in den großen Wunderstädten wie Guayaquil, Lima oder Valparaiso ein leichteres Leben zu gewinnen. Das aber endet in beinahe jedem Fall damit, daß die an ein hartes Dasein gewöhnten Menschen, die an reiner Luft, klarem Wasser und uralt ererbten Sitten und Sippenbindungen nie Mangel hatten, auf die Stufe elendesten Lumpen-Proletariats absinken und die unabsehbaren Budensiedlungen bevölkern, die um alle größeren Städte Lateinamerikas als eine breite Bordüre der Verkommenheit und des Jammers geschlungen sind. In den hohen Bergen mag der Aufruhr, von dem die lateinamerikanischen Länder, hier so, dort anders, bedroht oder schon in Frage gestellt werden, entstanden sein, weil in der Weite und Helle der hohen Berge das Gefühl für ein Mindestmaß an Menschenwürde, das jedem zusteht, noch nicht erstorben ist. In den Elendsquartieren an der Küste um die alten, in zerschlissenen spanischen Gewändern nur noch sehr unvollkommen prunkenden Städte, in denen sich Regierungen ablösen, die alle nicht mehr weiter zu regieren wissen, sammelt sich der Zündstoff für chaotische Rebellionen.

Jedesmal stärker habe ich dies gespürt, wenn ich in vergangenen Jahrzehnten in Abständen, zumeist in den Andenstaaten, unterwegs war. Lockten mich doch die hohen, einsamen Gebirge, besonders jene mit subarktischem Charakter unter tropischer Sonne wie in Ecuador oder Peru, auf sonderbar dunkle Weise stets von neuem an.

In meinem zur Genüge ver-reisten Leben gibt es ein paar Höhepunkte, die nicht zu vergessen sind, einen davon erlebte ich in den Anden. Wie Juwelen, die man meist verschlossen hält, aber gelegentlich doch hervorholt, um sie wieder einmal zu bewundern, als seien sie nur durch solche Bewunderung blank und glänzend zu erhalten, denkt man bei passendem Anlaß an solche Augenblicke oder auch Stunden wieder zurück und präsentiert sie sich und den Freunden.

Ich war auf dem Wege rund um Südamerika und flog von Buenos Aires nach Santiago de Chile. Dabei hatte ich zu meiner Freude entdeckt, daß der Kapitän der Maschine (einer europäischen, nicht einer südamerikanischen Fluggesellschaft) ein alter, guter Bekannter von mir war, mit dem ich im Fernen Osten verschiedenes Aufregendes erlebt hatte (an Land, nicht in der Luft), wobei wir uns gegenseitig sehr energisch hatten unter die Arme greifen müssen. Ein blinder Zufall hatte uns schon vor dem Abflug in der Halle des Flughafens zusammentreffen lassen, und wir hatten uns mit Hallo begrüßt.

»Sie fliegen mit meiner Maschine, Johann? Großartig! Ich glaube, ich fliege so gut wie leer nach Santiago. Ich bin meine bisherigen Passagiere von Amsterdam her hier in Buenos Aires sämtlich losgeworden. Wir werden einen ruhigen Flug haben. Der Wetterfrosch sagt wolkenlosen Himmel und wenig Wind für den ganzen Flug zur Westküste voraus. Dort hab' ich dann Feierabend. Ich lade Sie nach vorn ein, wenn alles klar ist. Mein Copilot ist ein reizender Kerl; er wird nichts dagegen haben, und Sie lernen einen netten, klugen Menschen kennen!«

Das war eine Einladung ganz nach meinem Geschmack. Im Cockpit eines großen Flugzeugs durchs balkenlose Blau des Himmels zu brausen, habe ich stets als große Seligkeit empfunden, wenn es mir auch nur wenige Male vom Gott der Reisenden zugebilligt worden ist. Ich sagte also mit Vergnügen zu.

In der Tat blieb die Maschine, mit der ich dann abflog, für die letzte Etappe ihres Fluges nach Santiago so gut wie leer. Das Wetter konnte nicht schöner sein. Aber ich hatte während des langen Fluges über die endlose Pampa Argentiniens lange zu warten, ehe mein guter Hans Rudings endlich erschien, sich damit entschuldigte, daß sie einen Fehler in der elektrischen Ausrüstung der Navigationsanlage hätten suchen, finden und reparieren müssen, daß er mich also erst jetzt mit entlastetem Kapitänsgewissen »nach vorn« bitten könnte. Dazu hatte ich natürlich nicht viel zu sagen und begab mich mit größtem Vergnügen und Dank voraus »nach vorn« in die Kanzel, die in zehntausend Meter Höhe westwärts schwebte, ohne daß dies richig wahrzunehmen war. Lediglich das beständige dunkle Dröhnen der Motoren verriet, welcher Kraft es bedurfte, den großen Vogel aus Metall die Schwere verachten zu lassen.

»Ich habe gar keine Lust, viel zu reden, Rudings. Dies ist für mich ein einmaliges Geschenk des Himmels, und ich will es in vollen Zügen genießen. Ob und wann mir das noch einmal blühen wird, weiß ich nicht. Also –«

Der Kapitän war wohlwollend gestimmt:

»Kann ich gut verstehen, Johann! Glauben Sie ja nicht, daß ich mir das Staunen darüber, zehn oder zwölf Kilometer hoch in den Lüften meinen Kurs einhalten zu können, etwa abgewöhnt habe. Nein, das bleibt! Der Himmel mit den Wolken bietet immer neue Wunder, wiederholt sich nie. Sehen Sie voraus! Was sich da, noch kaum zu ahnen, aus dem Horizont herausschält, das ist ein solches Wunder – und es verliert nichts an Großartigkeit, obgleich ich es schon viele Dutzend Male erlebt habe: die hohen Anden! Und wir haben die Möglichkeit, mit einer geringen Abweichung vom Kurs am allerhöchsten Gipfel beider Amerikas vorbeizufliegen, am Aconcagua.«

Ich hakte sofort ein:

»Wenn das so ist und wir keine Verspätung haben, Rudings, warum dann also nicht? Auf zum Aconcagua! Und wenn's nicht geradezu verboten ist, einmal rund um den höchsten Berg Amerikas! Wir werden ja, hoffe ich, den Abend sowieso zusammen verbringen, und können die Aconcagua-Umkreisung feiern.«

»Abgemacht, Johann! Wir wohnen sicherlich im gleichen Hotel in Santiago, vermute ich.«

Das war richtig vermutet, wie sich schnell herausstellte, und inzwischen hatte der nette (und dann miteingeladene) Copilot die Maschine auf einen um wenige Grad weiter nördlich weisenden Kurs gelegt.

Aus großer Höhe und bei klarstem Wetter habe ich dann die Kette der Anden über der ganz gestaltlos unter uns fortgleitenden graubraunen Steppe emporwachsen sehen. Von der gläsernen Kanzel des Flugzeugs aus, wo nichts den Blick behinderte, war in der Tat überzeugend auszumachen, daß das Gebirge sich als verhältnismäßig schmale Faltung vor oder über den Rand des Kontinents erhob. Nach Norden und Süden verschwammen die wild zerzackten Ketten im ungewissen Dunst der großen Entfernungen. Wir flogen geradenwegs auf den höchsten Gipfel in der immer herrlicher aufsteigenden Parade von hohen Kuppen, Rücken und Graten zu und haben dann, nach Norden ansetzend, tatsächlich einen weiten Bogen um den königlichen Berg geschlagen, in respektvoller Entfernung und in größerer Höhe, als der strahlende Gletschergipfel hinaufreichte.

Es fiel kein Wort dabei in der von vielen Instrumenten, Knöpfen und Hebeln eingezingelten Pilotenkabine. Auch die »Professionellen« auf den beiden Pilotensitzen konnten sich nicht der beinahe überirdischen Majestät des Anblicks entziehen. Und ich selbst neige ohnehin dazu, in großen Augenblicken absolut nichts sagen zu können.

Vor uns im Westen tauchte eine riesige, flache Wolke aus graublauem Dunst auf – so schien es wenigstens. Keine Linie, nicht die leiseste Kontur war in dieser Nebelbank – oder was immer es war – zu erkennen. Wir kamen ihr schnell näher. Ich begriff es bald: Dort offenbarte sich die feuchte Luft über dem Meer; dort dehnte sich zu seiner größten Weite nach Westen und Nordwesten der Pazifische, der Große Ozean!

Beklemmend und ein bißchen albern fiel mich der Gedanke an: Dort dürfen wir nicht hin! Wir müssen über festem Land bleiben. Wir müssen landen! Viel Platz schien dafür zwischen dem hohen Gebirge und der tiefen See nicht übrig gelassen zu sein. Ich vergaß den Aconcagua; er blieb unter, hinter uns zurück wie ein im nachhinein nicht recht glaubwürdiger, körperloser Traum.

Der Kapitän nahm Gas weg. Wir mußten uns in weiten Spiralen allmählich senken. Wir setzten so sanft auf, daß man den leichten Stoß nur merkte, wenn man ihn erwartet hatte.

Obgleich die hohen Gebirgszüge an der Westkante Mittel- und Nordamerikas lediglich die Fortsetzung der südamerikanischen Anden darstellen, besitzen Namen wie Sierra Nevada oder Bighorn-Mountains, Kaskaden, Columbia- oder Cassiar-Mountains für mich einen völlig anderen Klang.

Die grandiosen Erscheinungen der Cordillera Oriental wie die der Cordillera Occidental blieben mir stets wie von einem Schleier der Trauer, eines schweren Ernstes, einer Ahnung von Unheil verhängt. Daß die großen, wilden Gebirge, die höher hinaufreichen als ihre Schwesterketten in Nordamerika, zugleich von wahrhaft erhabener Schönheit umflossen sind, kam mir wohl manchmal zu Bewußtsein, vermochte sich aber in meiner Erinnerung nicht als das bleibende Merkmal festzusetzen. Der armselige Hochland-Indio, barfuß auf steinigem Pfad oder im verharschten Schnee, in formlose, längst farblose Kleider, um nicht zu sagen wollene Lumpen, gehüllt, mit einer runden Mütze auf dem schweren Schädel und mit einem tiefbraunen, wie erstarrten Gesicht, gezeichnet von ewigem Kampf um ein allerdürftigstes Dasein und von Unwillen und Ablehnung wie versteinert – der Hochland-Indio bestimmt für mich das Bild der Anden.

Denke ich dagegen an die Selkirk Mountains im kanadischen Hochgebirge oder an die Bitterroot- oder die Absaroka-Mountains im US-amerikanischen, so wird mir das Herz weit. Ich habe sie und viele andere oft durchfahren und mich fast trunken vor Glück ihrem Anblick hingegeben – im prachtvoll strahlenden Sommer, im farbendurchglühten Herbst, im unerträglich blendenden Glanz

des Neuschnees. Ihr Bild wird mir nicht durch den Anblick des Elends der Menschenwelt verstellt.

Gewiß, ich habe in den hintersten Winkeln der Rockies
oder zwischen den Bergen am Skeena oder Chilcotin oft
genug Männer und auch Familien getroffen, die gegen
eine gnadenlose, wenn auch herrliche Wildnis bis zu äußerster Erschöpfung anzukämpfen hatten, um sich ihre
Existenz zu sichern. Aber die erstarrte Hoffnungslosigkeit
wie in den hohen Gebirgen Südamerikas habe ich nirgendwo getroffen. Stets hieß es am Schluß:
»Well, it's not all beer and skittles! But we shall manage!
This is a great country!«*

Und damit konnte der Besucher, der den Leuten von
fernher ins Haus geschneite Gast, zufrieden sein, obgleich
er längst wußte: Nicht alle schaffen es. Die Ungeschick-
ten, die Schwächlichen, die notorischen Pechvögel gehen
unter. Aber alle erhoffen den Erfolg.

Ich aber, der immer nur beobachtete, »draußen blieb«,
weil er ganz woanders eingespannt war, konnte mich
ohne Gewissensbisse der unerhörten Schönheit und
Großartigkeit des Mount Assiniboine, des Crater Lake
oder des Mount Hood hingeben. Mit wahrer Lust an der
schwierigen Aufgabe kämpfte ich mich durch den Schnee
über den Tioga-Paß in der Cathedral-Range im Yosemite-
Gebiet von California oder durch die San Francisco Mountains im Herzen von Arizona.

Oder ich unternahm es – wozu ich zweimal vergeblich,
erst beim dritten Mal mit Erfolg ansetzte –, einen der
allerhöchsten Punkte in den Staaten, die sich überhaupt
mit dem Auto (möglichst einem vierradangetriebenen) er-
fahren lassen, tatsächlich für mich zu erobern: den Steens-
Mountain hoch über der Alvord-Wüste.

Steens – welch ein Klang in meinen Ohren! Diese schein-

---

* »Well, es ist nicht alles Bier und Kegelspiel. Aber wir schaffen es schon!
  Dies ist ein großes Land!«

bar sanft und mäßig aus den unabsehbaren Salbei-Steppen des Harney-Beckens aufsteigende Erhebung, ein zumeist fern am Horizont, abseits jeder wichtigen Straße liegenbleibendes Merkzeichen des »Großen Beckens«, des Great Basin, das sich an die achthundert Kilometer breit zwischen die Cascaden und die Sierra Nevada im Westen und Rocky Mountains im Osten lagert, eine Heimat aller Einsamkeiten – wie wir im freundlich engen Europa uns so große Stille und Verlassenheit überhaupt nicht vorzustellen vermögen! Man fährt und fährt, etwa von Burns in Oregon, wo man aber in die endlosen Hochebenen mit ihren isolierten Gebirgsmassiven bereits eingetreten ist, Richtung leicht Südost, und will etwa nach Phoenix in Arizona und in die Gegenden der riesigen Orgel- und der Saguaro-Kakteen. Aber man tritt nie aus der kahlen, wüstenhaften Hochebene aus, in der die Gebirgsblöcke wie vergessene Burgen lagern oder wie kahle Ruinen namenloser Städte, in denen kein Mensch mehr zu Hause ist. Eisige Kälte dringt hier im Winter weit nach Süden hinunter bis nach Mexiko hinein. Im Sommer lastet eine trockene Hitze über dem unendlich weiten Land, strömt die luftige Glut aus einer wie mit Keulen dreinschlagenden Sonne hernieder, und man legt sich am besten in den Schatten des Autos, den einzigen zuverlässigen, und verschläft die schlimmen Stunden des frühen Nachmittags. Ein Schlänglein mag vorbeigleiten und einen aus kalten Augen betrachten, um sofort davonzuhuschen, wenn man sich regt. Des Nachts aber wird es sehr kalt; man schlägt sein Lager am besten im Windschutz eines der ragenden Gebirgsstöcke auf, denn der Nachtwind schneidet wie mit Messern. Im Windschutz aber, wenn ein Feuerchen aus abgestorbener Salbei oder vertrockneten Kakteen die Füße wärmt, und man sich sonst warm eingepackt hat, in der unendlichen Stille wölbt sich ein Sternenhimmel von herrlicher Vollkommenheit und überströmender Fülle über den Reisenden, wie er ihn an anderen Stellen der Erde noch nie erlebt hat. Zwischen den starken Funkelleuchten der Nacht breitet sich wie ein silbriger Teppich das unermeßliche Gewimmel der kleineren, kleinsten und allerfernsten Himmelskörper aus und gibt auch noch den dunkelsten Partien des weltenhohen Gewölbes eine zarte Körnung aus allerblassestem Licht, aber eben Licht! Absolute Schwärze ist solchen Nächten über der riesigen nordamerikanischen Hochsteppe nie und nirgendwo gegeben. Was man den Nächten in unseren heimischen Breiten, auch den allerklarsten nicht, nur schwer glauben mag, was die Astronomen jedoch behaupten, daß es nämlich Myriaden von Sterneninseln, von Milchstraßen gibt, und in jedem von ihnen wieder unzählige Einzelsterne – in den Nächten über dem Steens-Mountain oder dem Zion-Gebirge im Staate Utah, da glaubt man es gern, da erscheint es dem einsam Schauenden angesichts der glitzernd hernniederblinkenden Kuppel über dem schattenhaften Land ganz selbstverständlich, daß das dichte Gedränge von Lichtpunkten und Pünktchen nie zu zählen sein wird.

Und man braucht auch nicht zu fürchten, daß etwa das Elend und die Verkommenheit der indianischen Ureinwohner des Landes die Freude an der grandiosen Weite und Herrlichkeit der Landschaften verderben wird. Die Navajo-Frauen sitzen mit weitgebreiteten bunten Röcken am Wege und bieten farbenfrohe Umschlagtücher, Silberschmuck, pompös geschnittene Haarkämme und mancherlei sonst an, gar nicht immer sehr billig. Und zu handeln verstehen sie auch, die stolzen Navajo-Damen. Ihnen irgendwie zu nahe zu treten oder sie von oben herab zu behandeln, wird selbst dem ahnungslosesten Coca-Cola-Touristen aus Brooklyn/New York-City nicht in den Sinn kommen.

Kein Mensch begegnete mir, kein Auto, kein Reiter, erst

recht kein Wanderer, als ich zum dritten Mal ansetzte, die Höhe des Steens zu erklimmen; sie beträgt über dreitausend Meter, übertrifft also noch die Zugspitze, den höchsten deutschen Berg. Diesmal hatte ich Glück. Ich blieb nicht, wie bei meinen vorangegangenen Versuchen, auf halber Höhe im Schnee stecken, oder – das andere Mal – im saugenden Morast, aus dem heraus ich mich nur sehr mühsam auf die Rückfahrt quälen konnte.

Während sonst im nordamerikanischen Gebirge mit großer Sicherheit damit zu rechnen ist, daß ab etwa fünfzehnhundert Metern Höhe über Normal-Null, über dem Meeresspiegel, sich an den Berghängen geschlossener Hochwald angesiedelt hat, bleibt das Steens-Gebirge bis über seine höchste Kuppe hinaus unbewaldet. Das aber bedeutet, daß man auf der groben, schmalen Straße, der vielfach gewundenen, auf seine höchste, senkrecht über der Wüste im Osten aufragende Kante hinauf nach allen Richtungen freien Ausblick hat. Ist der Tag klar, was er ja sehr häufig ist in diesen nur selten beregneten oder auch nur bewölkten Gebieten, so öffnen sich bei der holprigen Reise auf die Höhe des Steens Fernsichten, die wahrhaft atemberaubend sind. Was dabei für uns Kinder des überfüllten Europa wie ein kaum zu glaubendes Wunder wirkt, ist dies:

Nach welcher Richtung auch immer man schaut, nirgendwo nah oder fern, ist auch nur das geringste Zeichen menschlichen Lebens zu entdecken. Man könnte meinen, ganz allein auf der Welt zu sein, allein mit den Bergen und Hügeln, die ferne verdämmern, allein mit der kleinen Herde von wilden Mule-Deer, Maultier-Hirschen, die ich neben einem kleinen See, an dem gutes Gras anstand, überraschte, und die erst in nur mäßiger Eile das Weite suchten, als ich ausstieg, um sie zu fotografieren – was natürlich nicht gelang.

Steens Mountain im südöstlichen Oregon mit seinen

schier grenzenlosen Salbei-Wüsten wird noch lange seiner strahlenden, duftenden Einsamkeit überlassen bleiben, denn Straßen von auch nur einiger Bedeutung führen nicht in seiner Nähe vorbei, einigermaßen passable Hotels oder Motels haben sich an seinen Hängen noch nicht niedergelassen, und außer der unvergleichlichen Aussicht von seinen Flanken oder gar seinem Gipfel bietet er weiter keine Sensationen. Gebe der Himmel, daß es so bleibt, daß man auf seiner Höhe, an seinen an der Südschleife des Rundweges zum Gipfel in der Tat auch gefährlichen Steilhängen über tief von den Eiszeiten ausgeschliffenen Tälern keine anderen Überraschungen zu erwarten braucht als die Wunder und Herrlichkeiten einer seit Jahrtausenden nie eingeschränkten, nie gekränkten Natur.

Und obendrein ist es gut zu wissen, daß es nur einhundertfünfzig Kilometer weiter in dem Städtchen Burns oder dreihundert weiter in der sehr geschäftigen Stadt Bend so gut wie alles gibt, was das »moderne« Herz begehrt, gute Motels, leidliche Gasthäuser und Läden für alles und jedes – und natürlich auch ein Hospital und eine verläßliche Werkstatt für meinen vierradangetriebenen Jeep Cherokee.

Die US-amerikanischen Gebirge in ihrer wahrhaft hinreißenden Vielfalt standen nicht am Anfang meiner Bekanntschaft mit dem nordamerikanischen Hochgebirge im westlichen Viertel des riesigen, aus vielen Einzelstaaten zusammengewachsenen Landes, sondern die kanadischen weiter im Norden.

Dabei muß man sich vor Augen halten, daß es im Westen des nordamerikanischen Kontinents nicht nur einen Gebirgszug gibt, der parallel zur pazifischen Küste von Süden bis hoch nach Norden und Nordwesten verläuft, sondern zwei mächtige Ketten, die wieder in sich vielfach gegliedert sind. Die allgemein bei uns verbreitete Vorstellung, im nordamerikanischen Westen reckten die Rocky Mountains, das Felsengebirge, ihre schneeigen Häupter in den Himmel, ist nur halb richtig.

Wenn man sich von Osten her, also über die mächtige Breite des Erdteils, dem Fernen Westen nähert, dann allerdings tauchen sie über den Ebenen der Prärie-Landschaften in unerhörter Großartigkeit auf, die Rockies! Und wem bei diesem langsam über den Horizont heraufwachsenden Anblick die Pulse nicht doch ein wenig schneller schlagen, der muß schon ein sehr dickes Leder mitbekommen haben.

Man taucht dann ins Gebirge ein, erklimmt den »Krähennest-Paß« (Crows-Nest) oder den des »Schlagenden Pferdes« (Kicking Horse), sieht sich so gut wie ohne Übergang von ragenden Wänden, schroffen Gipfeln, schwer lastenden Wällen umzingelt; in den Felsentälern tosen nie gezähmte Gewässer, anderswo öffnen sich klare Seen, Spiegel des Himmels; die Formen der Landschaft haben überwältigende Größe angenommen – und der Mensch bedeutet weniger in diesem kolossalen Rahmen als ein Ameislein am Waldboden.

Zwar nehmen weiter nach Westen die Konturen des Landes (man ist längst in British-Columbia angekommen, dem »Traumland« für viele Europäer, insbesondere Deutsche) beruhigtere Schwünge an. Die »Felsigen Gebirge« treten zurück, sanftere Hügel herrschen vor und sogar weit gedehnte, gewellte Fluren, die wohl nicht als Flachland gelten können, aber gewiß kein Hochgebirge mehr darstellen. Landschaften breiten sich aus, denen als schmückendes Beiwort »lieblich« oder »anmutig« nicht unangemessen ist.

Westlich zur Küste hin ist ein flacher Trog in das Bergland British-Columbia eingesenkt, der von der Natur etwas weniger reich bedacht ist als die reich beregneten Westhänge der Rockies, die man in den Stunden und Tagen

zuvor gequert hat. Auch in diesen gesenkten Landschaften des mittleren British-Columbia liefern die Wasserläufe, die im Hochgebirge von den Gletschern gespeist
werden, reichlich Wasser. Große tiefe Seen bilden mächtige Reservoire, aus denen sich etwa die üppigen Gärten
und Obstfarmen des Okanagan-Tals ohne Not bewässern
lassen.

Wer jedoch aus diesen blühenden Gefilden weiter westwärts strebt, der erlebt, wenn er nur die Augen offenhält,
daß die ruhigeren Formen der Landschaft von stets wilder
werdenden, tiefer zerschluchteten, steiler aufgetürmten
abgelöst werden: Ein neuer Gebirgswall richtet sich auf,
die friedliche Senke im Innern der kanadischen Gebirgsprovinz auch an ihrem Westrand einwallend, so wie sie in
ihrem Osten von den Rockies begrenzt wird.

Ehe das Salzwasser erreicht wird, ist die dicht über der
Meeresküste sich schroff aufbauende Coast Range, die
»Küstenkette«, zu überwinden. Ihre Gipfel erreichen
nicht die Höhe jener des Felsengebirges, aber in ihren
Formen, ihrer Architektur sozusagen, offenbart sich die
Coast Range wilder noch, regelloser, zerklüfteter als die
Rocky Mountains vier- oder fünfhundert Kilometer weiter
im Osten.

Als der Transcanada gebaut wurde, die große Straße, die
die beiden Meeresküsten Canadas, die atlantische und die
pazifische, miteinander verbindet, war es zwar schwierig
genug, die Trasse durch die Rockies zu legen. Aber eine
wildere und grobere Barriere stellte die Küstenkette dar,
besonders dort, wo sich die Straße von der Höhe des
Inneren zur Küste, also auf Meereshöhe, zu senken hatte.
Es blieb keine andere Wahl, als vom Inneren British-Co-
lumbias her zunächst dem Lauf des Thompson und dann
dem des Fraser zu folgen. Aber diese Ströme, besonders
der Unterlauf des Fraser, in den der Thompson einmündet, haben sich durch die ungeheuren Wälle der Coast

Range in einer so engen, schmalen Furche hindurchge-
sägt, daß für die Straße auf der Ostseite des unteren Fraser
kein Raum mehr blieb, nachdem die Westseite schon seit
dem vergangenen Jahrhundert von dem sehr viel weniger
Platz beanspruchenden Schienenstrang der Eisenbahn,
der Canadian Pacific, belegt war. Die Straßenbauer hatten
sich hinauf in die senkrechten Felswände der Küstenkette
zu bemühen, hatten sich in der Höhe ihren Weg mit großer Gewalt freisprengen müssen, um sich hoch über dem
wild schäumenden, niemals stromauf, höchstens in
Schlauchbooten stromab zu befahrenden Fraser in das
flache, fruchtbare Mündungsvorland des Stromes hinunter zu tasten. Ich kenne kaum eine Gebirgsstraße, die sich
an kühner Großartigkeit, ja Waghalsigkeit mit dem
Schlußabschnitt des Transcanada vergleichen ließe, dort,
wo die großartige kanadische Magistrale sich durch den
Westabsturz der Coast Range zur größten Stadt des kanadischen Westens, dem schönen Hafen Vancouver, hinun-
terwindet.

Es mag einleuchten, daß die Gebirgsketten unmittelbar
über der pazifischen Küste Nordamerikas wesentlich wilder, gröber, auch wirrer und verwickelter gestaltet sind,
als die sich grandioser, aber auch einfacher hinlagernden
Mauern des Felsengebirges, der Rockies. Die Gebirge entstanden, wie schon erörtert, als Aufstauchungen der
Westränder des Kontinents, als dieser durch das in der
Mitte des Atlantischen Ozeans aufquellende Erdinnere
ständig weiter nach Westen geschoben wurde – und noch
geschoben wird. Die Westkante der nordamerikanischen
Erdplatte wird dabei über die Ostflanke der Platte geschoben, die den Boden des Pazifischen Ozeans bildet. Es ist
durchaus einleuchtend, daß an der Vorderfront dieser
langsamen Wanderung des Kontinents nach Westen,
dort, wo er sich mit der pazifischen Platte auseinanderzu-
setzen hat, die Aufstülpungen der westwärts gedrängten

Platte sich am wüstesten und unregelmäßigsten vollziehen. Wir kleinen Menschlein reden dann von der Alaska- und der kanadischen Coast-Range, den Cascades, der Sierre Nevada in den Vereinigten Staaten und schließlich den lang gedehnten Gebirgsketten auf der mexikanischen Halbinsel Niederkalifornien und östlich des kalifornischen Golfs: von der mexikanischen Sierra Madre Occidental.

Es ist sehr bezeichnend, daß die etwa 1600 Kilometer lange Westseite der kanadischen Gebirgsprovinz British-Columbia nur an drei Stellen von Straßen durchstoßen wird, auf denen man aus dem Inneren des großen Landes Canada an die Küste des Stillen Ozeans gelangen kann. Weiter im Süden in den Vereinigten Staaten sind die Durchbrüche zur Küste häufiger anzutreffen; die dichtere – und ältere – Besiedlung hat den Bau von Straßen, die die Küste erreichen, schon früh dringlich gemacht. Auch ziehen sich hier die Gebirge etwas vom Rande des Salzwassers zurück, sind auch nicht in gleichem Maße unwegsam und zerrissen wie weiter im Norden, wo dann die schlimmste Unwegsamkeit im südlichen »Pfannenstiel« Alaskas und im Sankt-Elias-Gebirge erreicht wird, das die Südwest-Ecke des kanadischen Yukon-Territory zu einer, wenn überhaupt, nur äußerst schwer zu durchdringenden Wildnis von krassen, steilen Gebirgen, endlosen bis ins Meer reichenden Gletschern, gähnend tiefen Tälern und Cañons, auch dichtesten, reich beregneten Wäldern werden läßt. Hier erklimmt ein abenteuerlustiger Schienenstrang über den White Pass die Küstenwälle; er überwindet das Gebirge und zielt auf White Horse am Oberlauf des Yukon-Stroms, der von dort ab schiffbar ist und eine nasse Straße, nur im Sommer natürlich, in weitem Bogen bis zum Polarkreis ausholend, ins Herz Alaskas eröffnet.

Die Bahn ist gebaut worden, um den Zugang zu den

Goldfundgebieten am Yukon und Klondike zu erleichtern. Dies geschah um die letzte Jahrhundertwende. Völlig abgeflaut ist der »Goldrausch« in diesen entlegenen, winterkalten Gebieten immer noch nicht. Er ist allerdings mit seinem »Nachschlag« längst in die Hände kapitalkräftiger Minengesellschaften übergegangen. Die Bahn über den schrecklichen White Pass, dem seinerzeit viele Menschenleben zum Opfer gefallen sind, wäre heute nicht mehr erforderlich. Auch die Passagier- und Frachtschifffahrt auf dem Yukon ist so gut wie versiegt. Die Alaskastraße, die jenseits der fürchterlich unwegsamen Küstengebirge ins Herz Alaskas, nach Fairbanks, führt, der Hauptstadt des leersten und größten (und wahrscheinlich von Natur reichsten) Staates der Vereinigten Staaten, sie hat alle die Funktionen übernommen, die früher von der White-Pass-Bahn und den großen Heckraddampfern auf dem Yukon erfüllt wurden.

Aber gestorben ist das abenteuerliche Zeitalter um die letzte Jahrhundertwende nicht. Den Kanadiern und Amerikanern, und auch vielen romantisch gesonnenen Europäern, ist immer noch gegenwärtig, daß, nachdem zuerst die franko-kanadischen, dann vor allem die schottischen und schließlich auch amerikanischen Pelzhändler den amerikanischen Westen, langsam westwärts sickernd, aufgeschlossen hatten, die eigentlich nachhaltige und einigermaßen massenhafte Besiedlung der Westgebiete, also der Gebirge, durch die Scharen von Goldsuchern eingeleitet wurde, die, beginnend am berühmt-berüchtigten Sacramento in California, sich in mächtigen Schüben zwischen den Küstenketten und den Rockies nach Norden vortasteten. Schließlich erreichten sie den Yukon und kamen, ihm im großen und ganzen folgend, erst am Ufer der eisigen Bering-See zum Stehen, wo es nicht mehr weiter ging, wo vom Kap Prince of Wales aus schon die Diomed-Inseln und die sibirische Küste herüberwinken.

Dieser mächtige Schub der Öffnung eines der von Natur schwierigsten, unwegsamsten Gebiete der Erde über eine Entfernung von etwa fünftausend Kilometern hinweg, bildet wahrlich eine der wildesten und erregendsten Epochen der neueren Geschichte des weißen Mannes. Es ist kein Wunder, daß die Gemüter der Nachfahren immer noch davon erregt werden. Und so ziehen sie dann los, die sehr viel weicheren Kinder unserer Tage, im Auto oder im Flugzeug, allein mit Frau oder Freund, häufiger noch in Trupps, bewaffnet mit vielerlei Kameras und anderen Produkten der allzu tüchtigen Japaner und schnuppern der wilden oder auch wüsten Vergangenheit hinterher, wagen wohl auch selbst – wie etwa in Barkerville in der »Wilden Cariboo« im Innern von B. C. –, eine Waschpfanne in die Hand zu nehmen, Sand und Kies aus dem einst so reichhaltigen Bachgrund zu schöpfen, die Pfanne zu schwenken – vielleicht bleibt doch noch ein vergessenes Goldkörnchen in der Pfanne zurück, zum Andenken. Und man hat noch einen allerletzten Anhauch des Goldfiebers von einst zu spüren bekommen.

Stets mußten die Goldsucher, wenn sie von See her kamen, die abweisenden und gefährlichen Küstenketten überwinden, ehe sie jenseits davon die goldversprechenden Bäche und Flüsse erreichten – in Landschaften von oftmals atemberaubender Schönheit, aber mit gnadenlos kalten Wintern und üppig heißen, mückendurchsummten Sommern. Ich habe sie beide kennengelernt, die eisigen Winter, wenn die ganze Welt, totenstill, in tiefem Frost erstarrt ist, und die prachtvoll strahlenden, grün und luftig schimmernden Sommer, wenn nur die pralle Sonne und starker Wind die Plage des Nordens, die Moskitos, in Schach zu halten vermag. Im August dann endlich werden die Quälgeister müde, und im September ziehen die seligen Tage des »Indianersommers« herauf, wenn die Birken, die Ahorne, die Weiden, vor allen anderen aber die Pappeln und Espen ihre roten, gelben und goldenen Herbstkleider anlegen und die waldigen Berghänge heiter prunken, als hätte ein gewaltiger Pinsel sie mit bunten Riesenklecksen gesprenkelt.

In den der Küste sehr viel ferneren Rocky Mountains geht es weniger wirr und aufgeregt zu; die Rockies sind mir stets sozusagen würdevoller vorgekommen als die Küstenketten etwa an der British-Columbia- oder der Oregon-Küste. Der Faltenwurf der Rockies ist stolzer, langhin wallender, ist selbstbewußter und königlicher als der der zerklüfteten Bruchwälle längs der Ufer des Weltmeers.

Die Rockies haben einen längeren Atem und bauen dem empfindsamen Betrachter hundertfach und doch nie sich wiederholend grandiose Panoramen auf, die kein noch so phantasiereicher Landschaftsmaler sich ausdenken könnte. Sie schenken dem Reisenden ganz unvergeßliche Sinnes- und Herzenseindrücke. Denkt man zurück an die wahrhaft unausdenklichen Bilder, die sich etwa vom Washington-Paß oder Rainy-Paß ganz im Norden des Staates Washington, vom Tioga-Paß in Kalifornien oder auch vor und hinter dem Rogers-Paß in British-Columbia offenbaren, ruft man sich die gewaltigen und zugleich in ihrer erhabenen Ausgeglichenheit so beruhigenden Szenerien am Maligne-Lake – nördlich von Jasper schon auf dem Gebiet der Provinz Alberta – oder die strenge Würde der Landschaft um den Muncho-Lake an der Alaskastraße ins Gedächtnis zurück, so wird das Gemüt von einer großen, geheimen Freude überströmt. Mir war es, völlig unverdient, vergönnt, solche Herrlichkeiten zu schauen, Herrlichkeiten, die uns so nur unsere Heimat, die alte Mutter Erde, zu bieten vermag.

Das Kapitel »Berge und Gebirge« könnte noch über viele Seiten weiter ausgebreitet werden, und man käme doch nicht ans Ende davon. Vor allem habe ich die Mittelgebirge nicht besprochen, wie die Blue- und die Snow-Mountains in der Südost-Ecke Australiens oder die ganz anderen, aber ebenfalls wunderbaren Blue Mountains in der Nordost-Ecke des US-amerikanischen Staates Oregon. Auch die wahrhaft majestätischen, sich einzeln über weiten Flachländern erhebenden Vulkanberge der Erde wie der Fujiyama in Japan, der Meru und Kilimandjaro in Ostafrika, der überaus schöne Osorno in Südchile, um nur einige wenige zu nennen, haben nicht die genügende Beachtung gefunden.

Aber ist es nicht ein übles Versäumnis, in diesem Kapitel über die Gebirge nicht auch unsere europäischen Alpen ausführlich erwähnt zu haben? So wäre es tatsächlich, wenn ich die Alpen unterschlagen würde. Aber davon ist keine Rede. Ich habe mir nur bis zum Schluß des Buches jene Gebiete der Erde aufgehoben, die *nicht* wie alle die anderen schon lange vor dem Erscheinen des Homo sapiens, erst recht lange vor dem Auftritt des geschichtlichen Menschen der letzten fünftausend Jahre auf dem Erdenrund vorhanden waren, jene, die vom Ackerbau und Viehzucht treibenden Menschen geschaffen wurden und uns unter dem Begriff »Kulturlandschaften« vertraut sind. Sie nehmen, verglichen mit den Meeren, Wüsten, Urwäldern, Gebirgen, Steppen und Tundren keinen übergroßen Teil der Erdoberfläche ein, sind aber für das Geschlecht der Menschen von ausschlaggebender Bedeutung!

7. Kapitel

Die Landschaften des Menschen

Ja, die Alpen, die wahrhaft herrlichen Alpen – unzweifel-
haft eines der schönsten Gebirge dieser Erde! Das Schicksal hat mir auf meine alten Tage ein angenehmes Quartier
in der Steiermark beschert. Meine kleine Wohnung dort
liegt etwa auf halbem Weg zwischen dem Toten Gebirge
und dem mächtigen Klotz des Hohen Dachstein. Und
wenn die Wolken nicht bis auf meine neunhundert Meter
herniederhängen und -wallen, dann werde ich niemals
müde, mich an den gewaltsam wild in den blauen Himmel
gerissenen Konturen der Kämme, Gipfel und Grate bewundernd zu erfreuen – oft genug mit stockendem Herzschlag vor so viel strahlender Pracht. Und selbst wenn,
wie ich es gerade wieder erlebt habe, für viele Tage ein
hartäckiger »Schnürl-Regen« selbst die nahen Hänge der
anderen Talseite verbirgt, braucht man nicht enttäuscht
zu sein; denn das Schauspiel, das die unablässig vorüberwallenden Schwaden der Nebel und Regenwolken bieten,
ist von abenteuerlicher Vielfalt, beweist die unerschöpf-
liche Phantasie der Bergnatur.
Wieder einmal habe ich mich gefragt: Warum reisen eigentlich so viele Leute nach Kanada, um die kanadischen
Rockies, oder nach Nepal, um die Riesen des Himalaya zu
erleben, wenn wir innerhalb oder nahe unserer Grenzen
ein so großartiges Gebirge wie die Alpen in einigen Stunden ohne große Umstände und Vorbereitungen erreichen
können? Ich kenne eine ganze Reihe von klugen und
verständigen Menschen, die sich immer wieder von

neuem nach British Columbia oder Alaska verlocken lassen, als gäbe es nur dort die jedes Gemüt seltsam berückenden Ausblicke über dunkle Bergseen hinweg, in denen sich die Hänge und Gipfel, die Schneefelder und Eisflanken der jenseitigen Gebirgsketten spiegeln; solches ist ja auch in den nahen Alpen in überreichem Maße zu erleben.

Ich habe selbst zu den Leuten gehört, die die kanadischen und amerikanischen Gebirge im »Fernen Westen« für das Großartigste hielten, was die Erde an Erhebungen zu bieten hatte. Mir ist jedoch schon früh klar geworden, was mir – im Vergleich mit den Alpen – die kanadischen Gefilde der Gebirgsprovinz British-Columbia so magisch bezaubernd erscheinen ließ:

Nicht eigentlich ihre grandiosen Gipfel, ihre Drei- oder Vier- oder Sechstausender, ihre glasklaren Seen und schäumenden Flüsse sind es, die uns Kinder des längst eng gewordenen Europa in den kanadischen Westen locken. Solche bieten uns die heimischen Alpen auch in hundertfacher Variation. Es ist etwas anderes: die Einsamkeit nämlich, die Menschenleere und Ferne, die Weltverlorenheit, die himmlische Unberührtheit, die uns in den kanadischen Gebirgen wie ein großes, aber ganz leises Glück einhüllt, uns um die Stirn weht, wie ein feiner Duft, wie ein Hauch aus einer vergehenden Welt, in welcher sich der Mensch noch nicht zum »Herrn der Natur« aufgesteigert hatte.

Im Grunde ist es ein Zustand unseres Bewußtseins, der so viele Zeitgenossen mit ständiger Sehnsucht an das kanadische Gebirge denken läßt, wenn sie seinen Zauber erst einmal auf sich haben wirken lassen: das Bewußtsein, hier befinde ich mich außerhalb der lauten, grellen Welt von heute, hier gibt es über Hunderte, ja Tausende von Quadratmeilen außer den wilden Tieren nur mich als lebendes Wesen – und dazu die »ewigen« Wälder, die schweigenden Berge und die in nie endendem Gleichmut vor sich hin rauschenden Wildbäche. Vielleicht schlägt noch irgendwo in der duftenden Einöde ein anderes menschliches Herz; aber – und das ist wie ein Trost! – es ist das eines Gleichgesinnten, Gleichgestimmten.

Dies unvergleichliche Bewußtsein vermögen uns die Alpen nicht zu schenken. Sie sind ja keine Natur-Landschaft mehr, sondern eine Kultur-Landschaft, das heißt eine vom Menschen umgestaltete, zum mindesten stark beeinflußte. Gewiß, auch in den kanadischen oder amerikanischen Gebirgen gibt es hier und da »erschlossene« Gebiete wie etwa das Tal des Okanagan, des untersten Fraser oder des mittleren und unteren Columbia. Auch werden manche Gebiete, die Besonderes zu bieten haben, von riesigen Touristen-Schwärmen überlaufen, wie der Grand Canyon des Colorado oder die einmaligen Gebiete am oberen Yellowstone, wo an manchen Stellen die Erde brodelt. Aber aufs Ganze gesehen, sind das alles sehr begrenzte, kleine Inseln in der unendlichen Weite der Wildnis. Je weiter man nach Norden vordringt, etwa an der Alaska-Straße, desto seltener werden die Menschen und die Spuren, die sie hinterlassen haben.

In den Alpen aber sind längst Hunderte von Bergbahnen und Sesselliften erbaut, Autostraßen hinaufgeführt bis in große Höhen. In jedem noch so entlegenen Tal ist das Land längst »unter Kultur« genommen. Wo die Hänge nicht allzu steil sind, ist der Wald meist schon seit Jahrhunderten gerodet und hat grünen Wiesen Platz gemacht, die dem gemächlichen Alpenvieh reiche und gesunde Nahrung bieten. Und in jedem Tal und Tälchen nisten die Dörfer, die kleinen und großen Städte und beweisen, daß diese Landschaft des europäischen Hochgebirges längst zu einer großartigen Menschenheimat geworden ist, von ganz eigenem Charakter und einem Reiz, dem man sich nur schwer entziehen kann.

Erst in der unmittelbaren Gegenwart wird hier und da des Guten zuviel getan, wird um der zahlreichen »Fremden« willen die Gastlichkeit überbetont, werden »Narzissen-Feste« veranstaltet mit viel Rummel und Trara, werden den schönsten Bergseen im Hochgebirge (etwa dem Gosau-See zwischen Abtenau und Hallstatt) endlose Parkplätze zugeordnet, damit die Autos nicht den Zugang zu dem landschaftlichen Juwel völlig verstellen. Das ist gut einerseits, aber andererseits wird der ja in der Tat wunderbar schöne Gebirgssee zu einem Ausstellungsstück, einer Sensation umfunktioniert, zu der Leute pilgern wie zu einer Zirkus-Vorstellung.

Ich habe es mir schon seit langem abgewöhnt, die Hochglanz-Beispiele dafür, wie einmalig schön die Alpen sind, mit meinem ohnehin völlig unmaßgeblichen Besuch zu beehren. Ich begnüge mich mit dem Anblick und der nie endenden Freude an den vielen Tälern und Hängen, die sich dutzendfach an allen Wegen öffnen, ohne in einem »Führer« erwähnt zu sein.

Aber nach vollkommener Einsamkeit und Weltverlorenheit muß man suchen in den Alpen, findet sie sogar noch und kann sie genießen wie ein kostbares Geschenk. Aber die absolute Einsamkeit wie zum Beispiel am Stikine im nördlichen British-Columbia ist in den Alpen nirgendwo mehr zu finden, denn zu ihr gehört das Bewußtsein und die Gewißheit, daß es auf unermeßlich viele Meilen im Umkreis keine menschliche Siedlung mehr gibt – außer vielleicht ein paar Indianersippen, die zu dieser Landschaft, ohne sie zu beeinträchtigen, ebenso gehören wie der wilde Elch oder der Grizzly, dem auszuweichen sich dringend empfiehlt.

Ganz unmittelbar wird mir in den Alpen bewußt, daß nicht immer der Mensch die Erde, die unser aller Leben trägt, geknebelt, beraubt und genotzüchtigt hat, wie es heute so vielfach geschieht. Durch Jahrhunderte und

Jahrtausende hatte er sich der Erde und ihren Geschenken, die sie freiwillig und freigebig ausbreitete, angepaßt, hatte »im Schweiße seines Angesichts« ihr bald süßes, bald hartes Brot gegessen, hatte sich bemüht, ihr ständig wiederzugeben, was er ihr nahm. Es ist ihm auch gar nichts weiter übrig geblieben, als sich den Launen des Wetters und der Ergiebigkeit der Böden zu beugen. Und das hat er mit all der Demut getan, die der Weite, Schönheit und Urgewalt der irdischen Erscheinungen, allem Ernst, aber auch allem Lächeln auf den »Gesichtern der Erde« angemessen war. Vielfach hat er auch überschwenglich die irdischen Erscheinungen wie die Quellen, die hohen Berge, die großen Ströme und auch die den Tag und die Nacht schaffende Sonne in den Rang von Gottheiten erhoben.

Mit der »Moderne« setzte dann das Bestreben ein, alles Außermenschliche, oft auch den Menschen selbst, zum bloßen Objekt zu machen, zum Gegenstand vor allem materiellen Nutzens, die Welt als Beute zu verstehen, die nach jeweiligem, manchmal nur sehr kurzatmigem und selbstsüchtigem Belieben erpreßt und vergeudet werden kann. Die Technik und der verabsolutierte Fortschritt traten die Herrschaft an.

Die Erfolge dieser neuen Haltung, dieses neuen Bewußtseins der Überlegenheit des menschlichen Geistes allen irdischen und außerirdischen Erscheinungen gegenüber, waren und sind wahrhaft atemberaubend und auch bewundernswert. Die Menschheit hat sich, angeführt von abendländischen Gehirnen, einen Mutationssprung sondergleichen geleistet, hat eine neue Seinsebene erklommen, die noch vor einem bloßen Dutzend von Jahrzehnten ins Reich der Fabel verwiesen worden wäre. Wir haben begriffen, was die Sonne und die Sterne leuchten macht, und unternehmen es sogar, diese unerhört machtvollen Kräfte einzuspannen, ohne ihre zerstörerischen

Möglichkeiten vorerst voll zu begreifen und in Rechnung zu stellen.

Wenn ich jedoch bei blauem Himmel und milde leuchtender Sonne in ein grünes steirisches oder sonstiges Alpental hinunterblicke, dann habe ich, wenigstens dem Anschein nach, die alte Zeit vor mir, als »die Welt noch in Ordnung war«. Die schmucken Gehöfte schmiegen sich freundlich regellos in grüne Matten, auf denen, soweit sie nicht um des Winterfutters, des Heus, willen gemäht sind, was sie durch blasseres Grün verraten, die Kühe weiden, gemächliche, friedliche Tiere mit mächtigen Eutern, die zuverlässig Milch, Butter, Sahne, Kälber und Rindsfilets produzieren und aus der Höhe her betrachtet wie große, bunte Blumen auf den Auen wirken. Ein paar befestigte Wege oder Fahrstraßen ziehen über den Talgrund, in schönen Kurven die Hebungen und Senken des Geländes nachzeichnend. Die Nutzwiesen schwingen sich hier und da weit in die Hänge hinauf, werden aber überall von dichtem dunklem Fichtenwald eingesäumt, der die steiler und steiler sich aufreckenden Wände an den Flanken des Tals hoch hinaufsteigt, bis er fast ohne Übergang den Kampf aufgibt und den annähernd senkrechten Abstürzen zu weichen hat, an denen keine noch so entschlossene und zähe Fichtenwurzel mehr Halt findet. Irgendwo dort oben zieht sich die unsichtbare Grenze entlang, jenseits welcher der Baumwuchs aufhört. Und von den kahlen Kämmen und Gipfeln ganz oben, die den Kopf nach hinten in den Nacken zwingen, schimmert hier und da ein Rest des Schnees vom vergangenen Winter.

Ich weiß, daß das anheimelnde, friedvolle Bild in mancher Hinsicht täuscht. Gerade hier haben die Bauern – es sind noch Bauern und keine »Landwirte« – bitter um ihre Existenz zu kämpfen. Es nutzt ihnen nichts, wenn sie viele und besonders gute Milch produzieren, denn die monatliche oder jährliche Fettmenge ist ihnen vorgeschrieben und darf nicht überschritten werden, sonst gibt es Strafen und Abzüge. Und Hilfskräfte für die Arbeit sind kaum zu bekommen – und wenn, dann kaum zu bezahlen. Wenn also die Familien keine arbeitsfähigen Kinder haben, dann arbeiten sich Bauer und Bäuerin und erst recht der längst ruhestandsreife Großvater und die Großmutter schier zuschanden. Man muß also, um die Arbeit zu bewältigen, Maschinen anschaffen, immer noch eine weitere der so überzeugend klug erdachten eisernen Knechte und Mägde. Das Hausgesinde bekam früher nicht sehr viel an barem Geld zu sehen, hatte aber sein Auskommen, seine Nahrung und ein Dach über dem Kopf, auch über Winter und in vielen Fällen sein Leben lang.

Die Maschinen aber sind teuer und müssen in endlosen Raten abbezahlt werden. Waren früher die Knechte und Mägde vom Bauern abhängig, so ist es jetzt der Bauer vom Landmaschinenhändler oder von der Bank oder Sparkasse im nächsten Städtchen. Dafür kann er nun auf dem Trecker seine Wiesen und Felder allein bestellen. Die überflüssig gewordenen Söhne wanderten in die Stadt und in die Industrie, wo man nur acht Stunden am Tag zu arbeiten braucht, und das nur an fünf Tagen in der Woche, und für jede »Überstunde« extra bezahlt wird.

Aber das Bild der schönen, gepflegten Landschaft in den Tälern zwischen den hohen Bergen blieb erhalten, wurde und wird nun sogar sorgsam bewahrt, um den Urlaubern aus der Stadt die schöne, alte Welt vorzeigen zu können, die es auch draußen »auf dem Lande« in der ursprünglichen Weise gar nicht mehr gibt. Aber ohne die manchmal lästig werdenden Touristen wären wahrscheinlich oder sicherlich viele anmutig schmucke Täler bereits verödet und notgedrungen verlassen, weil niemand, auch »auf dem Lande«, auf die alte, bescheidene, oftmals karg bemessene Weise mehr leben will.

Auch drängt sich mir der ein wenig groteske Gedanke auf,

daß die vom Land vertriebenen, dort überflüssig gewordenen Söhne und Töchter wieder als Touristen in die alten Bereiche der bäuerlichen Vorfahren zurückkehren, um in den Bergtälern, Hügel-Landschaften, den Bade-, Kur- und Erholungsorten einen stärkenden Anhauch der Vergangenheit zu spüren – und gleichzeitig, ohne es zu beabsichtigen, diese Reste einer vergangenen, simpleren, wohl kaum glücklicheren, aber sicherlich naturnäheren Zeit am Leben zu erhalten. Denn die große Mehrzahl der heute von der Großstadt und einer von Technik, Apparaten und Industrie eingefangenen westlichen Menschheit sehnt sich nach Stille, frischer Luft und einem »natürlichen« Dasein, was immer man sich im einzelnen Fall darunter vorstellen mag.

Ganz andere Kulturlandschaften als die der Alpen oder sonstigen seit langem erschlossenen Gebirge der Erde stellen die flachen, von Menschen unter den Pflug genommenen Ebenen und Hügelländer dar.
Ich bin mehr als einmal im späten Sommer durch die unendlichen Felder golden heranreifenden Weizens in Canada gefahren, habe auf einer Bodenwelle angehalten, um den überschäumenden Segen des bald schnittreifen Korns tiefer in mein Gedächtnis aufnehmen zu können, und war mir bewußt, daß ich eine der großartigsten der von Menschen auf Erden geschaffenen Landschaften vor Augen hatte, dort in den westlichen Provinzen Canadas oder der USA, in Saskatchewan oder den Dakotas. Unvergeßliche Eindrücke – auch unter den Hügeln im östlichen Washington-State.
Und doch wollte auch in solchen, merkwürdig beseligenden Augenblicken im Hintergrund ein leiser Zweifel nicht zur Ruhe kommen. Man spricht ja noch heute von den »Prärie«-Provinzen im westlichen Nordamerika. Aber von Prärie im ursprünglichen Sinn des Wortes ist nichts mehr

übrig geblieben. Sie wurde »unter den Pflug« genommen, wurde »umgebrochen«, um fortab eine jeweils einzige Grasart zu tragen, die einen Weltmarkt hatte und Geld einbrachte: Weizen natürlich. Man muß jedoch fürchten, daß damit dem Boden zuviel zugemutet wird. Er ist, besonders im manchmal sehr kalten und trockenen Winter, der schützenden Pflanzendecke beraubt und fliegt in himmelhohen Schwaden auf Nimmerwiedersehen davon. Auch das habe ich mehr als einmal miterlebt. Wie lange werden die Prärie-Böden die ihnen bereits seit Jahrzehnten zugemutete Vergewaltigung noch ertragen, ohne zu versteppen? Denn die alte Pflanzengemeinschaft der Prärien wird sich nie wieder einfinden.

Und ich sehnte mich dann zuweilen beinahe schmerzhaft stark in meine europäische ostdeutsche Heimat zurück, wo die Felder seit Jahrhunderten, ohne nachzulassen, Frucht tragen, weil man ihnen stets, vielfach in nackenkrümmender Mühe, wieder zukommen ließ, was man ihnen in Form von Roggen, Hafer, Kartoffeln oder Rüben zuvor abverlangt hatte.

In der Tat gehört für mich das Bild einer belebten europäischen »Agrar-Landschaft«, wie man ein wenig abwertend heute sagt, in Westfalen oder Schwaben, an der Loire oder in Norfolk, in Tipperary, zu dem Schönsten, was sich auf dieser Erde überhaupt erschauen läßt. Da ist seit Jahrhunderten dem Boden keine Gewalt angetan, da ist er vielmehr verständnis-, ja liebevoll gepflegt worden. Wenn man ihn nicht, was leider durchaus in den Bereich des Möglichen gerückt, mancherorts schon geschehen ist, durch allzu starke Düngung verdirbt, durch allerlei Schutzmittel und Insektizide vergiftet, dann wird diese unsere alte europäische Erde uns noch für weitere Jahrhunderte Brot und vieles mehr liefern. Und wenn man in Unterfranken oder auch im Lüneburgischen die Augen über die fruchtbaren Gefilde schweifen läßt, dann glaubt man daran, daß auch die Enkel und Urenkel nicht hungern werden – und daß wir darüber hinaus imstande bleiben, anderen von unserem Überfluß abzugeben.

Welchen vertrauten und beflügelnden Anblick bilden z. B. auch die in manchen Fällen Jahrtausende alten Weinberge an der Mosel, am Main oder längs des Douro im nördlichen Portugal, aber auch die jüngeren in South-Australia oder in der Kap-Provinz Südafrikas bei Paarl? Ihr Anblick schon vermittelt einen leichten Rausch der Sinne, als ginge von den hügelanstrebenden, wohlgeordneten Zeilen der Rebstöcke schon vorweg jene unbeschwerte Heiterkeit aus, die sich die Menschen seit langen, langen Zeiten vom Wein schenken lassen.

Aber die streng ausgerichteten Reihen der an endlose Draht- und Pfahl-Gestelle gefesselten Rebpflanzen, die sauberen, von jedem »Unkraut« freigehaltenen Böden und der grünlich-violette Belag auf den Weinblättern (die gegen Schädlinge mir Arsen »gespritzt« werden müssen) verraten nur allzu deutlich, daß der Weinbau zumindest heute zu einer Industrie geworden ist, die sich aller Mittel der Technik und Chemie bedienen muß, wenn sie florieren und den Winzer ernähren soll.

So ist es nun einmal: Die Hänge über der Saar, dem Rhein oder auf Samos und Kreta sind seit alters ihrer Wälder oder ihres sonstigen Bewuchses beraubt, was uns die Freude und den Genuß eines edlen Scharzhofbergers oder Kloster Birnauers vom Bodensee, eines alten Sherry aus der Gegend von Jerez de la Frontera in Andalusien, eines Rotweins aus dem Napa-Tal (nordöstlich von San Francisco) nicht zu verderben braucht.

Gelobt sollen sie sein, alle die Hügel, Berge, Täler und auch begrenzten Ebenen, auf denen der Wein gedeiht, der bekanntlich des Menschen Herz erfreut, was leider oft genug sehr nötig ist, so wie es um unsere Welt bestellt ist.

Wenn ich einmal davon absehe, daß mir innerlich die heimatliche Landschaft am nächsten steht, am vertrautesten, also auch am liebsten ist, so weiß ich nichts Schöneres und Großartigeres zu nennen als die Terrassen-Kulturen, in denen zwei-, ja dreimal im Jahr das »Brot Asiens« reift, der Reis.

Der Reis ist dort zu Hause, wo der Monsun zuverlässig – oder annähernd zuverlässig – jedes Jahr große Regenmengen spendet und die Temperaturen nur selten oder möglichst nie unter den Gefrierpunkt sinken. Es gibt Monsun-Wetter auch noch über anderen Kontinenten, aber nirgendwo ist es so deutlich und kräftig ausgeprägt wie über den breiten Tieflandrändern Südost-Asiens, also etwa von Indien und Burma her über Malaysia, Thailand, Indochina, die riesigen Inselfluren Indonesiens einschließend, über Taiwan, den Süden Chinas, die Philippinen bis hinauf nach Japan, das auf seiner Hauptinsel Hondo schon richtige Winter kennt, manchmal sogar sehr schneereiche.

In diesem mächtigen, wesentlich den Tropen und Subtropen zugehörigen Bogen rings um den Südosten des größten aller Erdteile ist der Reis die vorherrschende Kulturpflanze und hat sicherlich schon seit Jahrtausenden das Bild dieser außerordentlichen und trotz zahlreicher nationaler Unterschiede der dort lebenden Menschen erstaunlich einheitlich wirkenden Kultur-Landschaft in ihren Grundzügen bestimmt.

Denn der Reis – ein hochgezüchtetes Gras wie Weizen oder Gerste – bedarf zum Gedeihen besonderer, gar nicht leicht darzustellender Vorbedingungen. Reis ist ein Sumpfgras und gedeiht am besten in langsam sich austauschendem, unverdorbenem Wasser, was in der Praxis bedeutet, daß er am besten oder sogar nur im Schlamm wurzelt und wächst, in einem zähflüssigen, nährstoffreichen Morast.

Ein wohlmeinendes Schicksal hat es so gewollt, daß den Menschen in Südostasien, den Bauern im schönen Zentral-Java etwa oder den fleißigen, ihren Böden eng verhafteten Landwirten auf der japanischen Südinsel Kyuschu oder der chinesischen Insel Hainan ein geduldiges, starkes Haustier (nach sicherlich sehr langwieriger, geduldiger Zähmung) zugewachsen ist, das den Schlamm, die Hitze und den Regen liebt: der Wasserbüffel. Langsam, sehr gemächlich, aber doch unermüdlich zieht er den Pflug durch den tiefen Morast der Äcker, braucht kaum angetrieben zu werden, indem der Bauer ihm von Zeit zu Zeit Wasser über den schweren, von Muskeln strotzenden Leib sprengt und gut zuredet. In Java oder auch im südlichen China im Hinterland von Kanton – so ist es mir stets vorgekommen –, gehört der Wasserbüffel, geachtet und geliebt, zu jeder Bauernfamilie als ein Mitglied, das jeden Morgen vom Söhnchen sorgsam gewaschen und gebürstet, das üppig mit Futter versehen wird und dem man die reichlich bemessene Siesta im warmen Schlammbade gerne gönnt. Der Büffel scheint auch den »Familienanschluß« sehr zu schätzen und weiß wohl zu unterscheiden: Während er mit großer Geduld, einer scheinbar unerschütterlichen Sanftmut die Kinder »seines« Bauern auf sich herumturnen läßt, den Anweisungen »seines« Familien-Vorstandes auf dem Schlammacker bei der schweren Arbeit in der tropischen Sonnenglut gehorsam Folge leistet, lehnt er Fremde, besonders solche mit abendländischem Geruch, entschieden ab, kann dann aus seiner nur scheinbar unverwüstlichen Friedlichkeit mit explosiver Energie erwachen und sehr gefährlich werden. Man tut deshalb als Europäer gut daran, sich grasenden oder ruhenden Wasserbüffeln nur mit Vorsicht zu nähern oder besser noch, Annäherungsversuche überhaupt zu vermeiden. Das Büblein des Bauern mag dem Familienbüffel vergnügt im Nacken sitzen und ihn in der Wolle zwischen den Hörnern oder hinten den Ohren übermütig kraulen und kitzeln; das Tier wird sich das alles gern gefallen lassen. Aber wenn ein vorwitziger tierliebender Tourist aus Södermanland oder Unterfranken das Gleiche versuchen wollte, so wird er kaum ohne einige Beulen oder blaue Flecken, wenn nicht noch viel Schlimmerem, davonkommen. Mich haben solche Büffel, die scheinbar in allerbester Stimmung ihren Schlamm genossen und ein Bild schönster Zufriedenheit boten – es geschah im Atjeher-Land im Norden Sumatras – in plötzlich und völlig unprovoziert ausbrechender Wut Hals über Kopf in die Flucht geschlagen, und ich wäre wohl nicht unbeschädigt davongekommen, wenn ich nicht – wenigstens damals noch! – ein sehr behender Läufer und die Büffel das Gegenteil davon gewesen wären: Nachdem sie mich erst einmal gehörig »auf den Trab gebracht« hatten, ließen sie mich laufen. Aber der Schreck vor dem Gegensatz der allem Anschein nach träge im Schlamm dösenden Büffel und ihrem jäh ausbrechenden Zorn sitzt mir heute noch in den Knochen. –

Der Reis braucht, um gut zu gedeihen, tiefgründige Schlammfelder, auf denen sauberes Wasser nicht steht, sondern ganz langsam und ohne zu spülen sich sachte auswechselt, also auf der einen Seite ein- und auf der gegenüberliegenden wieder abfließt, das heißt, die Felder müssen so gut wie eben sein, im Idealfall ganz flache, gleichmäßig glatte Wannen bilden.

Der Wildreis, der Ur-Reis sozusagen, aus dem der Kultur-Reis herangezüchtet worden ist (und in selbst so »reisfremden« Gegenden wie der Po-Ebene in Norditalien heimisch wurde), wächst viel weiter in den Norden hinauf, als wir uns gemeinhin vorstellen. In Kanada zum Beispiel fuhren die Indianer auf die hier und da nur flachen Seen oder die versumpften Flußmündungen hinaus, wo der wilde Reis dichte Fluren über dem nur einen oder zwei

Fuß tiefen Wasser gebildet hatte, bogen mit ihren Paddeln die Halme über die Bootswände ins Innere der Fahrzeuge und klopften die in den Ähren sehr locker sitzenden reifen Körner auf den Boden ihrer Boote aus, bis diese so schwer geladen hatten, daß die Bootsborde nur noch eine Handbreit hoch aus dem Wasser ragten. In der Tat: Einfacher und müheloser ließ sich der aromatische feinkörnige Wildreis nicht ernten! Und man hatte zuvor nicht einen Handschlag zu tun brauchen, um den Segen herbeizuzaubern.

Auch in unserer »zivilisierten« Welt ist »Wildreis« seit einiger Zeit sehr in Mode gekommen. Ich vermute jedoch, daß dieser »Wildreis« in Wahrheit kein wild gewachsener Reis mehr ist, sondern irgendwo, vielleicht im südlichen Texas oder Louisiana angebaut wird. Dort gibt es Wärme und flaches Sumpfland genug. –

Südost-Asien ist zwar auch in großen Bereichen weit gedehnt und flach, aber in noch weiteren durch den in diesen Regionen vorherrschenden Vulkanismus geformt. Dort gibt es fruchtbare Böden, die über unzählige Hügel und Berge gebreitet sind.

An Abhängen, an auch nur sanften Steigungen läßt sich kein Reis bauen, sondern nur auf ebenen Feldern. Man hatte also, wenn wie z. B. auf Java oder den Philippinen im wesentlichen nur hügeliges Gelände zur Verfügung stand, die abfallenden Hänge in Stufen zu verwandeln, in Terrassen. Und das ist in mancherorts Jahrtausende andauernder Bemühung auch geschehen. In wie verspielt anmutenden Kurven wurden die Hänge und Berge angeschnitten, wurde in sie hineingegraben, andererseits der Aushub an den Vorderkanten angeschüttet, bis eine der Wölbung und Krümmung des Hanges genau entsprechende Stufe entstand. Jede Generation schaffte vielleicht nur den Ausbau einer einzigen Terrasse. Aber Kindersterblichkeit, Krankheiten und vor allen Dingen Kriege sorgten dafür, daß die Bevölkerungen nicht allzu schnell zunahmen; so genügte es also, wenn jede Generation nur eine oder zwei neue Terrassen zustande brachte, um den langsamen Zuwachs der Dörfer zu ernähren.

Denn die Reisbauern hatten ja nicht nur, lediglich mit Hacke und Schaufel und Weiden- oder Bambuskörben, die Erde zu bewegen. Sie hatten die Stufen nach außen durch Steinmauern abzustützen, die so hoch gezogen werden mußten, daß sie an den Oberkanten als feste Schüsselränder dienen konnten – auf denen dann auch, schmal und für nicht schwindelfreie Leute schlecht begehbar, die Fußpfade von Dorf zu Dorf durch das Gewirr der sich um die Hügel und Hänge schlingenden Terrassen verliefen.

Sie hatten vor allem und manchmal von sehr weit her aus einem Bergsee oder einem zuverlässig Wasser führenden Wildbach in den ferneren, höheren Gebirgen die Feuchte heranzuleiten, die die Erde auf den ebenen Terrassen in den Morast verwandelte, den der Reis brauchte, um wachsen zu können und Frucht zu bringen.

Nicht nur die (wie ich zum Beispiel im Norden von Luzon, der Hauptinsel der Philippinen, gezählt habe) in über hundert Stufen aufgeteilten steilen Hänge – wobei die einzelne Terrasse, hoch auf ihre Stützmauer gehoben, manchmal nur ein, zwei Meter breit war, aber in schöner Kurvung hundert und mehr Meter lang sein konnte – bilden ein wahres Wunder menschlichen Fleißes und menschlicher Kunst, einer großartigen »Architektur« des Ackerbaus, sondern fast mehr noch die von weither durch die Berge über die Täler und auch Tunnels geführten Wasserleitungen. Diese dürfen nirgendwo eine bestimmte Neigung über- oder unterschreiten, hatten aber dem obersten der Terrassen-Felder genügend Wasser zu liefern, so daß dem nächst darunterliegenden Feld und dem über- und übernächsten bis zum hundertsten ganz unten am Talgrund durch die schmalen Überläufe in den Stützmauern immer noch genügend Wasser zufloß, um den Ackerboden auf den Terrassen schlammig zu halten. Nur dann fühlen sich die von Hand Pflänzchen für Pflänzchen eingesetzten Reissetzlinge wohl und gedeihen zu kräftigen Halmen und Rispen.

Erstaunlicherweise habe ich die kunstvollsten und kompliziertesten Terrassen-Kulturen im eben schon erwähnten Norden von Luzon erlebt – in diesem Fall ziemlich mühselig erwandert –, in einem noch nicht von Straßen erschlossenen, nur dem Namen nach unter staatlicher, damals amerikanischer Kontrolle stehenden entlegenen Gebiet, dem Land der Ifugoas, der Berg-Malayen, wie man sie auch gekennzeichnet hat. Denn die Malayen bilden eigentlich eine seefahrende, gern am Meer beheimatete Rasse; die Ifugoas aber sind seit schwer abschätzbarer, aber sicherlich sehr langer Zeit in die höchst unwegsamen und tief zerklüfteten Gebirge des Inneren von Nord-Luzon abgedrängt, in die ihnen weder die in den Tiefebenen Mittel- und Süd-Luzons vorherrschenden Tagalogs, noch – in der Kolonialzeit – die Spanier und dann die US-Amerikaner folgen mochten oder konnten.

Auch ich mußte damals im schönen, kühlen Berg-Kurort Baguio, dem letzten voll funktionierenden Vorposten der abendländisch gefärbten Zivilisation im Norden der Hauptinsel Luzon, bei der Behörde einen Revers unterschreiben, in dem ich bestätigte, daß ich nicht auf Staatskosten gesucht und »gerettet« werden wollte, wenn ich auf dem weiten Streifzug durchs Land der Bergmalayen womöglich abhanden geraten sollte. Ich hatte genügend Vertrauen in meine durchaus friedlichen und freundlichen Absichten, was die Ifugoas mit ihren verschiedenen Unterstämmen anbetraf, hatte mich auch mit Gastgeschenken, wie mir empfohlen worden war, reichlich ausgestattet und mit amerikanischer Hilfe auch einen zuverlässigen Führer aus dem Unterstamm der Bontocs, einige kräftige Träger und auch ein absolut schwindelfreies, stämmiges Bergpony angeworben, das mich notfalls tragen sollte, falls mir, der aus dem Flachland stammt, auf den halsbrecherischen Bergpfaden im Ifugaoland womöglich zu »schwindelig« werden sollte.

So zog ich denn mit meiner kleinen Karawane am strahlenden Morgen eines kühl-sonnigen Tages (mit Regen und Gewittern war nicht mehr zu rechnen, denn der Monsun war schon abgeflaut), los zu einer der schönsten und abenteuerlichsten Wanderungen, die ich je unternommen habe. Die Erinnerung an diese drei Wochen fern jeder Spur von abendländischer Zivilisation durch eine Bergwelt von atemberaubender Schönheit, aber zumeist hoch in den Hängen durch eine Landschaft, in welcher unzugänglichstes Gelände in unzähligen Stufen, in allerschmalste, hier und da an gelinderen Hängen in breitere Reisterrassen verwandelt war. Die kleinen Dörfchen der Ifugaos klebten überall auf vielen Pfählen (als hätten sie noch an einer Seeküste mit den Gezeiten fertig zu werden, ein Zeichen dafür, wo auch diese Malayen ursprünglich herstammten); die Kinder lernten von klein auf, sich an allersteilsten Abhängen und über tiefen Schluchten fortzubewegen, als gäbe es außer der Terrasse eines Reisackers nichts Ebenes auf der Welt und gleichzeitig Waagerechtes.

Freundlichere Menschen als diese Bergmalayen habe ich nie kennengelernt, und es störte mich auch nicht, daß ihnen nachgesagt wurde, noch immer »Kopfjäger« zu sein, daß ein junger Mann gar nicht heiraten durfte, wenn er nicht den über langsamem Feuer zum Schrumpfen gebrachten Schädel eines Feindes – oder auch nur Fremden – den Oberen im Stamm und den Brauteltern vorweisen konnte. Und in der Tat: Am Türpfosten wenigstens eines der Häuptlinge, denen ich unterwegs »guten Tag«

sagte, wobei mein Führer stets mit großer Würde und Wichtigkeit als Dolmetscher diente, vor der Pfahlhütte also des verschrumpelten alten Mannes habe ich zwei schwärzliche, zottelige Gebilde hängen sehen, die man bei einiger ebenso schwärzlichen Phantasie für eingeschrumpfte Köpfe halten konnte; sie waren nicht größer als ein großer Apfel. Und sie störten mich auch nicht, denn der Alte gab mit freundlicher Umständlichkeit Auskunft über ein Problem, das mich damals stärker beschäftigte als eventuelle Schrumpfköpfe, und zu dem der »Führer« meiner kleinen »Expedition« durchs Ifugao-Land nicht viel hatte sagen können, obgleich er daher stammte. Aber dieser Manuel war auf einer Missionsschule erzogen worden und hatte danach stets in Diensten einer kolonialen Behörde gestanden, und vom Wasserrecht der »wilden« Bergmalayen besaß er nur eine blasse Ahnung.

Offen gestanden konnte mich auch der alte Häuptling vor seinem sehr solide am Hang auf Pfählen schwebenden Haus mit dem weit herabgezogenen Dach nur sehr unvollkommen darüber aufklären, wie das Wasser, das aus dem Bewässerungskanal in die oberste Terrasse hoch am Hang einlief, gleichmäßig und gerecht auch den alleruntersten der vielleicht drei oder sechs Dutzend Geländestufen, auf denen der junge Reis in schlanken hellgrünen Halmen sproß, in genügender Menge zugeführt wurde. Im Musterfall soll die Bewässerung auf dem untersten Feld verbraucht sein, aber andererseits auch ausreichen, den Reis in dem grauen, zähen Schlamm, den die Pflanze liebt, Setzling für Setzling ordentlich aufgereiht, mühelos wachsen zu lassen.

Die Erklärungen des alten Häuptlings, des einzigen, der in den vielen Tagen meiner Wanderung meine Fragerei überhaupt richtig zu begreifen schien, haben mich keineswegs zu einem Fachmann für die Bewässerung von

Reisterrassen gemacht. Aber was sie mir einprägsam vermittelten, war dies:

Diese einfachen braunen Menschen, die ich kaum »Primitive« zu nennen wage – von »Wilden« gar nicht zu reden –, haben sich ein kompliziertes, aber wunderbar wirksames Wasserrecht geschaffen, das seit vielen Jahrhunderten, der Schätzung nach seit mehr als tausend Jahren, die Rechte und Pflichten der Bauern, denen die Terrassen gehören, genau festlegt. Eine Kulturleistung allerersten Ranges! Und für uns kaum vorstellbar: Dies Recht existierte nirgendwo auf Papier oder in sonst einer irgendwie »verbrieften« Form, sondern nur im Gedächtnis der Häuptlinge und Wassermeister, und wurde in mündlicher Weitergabe von Geschlecht zu Geschlecht lebendig erhalten und auch sicherlich stets feiner und ausführlicher verästelt. –

Noch heute ist mir der Anblick fest ins Gedächtnis eingeprägt, wie sich um die beinahe überall äußerst abschüssigen, steilen Berghänge Terrasse über Terrasse in wunderbar gleichmäßiger Waagerechte hinschwang, in glatten, elegant anmutenden Kurven, in sanften Linien ohne je einen Knick den Vorgebirgen, Senken, Schwellungen des wild gebirgigen Landes angepaßt, allen Unregelmäßigkeiten der tief zerkerbten Landschaft folgend. Unzählige Stützmauern waren, Felsbrocken über Felsbrocken, ohne Mörtel aufzurichten gewesen. Auf ihre Haltbarkeit mußte man sich verlassen können, denn wenn eine solche zwei oder sogar fünf Meter hohe Mauer zusammenstürzte und der Schlamm und das Wasser der angebrochenen Terrasse sich in einem Schwall auf die nächstuntere ergoß, dann mochte auch diese nicht standhalten und schließlich der ganze kunstvoll aufgetürmte Hang ins Rutschen geraten und den Fluß oder Bach am Grunde des steilen Tals aufstauen, was wiederum andere böse Folgen weiter unterhalb heraufbeschwören konnte.

Der Wanderpfad, den ich mit meiner kleinen Kolonne benutzte, wand sich stets auf einer Stützmauer zwischen den Feldern oben und denen darunter auf etwa halber Höhe der Hänge dahin; ich begriff, daß das Bergpony, das zu meiner Mannschaft gehörte, unter Umständen eine wichtige Rolle zu spielen hatte. Ich als Mitteleuropäer aus dem Flachland mußte mich ein paarmal auf den Rücken meines Pferdchens in den festen Sattel retten, wenn der Pfad sehr schmal wurde und in schwindelerregender Höhe über dem gestaffelten Abgrund schwebte. Das Pony nahm mich geduldig hin, schüttelte kaum einmal die dicke, lockige Mähne und stapfte mit mir voran. Dem Pony wurde nicht schwindelig, es wußte wahrscheinlich gar nicht, was Schwindel war.

Nur an drei oder vier Tagen der Wanderung hörten die in Terrassen verwandelten, in dunstige Fernen verschwimmenden Berghänge auf und machten unberührten, bewaldeten Gebirgen Platz. Der Pfad wurde dann noch schmaler, erregte aber keinen Schwindel mehr, brauchte man doch nicht mehr auf der Oberkante steiler Stützmauern von Reisfeldern zu balancieren. Ich wußte dann, daß wir in ein Niemands- oder Grenzland zwischen zwei Eingeborenen-Stämmen eingetreten waren. Gewöhnlich legten wir dann eine Tagesrast ein, damit Manuel oder einer der Träger Zeit bekam, vorauszuwandern, um mich und die Gefährten bei dem Häuptling des nächsten Unterstammes anzumelden, ein Geschenk zu überreichen und um die Erlaubnis zum Passieren zu bitten. Es gab nirgendwo Schwierigkeiten.

Als wir schließlich nach weit geschwungener Schleife durchs Ifugao-Land das Städtchen Bontoc erreichten, wo es wieder eine Straße gab, über die sogar gelegentlich ein Bus verkehrte, nahm ich von Manuel, den übrigen Trägern und von der braunen Ponystute mit traurigem Herzen Abschied. Sie alle wanderten über den Pfad, über den wir gekommen waren, wieder in die Berge zurück, gut entlohnt und mit den Geschenken versehen, die ich unterwegs nur zu einem kleinen Teil losgeworden war. Ich gab ihnen noch bis zum Rande des Dorfes, in dem sie mich bei einer sehr urwaldmäßigen Herberge abgeliefert hatten, das Geleit. Bevor die erste Windung des Weges die halbnackten braunen Gestalten meinen Blicken entzog, drehte sich Manuel, dann auch die anderen, noch einmal um und winkten. Ich winkte zurück.

Ich konnte wieder einmal die ebenso betrübliche wie längst bekannte Feststellung machen, daß die schönsten Tage und Wochen im Leben stets viel zu schnell vergehen und dann nie wieder neu heraufzuzaubern sind.

Viele Jahre später habe ich in Mitteljava anderthalb Stunden Autofahrt über der Hauptstadt Jakarta im Gebirge fast ein Dutzend Monate gewohnt, unweit eines Dorfes von recht wohlhabenden und liebenswürdigen Reisbauern – ich wenigstens habe sie nie anders als liebenswürdig erlebt. Sind doch überhaupt nach meiner Meinung und Erfahrung die Malayen Südost-Asiens und der vorgelagerten vielgestaltigen Inselwelt die liebenswürdigste und angenehmste Spielart der nichtweißen Menschheit, die sich auf Erden finden läßt (was mich schon vor Jahren veranlaßt hat, ein eigenes Buch zu ihrem Lob zu schreiben).

Hier in den unteren und mittleren Lagen der zu großen Höhen aufsteigenden Gebirge vulkanischen Ursprungs waren die Hänge, die um des Reises willen zu Terrassen umgeformt waren, nicht so steil und abschüssig, wie im »wilden« Norden der Hauptinsel Luzon der Philippinen. Die Felder konnten also breiter, geräumiger gehalten werden; die Stützmauern brauchten nicht so hoch aufgetürmt zu werden.

Wenn ich am späten Nachmittag auf der großen Straße

von Jakarta nach Bandung aus der schwülen Hitze der Hauptstadt wieder in die duftende Kühle meines Dorfes auf der Höhe bei Cianjur zurückkehrte und die sinkende Sonne das fruchtbare Hügelland, wo jeder Fußbreit genutzt war, in Fluten von goldenem Licht tauchte, dann erschienen mir die vielen blinkenden Spiegel der Reisäkker wie die vollendet geschliffenen Facetten eines riesigen Juwels. In sanften Windungen schwangen die Oberkanten der Stützmauern um die Hügel des Landes, und jede dieser Linien, hier und da von Büschen und hellen Bambushainen oder Bananen-Wedeln aufgelockert, umspannte eine blanke Wasserfläche, wo die Böden gerade erst gepflügt waren und auf die Setzlinge warteten oder wo in zarten grünen Zeilen schon sich die Reishalme über das Wasser hoben. Man konnte meinen, die Erde wäre hier ein grober, unbearbeiteter Edelstein gewesen, und dann wären die Reisbauern gekommen und hätten ihn zu einem funkelnden Brillanten umgeschliffen.

Auf diese unbeschreiblich belebt wirkende Landschaft des Reises blickte ich von meinem Häuschen bei Cianjur hinunter. Aber oberhalb davon breiteten sich ganz andere Gefilde aus; sie waren, wenn ich darüber hinaufblickte, wie ein dichter grüner Teppich über die schon steiler werdenden Hänge gebreitet; sie flüsterten manchmal im Nachtwind, der von der Java-See herüberwehte. In der großen Stille der tropischen Sternennacht konnte ich es vernehmen, konnte ich doch bei offenem Fenster schlafen, denn hier auf fast 1800 Meter über Meereshöhe gab es keine Moskitos mehr.

Es flüsterte nicht nur, es duftete auch – ebenso leise, aber doch unverkennbar, duftete nach Tee. Denn oberhalb meines Quartiers und auch seitab dehnte sich eine große Teeplantage bis an den Rand des Urwalds, der die steilen Hänge des Gebirges bis hoch hinauf gleichsam wie ein kaum durchdringlicher Pelz bedeckte. In ihm – ich habe es schon erzählt – hausten die »Rebellen«, die es der Regierung in Jakarta schwer machten, sich wirklich als Herr im Lande zu fühlen. Heute ist das schon so gut wie vergessen. Unter seinem klugen Präsidenten Suharto haben sich überall in Indonesien die einst weit verbreiteten »Rebellen« wieder in die Gesellschaft eingefügt.

So hatte ich also damals zwei wunderbare, vom Menschen geschaffene Kulturlandschaften ständig nebeneinander vor Augen: die des Reises und die des Tees. Der Tee, kein notwendiges Nahrungsmittel wie der Reis, sondern ein Genußmittel, beansprucht einen weit geringeren Anteil der Ackerfläche in Südost- und Ostasien als das »Brot Asiens«. Aber der Tee – wie anderswo übrigens auch der Kaffee – bildet höchst »unwilde« Landschaften, die die Erde nicht nur nicht verunstalten oder gar zerstören, wenn er sich ihr nur gelegentlich anpaßt, einfügt und nicht mehr von ihr verlangt, als sie im Rahmen ihres jeweiligen Wetters, der Güte und Fruchtbarkeit ihrer Böden und ihrer Geländeformen zu bieten vermag.

Selbstverständlich muß nochmals ausgesprochen werden, daß nicht nur heute, sondern auch schon in der Vergangenheit die Menschen hier und da das Gesicht der Erde so verhängnisvoll verunstaltet haben, daß es nun in nichts mehr den einmal vorhandenen Zügen gleicht. Rings um das Mittelmeer und auf den mittelmeerischen Inseln sind schon in der Antike die Wälder vernichtet worden, so daß weite Landesteile verkarsteten. Nordafrika war in einem breiten Streifen an der Mittelmeer-Küste einst die Kornkammer des alten Rom. Heute beginnt über weite Strecken die Sahara-Wüste gleich hinter der Brandungszeile des Meeres.

Der Ausdruck »verkarsten« selbst, mit dem schon unsere Kinder in jedem besseren Schulunterricht vertraut gemacht werden, bildet einen Beleg dafür, daß die Menschen schon lange vor der Gegenwart unserer alten, guten Mutter Erde böse Gewalt angetan haben. Das Wort ist ja abgeleitet von Karst, einem Kalksteingebirge im jugoslawischen Slowenien, im Hinterland von Triest, der bedeutenden Hafenstadt im Norden der Adria. Heute ist die nur in kümmerlichen Resten, ehemals aber dicht bewaldete Hochfläche verdorrt. Die Bodendecke mißt nur noch wenige Zentimeter, ist aber auch über weite Strecken völlig verschwunden, so daß das nackte Untergrund-Gestein zu Tage tritt. Darauf wächst natürlich nichts mehr. »Karst« oder slowenisch »Kras« bedeutet »Steiniger Boden«. Akkerbau ist nur noch in vereinzelten Senken, in Geländemulden, möglich, wo der Regen den anderswo fortgespülten Boden zusammengeschwemmt hat. Aber die Niederschläge verschwinden schnell in den vielen Rissen und Klüften der entblößten Erde, die man des Schutzes der Wälder und Dickichte beraubt hat. Die »Boden-Erosion« hat ihr Werk getan; das Land ist zu einer armseligen Halbwüste geworden, dem auch Regen keine Blüte und Ernte mehr entlocken kann. Und der Name jener slowenischen Landschaft wurde zum Mahnmal für die Dummheit und Rücksichtslosigkeit, mit welcher die Menschen auch schon früher sich an der uns alle tragenden Erde vergangen haben.

Und sind nicht auch andere frühe Kulturen zugrunde gegangen, weil ihre Träger den Landschaften, in denen sie wurzelten, aus mangelnder Einsicht in die natürlichen Zusammenhänge Gewalt antaten und schließlich so den Ast absägten, der sie trug? Warum ging die Indus-Kultur unter? Warum verödete und verarmte weithin das Land an Euphrat und Tigris – oder Kleinasien? Haben nicht auch in diesen Fällen die Menschen das Gesicht der Erde verschandelt – und mußten dafür büßen?

Zweifellos aber hat die Menschheit erst heute mit den phantastisch hoch entwickelten Methoden der modernen

Naturwissenschaft und Technik die Fähigkeit erworben, die Erde über Land und Meere hinweg in allen ihren vielfältigen Erscheinungsformen unbewohnbar zu machen. Alle einigermaßen vernünftigen Regierungen und Gesellschaften erkennen bereits die Gefahren, die gerade unsere kühnsten und genialsten Geister in unbändigem Wissens- und Erkenntnisdrang heraufbeschworen haben, und versuchen, die verhängnisvollen Entwicklungen wenigstens zu verlangsamen, um Zeit zu gewinnen, sich Gegenmaßnahmen einfallen zu lassen und in die Tat umzusetzen.

Nachwort

Ich habe in diesem Buch versucht, die Würde, den Glanz und die Schönheit der großen Erscheinungen zu schildern und zu preisen, die das Bild unseres heimatlichen Wandelsterns im wesentlichen bestimmen, den verschiedenen »Gesichtern der Erde« ins Antlitz zu sehen.

Immer wieder mußte ich freilich davon sprechen, wie heute die schönen Gesichter der Erde eigentlich ohne Ausnahme in Gefahr geraten sind, verzerrt oder verschmutzt zu werden, so daß man sich ihrer hinreißenden Glorie nicht mehr ungetrübt erfreuen kann.

Ich habe in einem langen Wanderleben die Gesichter der Erde alle erlebt, als sie noch nicht gekränkt waren, als sie noch der Idee entsprachen, die ihrer Schöpfung zugrundelag.

Dies wollte ich deutlich machen, wollte es in die Herzen und Köpfe der Bewohner der Erde, soweit sie dieses Buch lesen werden, einbrennen, damit in ihnen die Liebe zur Erdenheimat und ihrer Schönheit nicht weiter erlischt.

Pflegen wir die Schöpfung, von der wir ein Teil sind, kränken wir sie nicht länger, solange es noch Zeit ist!

Ich frage mich heute, ob wir nicht drauf und dran sind, diese Idee zu verraten.

Von Strindberg stammt das Wort: »Es ist schade um die Menschen!« Stimmt! Und es wäre schade um die Erde, schade um beide!

Bitte beachten Sie
die folgenden Seiten

A. E. Johann

Ullstein

Leni
Riefenstahl

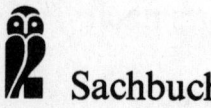

Sachbuch

Heinrich Harrer

Sieben Jahre in Tibet

Ullstein Buch 23095

Heinrich Harrer, Lehrer und Freund des Gottkönigs Dalai Lama, schildert in diesem weltberühmten Buch seine Erlebnisse in der »Verbotenen Stadt« Lhasa, wo er sieben Jahre am Hof des Dalai Lama verbrachte.

Dieser erregende Bericht erschien mit Originalfotos von Heinrich Harrer in einer Gesamtauflage von 2,5 Millionen Exemplaren, wurde in vierzig Sprachen übersetzt und ging als Film um die Welt. Auch das Fernsehen berichtete über die sensationellen Erlebnisse des einzigen Europäers am tibetanischen Königshof.

»Ein Einblick in die letzten Jahre des theokratischen Tibet.« (FAZ)

 Ullstein

Ein eindrucks-volles Zeugnis eines lebenslangen Engagements für die Achtung fremder Länder und ihrer Bewohner

Langen Müller

Einer der bedeutendsten deutschen Reiseschriftsteller zieht Bilanz. In liebevollen, aber auch kritischen Erinnerungen blickt er auf sein Leben zurück, das zum großen Teil aus Reisen in alle Welt bestand. Besorgt zeigt der engagierte Autor tiefgreifende Veränderungen und Gefahren auf und stellt Prognosen für die weltweite Entwicklung.